KB150863

허진모 삼국지 2

일러두기

1. 진수가 편찬한 사서의 정확한 명칭은 《삼국지》이나 연의, 평화, 희곡 등 '삼국지고사'와 관련된 각종 기록의 통칭과 구별하기 위해 《정사삼국지》라고 표기하였다. 이하 본서에서 간혹 《삼국지》라고 표기하는 것은 《정사삼국지》와 동일한 사서를 말한다.
2. 겹괄호(《 》) 없이 '삼국지'라고 표기한 것은 정사와 연의는 물론 관과 민간에 퍼져 있었던 다양한 형태의 삼국시대 이야기를 망라한 것을 의미한다.
3. 본서의 《삼국지연의》는 나관중의 《삼국지통속연의》를 기본으로 하되 대만 삼민서국(三民書局)판 《삼국연의》로 보완하였다.
4. 본서는 연의가 아닌 정사 사료들에 초점을 맞춘 관계로 연의의 일화나 사건 전개를 판본별로 나누지 않았다.*

*연의 판본별 비교는 이미 많은 연구가 있으며, 여러 종의 정사 사료에 대한 수많은 연의 판본 비교는 경우의 수가 과대하게 많아 본서가 지향하는 바가 무색해진다.

허진모 삼국지 2

2021년 10월 12일 초판 1쇄 인쇄
2021년 10월 20일 초판 1쇄 발행

펴낸곳 이로츠
지은이 허진모, 정원제
출판등록 2016년 3월 15일(제2016-000023호)
주소 서울특별시 은평구 녹번동 107-2번지 201호
문의 yrots100@gmail.com
ISBN 979-11-957768-9-4
(세트) 979-11-957768-7-0

허진모 삼국지 2

허진모·정원제 지음

추천사

《삼국지》를 "삼국지"로 만든 혜안과 통찰의 솜씨

- 유광수(연세대학교 학부대학 부교수)

《삼국지》를 소설로 읽고 있었는데, 언젠가부터 우리 주변에 《삼국지》 관련 책들이 쌓이기 시작했다. 정사(正史)가 어떻고 야사(野史)가 어떻고, 판본(板本)이 어떻고 연의(演義)가 어떻고, 진수(陳壽)는 제갈공명을 싫어했다느니 유비(劉備)의 촉(蜀)은 3국에 억지로 끼워 넣은 거라느니 등등.《삼국지》 열풍을 타고 뒤지면 큰일 날세라 하는 마음으로 할 수 있는 온갖 말들이 죄다 쏟아져 나왔다. 이렇게《삼국지》보다는《삼국지》 관련 이야기가 더 성행하더니만, 아니나 다를까《삼국지》 열풍이 사그라들었다. 세상 일이 그렇다. 본질 말고 주변에 집착하면 늘 이런 일이 벌어진다.

장님이 코끼리 귀나 다리, 코만 만지고서 코끼리가 어떻다고 떠들어대면 재미는 있다. 듣는 사람들도 신이 난다. 하지만 금방, 그리고 당연히 시큰둥해진다. 번잡스럽기 때문이다. 알고 싶은 건 코끼리였는데 부채 같다느니 기둥 같다느니에서 시작한 것이 부채의 크기와 기둥의 두께 논쟁까지 한도 끝도 없이 이어진다. 엉뚱한 소리 한 가득에 머릿속이 뱅글뱅글 돈다. 이쯤 되면 시큰둥한 것이 싫증이 된다. 물론 코끼리는 어디로 가고 부채와 기둥, 뱀처럼 길쯤한 이상한 괴물 하나만 남는다.

사실 그냥 코끼리를 코끼리라고 말하면 되었다. 그 당연하고 자연스러운 걸 못한 이유는 전체를 못 보았기 때문이다. 눈이 어두워 그랬다. 잘 모르면서 참 많은 말을 했기 때문이다. 자기 말도 주변까지 피곤하게 만들었다.

교통사고가 나서 사람이 피를 흘리며 쓰러져 있는 현장을 보면 흥분하게 마련이다. 대부분 놀라 동당거리지만 조금 차분한 분들은 119에 신고한다. 그리고 구조대가 오기를 기다린다. 이것이 최선이다. 우린 의사도 간호사도 아니니까. 그런데 가끔 적극적인 분들이 계신다. 종종 이분들은 환자를 살리겠다는 마음에서 달려가 환자를 업고 달리기 시작한다. 한시라도 빨리 구조해야겠다는 마음이다. 그 뜨거운 마음은 알겠다. 하지만 그러면 안 된다. 그 간절함이 환자를 망친다.

잘 모르기 때문이다. 환자를 보고 제대로 판단할 눈이 없이 마음만 있기 때문이다. 급한 마음을 억누르고 차분히 구조대가 오기를 기다렸어야 했다. 그러면 피를 많이 흘린 환자도 살았을 것이다.

《삼국지》는 "삼국지"다. 그냥 "삼국지"일 뿐이다. 그래서 우리에게 의미가 있었고 가치가 있었고 감동이 있었다. 진수인지 나관중인지 정사인지 야사인지 장비가 사실 핸섬한 선비였는지는 별로 중요치 않다. 우리의《삼국지》는 그냥 우리의 "삼국지"였다. 그것이《삼국지》가 우리 곁에 있는 이유였다.

그런데 사고가 났다. 많은 '썰'에 부딪혀 쓰러지고 말았다. 누구도 원치 않았지만 교통사고가 났다. 뭐가 뭔지 갈수록 더 복잡하고 난감해졌다. 이젠《삼국지》어쩌고 하는 소리만 들어도 경기가 날 지경이다. 귀찮고 짜증나고 성질이 날 정도까지 사태가 커지고 말았다. 원치 않은 교통사고가 났고, 두 손 놓고 빈사상태로 떨어지는 것을 지켜볼 수밖에 없는 상황이다. 동당거려도 소용없다. 119를 눌러도《삼국지》를 살리겠다고 달려와 줄 사람은 없다. 장난전화는 하면 안 된다. 바쁘신 소방관분들을 괴롭히면 안 된다. '그러니, 이를 어쩐다….'

어느 날 문득 이 글을 받았다. 몇 장을 넘기다가 눈이 확 뜨였다. 이건《삼국지》에 대한 '썰'이 아니라 '설'이었다. 어수선하고 번잡한 것을 차분하고 가지런하게 다듬은 전문가의 솜씨가 빛났다. 코끼리를 코끼리로 보는 혜안과 통찰이 곳곳에서 번뜩였다. 119를 눌러도 오지 않을 구급대원이 아니라, 때마침 현장에 솜씨 좋은 의사 선생님이 계셨던 거다. 마지막 장을 덮었을 때는 깊은 회한이 스며들었다. 조금 더 일찍 이 솜씨를 볼 수 있었다면 그 많은 혼란과 헛발질을 줄였을 텐데 하는 마음이었다.

빼어난 수술 솜씨는 굳이 여기서 말하지 않아도 되리라. 직접 보면 아실 테니까. 온갖 뒤숭숭한 '썰'들을 파헤쳐 명쾌하고 산뜻하게 매조져 놓은 것을 한번 보시라. 침침한 눈이 확 뜨이실 게다.

긴 말이 필요치 않으나, 굳이 한 마디를 보태자면, 진수의《삼국지》가 배송지의 주(註)가 있어《삼국지》가 되었듯이, 우리《삼국지》는 허진모의 깊고 넓은 설명이 있어 살아 움직이는 "삼국지"가 될 것이다. 빈사상태의《삼국지》에 맥박이 돌아올 것이다. 그리고 곧 바뀔 것이다. 파편화되고 박제화되어 박물관이 아니라 이젠 고물상에 버려도 아깝지 않다고 생각하는 사람들이 많이 늘어난 "삼국지"가 다시 살아날 것이다. 다시 우리 가슴속에 용솟음 칠 것이다.

1권 차례

2권 차례

서문

개인적으로 한국에서 《삼국지》를 읽어보지 않았다는 사람은 본 적이 있어도 《삼국지》를 모른다는 사람을 본 적은 없다. 필자도 언제 《삼국지》를 알게 되었는지 정확히 모르겠지만 철이 들었을 때는 이미 《삼국지》에 대한 어설픈 지식과 이미지를 갖고 있었다. 많은 사람들이 유사한 경험을 갖고 있지 않을까 생각하는데 그만큼 한국인에게 《삼국지》는 친근하다. 아마 역사를 다루는 사람에게는 친근하다 못해 너무 흔하게 느껴지기까지 할 텐데 재미있는 것은 이런 상황이 중국과 일본, 나아가 아시아 전체가 비슷하다는 사실이다. 《삼국지》는 중국을 넘어 한국, 일본은 물론 태국, 베트남, 말레이시아, 인도네시아 등 아시아의 많은 나라에서 읽히고 있다. 서양에서도 이미 영어, 프랑스어, 스페인어, 라틴어 등 여러 언

어로 번역되어 출판되고 있다.[1]

《삼국지》는 대화의 소재로써 세대를 초월하고 장소를 넘나든다. 이는 출판과 방송, 영화와 공연 등에서 끊임없이 재생산되는 것과도 상통하는데 그 소재만으로도 《삼국지》는 항상 시장이 존재한다는 것이다. 필자 또한 세상의 일부를 《삼국지》를 통해 보기도 했음을 부인하지 못한다. 특히 역사, 그 중에서도 중국사(中國史)를 접근하고 이해하는 데 이보다 더 좋은 수단은 없었다. 이는 필자의 동생도 비슷했다. 전쟁에서 패하고 잿더미가 되었던 전범국 일본에서 수많은 과학자가 나온 데에는 아톰이라는 공상과학 애니메이션이 큰 공헌을 했다고 한다. 필자의 형제에겐 《삼국지》가 그 역할을 한 듯하다. 역사에 대한 형제의 진정한 관심, 이른바 역사의 덕심[2]을 만들어준 것은 교과서도 아니고, 서당에서 배운 경서(經書)나 사서(史書)도 아닌 소설 《삼국지》였던 것이다. 옆집 아저씨보다 더 친근한 유비, 관우, 장비, 동네에서 가장 공부 잘하는 형 같은 제갈량, 그들을 통해 1800여 년 전의 중국사를 쉽게 습득할 수 있었다. 거기서 앞 시대로 나아가면 후한(後漢)과 전한(前漢), 그리고 항우(項羽)와 유방(劉邦)을 접할 수 있고, 옆으로 뻗어나가면 한국과 일본의 고대(古代)를 알 수 있었다. 비슷한 시기 지구 반대편에서도 군인들이 황제가 되는 시대가 열려 《삼국지》와 비슷한 혼란을 겪었다는 사실을 알게 된 것은 나

••••

1. 티엔티다 탐즈른깃. 2005, 〈한국과 태국의 '三國志' 受容 比較試論〉, 한국어교육학회, 국어교육 vol. 116.
2. 속어(俗語)로 덕후의 마음, 즉 오타쿠(お宅)의 심정을 뜻한다.

이가 좀 더 들어서였다. 이밖에도 세상을 살면서 사람이 어떻게 살아야 하는지, 남자라면 어떤 행동을 해야 하고, 리더(Leader)라면 어떠해야 하는지를 생각하게 되었으며, 일상의 대화에서 간단한 문자마저 쓸 수 있게 해주었다. 한마디로《삼국지》는 잡기 쉬운 지식의 고구마줄기였던 셈이다.

《삼국지》를 난생 처음 본 것은 집안 형편이 좋은 친구네 집의 동화책 전집에 끼어 있는 한 권짜리였다. 열 살이 채 되기 전이었으니 사십 년은 족히 지난 일이다. 물론 그 친구의 책을 빌려서 읽지 않았다. 그런데 어떻게 된 것인지는 알 수 없지만 나는 그때《삼국지》를 알게 되었다. 분명 누가 가르쳐주지도 않았는데 말이다. 아마도 드라마나 인형극[3], 만화책을 통해 무의식적으로 내게 스며들지 않았나 생각한다. 돌이켜보면 이 사회에서《삼국지》를 피해서 살기가 더 어렵지 않았을까. 그렇게 필자는《삼국지》를 좋아하게 되어 사춘기가 되기 전에 이미 '참' 좋아하게 되었다. 시간이 흘러 역사의 개념에 눈을 좀 떴을 때도 창과 칼로 하는 전투라고 하면 먼저 떠오르는 이미지는 항상《삼국지》였다. 이런 이미지가 앞으로도 변할 것 같진 않은데 이는 필자만의 경험은 아닌 모양이다. 자라면서 비슷한 경험을 가지고 비슷한 과정으로《삼국지》에 빠진 사람들을 상당히 많이 만날 수 있었다. 필자의 동생도 마찬가지였다. 비슷한 모양으로《삼국지》를 알게 되고 친해졌으며 종국에는 이 이야기에 푹 빠져버린 것이다. 필자와 좀 다른 점이라면 게임이란 것이 개입한 것 정도랄까.

돌이켜보면 필자와 동생은 어릴 적부터《삼국지》라는 제목이 붙은 책들을 참 많이 읽었다. 좀 산다는 친구들의 집에 필독서처럼 꽂혀 있던 '계몽사 세계문학전집'부터 학교 교실 뒤편의 책꽂이와 친척집 책장에 있던 단행본들, 심지어 학교 앞 문방구에서도 《삼국지》를 보았던 것 같다. 개 눈에는 뭐밖에 보이지 않아서 그런지 모르겠지만 《삼국지》는 원하기만 하면 여러 방법으로 읽을 수 있었다. 거기다 만화책과 만화영화, 드라마와 실사영화에 게임까지, 살아가는 동안 《삼국지》는 형제의 곁을 떠나지 않았다. 자연스럽게 둘은 《삼국지》를 놓고 많은 대화를 나누게 되었는데 가벼운 대화가 토론과 논쟁으로 번져 밤을 새우기 일쑤였고 그러다 깊이가 더해져 탐구와 연구로 이어지기도 했다.

신기하게도 《삼국지》를 소재로 한 대화는 어른이 되어서까지 흥미를 잃지 않았다. 대화의 주제가 특별히 진화하지도 않았다. 누가 가장 싸움을 잘하는지, 누가 더 의리가 있고 누가 더 배신을 잘 하는지, 누가 더 머리가 좋은지, 조조가 주인공인지 유비가 주인공인지…… 다만 같은 주제라도 해가 지날수록 질문은 더 세련되고 대답은 더 논리적이었으며, 그 근거는 심도를 더해갔다. 이런 대화에는 어른들도 곧잘 끼어들어 훈수를 두곤 했는데 형제에게는 그 한마디 한마디가 다시 대화의 좋은 텍스트가 되었다. 이미 오래 전에 형제의 부친은 《삼국지》를 '동양의 성서(聖書)'라 하시며, 이 정도는 교양으로라도 읽고 잘 이해해두어야 한다고 말씀하신 적이 있었다. 어려서는 무슨 뜻인지 알 수 없었고 부친께서 만드

····

3. 1980년대에는 TV에서 인형극을 자주 방영하였다.

신 말도 아니지만 의미를 이해하기까지는 그리 긴 시간이 걸리지 않았다. 아부지, 고맙습니다.

형제는《삼국지》라는 책을 다른 시각으로 접근하는 하나의 발견을 하게 되었다. 그것은《삼국지》가 책마다 조금씩 다른 부분이 있다는 것이었다. 이는《빨강머리 앤》이나《전쟁과 평화》가 출판사나 번역자에 따라 차이를 보이는 것과는 차원이 달랐다. 같은 제목임에도 내용이 아예 다른 것이 있을 정도였다. 예를 들면 여러《삼국지》들이 시작 부분부터 완전히 다르기도 하고, 특정한 에피소드가 통째로 있거나 없기도 하며, 심지어 소설의 후반 부분은 차이를 따지기도 어려울 정도로 천차만별(千差萬別)이었다. 어린 시절이라 형제의 상식으로는 도저히 이해가 되지 않는 점이었다. 어떻게 이런 일이. 게다가 분명 나관중이라는 사람이 지었다고 해놓고는 표지에는 '○○○ 삼국지'라고 다른 사람의 이름이 적혀 있기도 하였다. 왜일까. 혼란스러웠다.

얼마간의 시간이 흘러 다시 이런 상황을 인지했을 때, 그러니까《삼국지》라는 소설은 특별한 사연이 있구나 하고 눈치를 챘을 때 필자는 중학생이고 동생은 초등학생이었다. 이때부터 형제가《삼국지》에 대해 내용을 넘어 다각도의 문제에 의문을 갖게 되었다. 물론 그마저도《삼국지》정사가 아닌《삼국지연의》였다는 것을 몰랐다. 역사와 역사소설의 개념을 어찌 알았겠는가. 누구도 가르쳐주지 않았고 질문할 생각도 하지 못했다. 질문이라는 것도 일정한 지식수준에 이르러야 하는 것이다. 자연스럽게 이를 알게 되기까지 다시 시간이 필요했다.

1988년은 서울에서 올림픽이 열린 것 말고도 중요한 일이 있었다. 한국의 '삼국지 세계'를 뒤흔든 기념비적인 《삼국지》가 나온 것이다. 바로 《이문열 삼국지》. 이 삼국지는 이전의 모든 《삼국지연의》 번역본을 합친 것보다 더 많이 팔려나갔다. 금세 이 나라의 모든 삼국지 마니아들의 필독서가 되었고 출판사의 마케팅으로 인해 대입 수험생들의 논술 교재가 되면서 《이문열 삼국지》 흥행의 불꽃은 뜨겁게 타올랐다. 10권으로 되어 있는 이 전집 전체를 열 번이나 읽었다는 사람이 드물지 않았을 정도였으니 말이다. 그래서 이 책을 몇 번 읽고 나서 '나 《삼국지》 완전히 잘 알아'라고 말하는 사람도 부지기수였다. 물론 형제도 읽었다. 열 번까지는 아니었는데 《이문열 삼국지》가 어떠한가를 논하기 위해서도 읽어야 했고, 일단 이를 읽지 않고는 사회적인 《삼국지》 논쟁에 낄 수 없었던 것이다. 이 정도로 이문열의 《삼국지》는 한국의 출판시장은 물론 한국 사회 전반에 영향을 끼쳤다고 해도 과언이 아니다.

《이문열 삼국지》의 흥행 이후 일어났던 《삼국지연의》 시장의 양적 확대로 인해 수많은 자칭 《삼국지》 전문가들이 등장했다. 이문열이 썼던 서문을 통해 판본에 대해 눈을 떴고, 역사에 대한 무지로 황당하기 그지없는 생각들을 평(評)이라며 붙여 놓은 것으로 인해 《삼국지연의》라는 소설은 이렇게 마음대로 주물러버릴 수도 있음을 알게 된 것이다. 필자가 어릴 적 가졌던 여러 의문들, 예를 들어 '나관중이란 이름이 있는데 또 다른 글쓴이의 이름이 왜 필요한지' '왜 《삼국지연의》마다 내용이 같지 않은지' 등에 대해 답을 얻게 된 것도 이때였다. 실로 '한국의 《삼국지연의》의 세계'에 이문열이 미친 영향은 지대했고 또 한편으로는 이를 이문열의 공(功)이라고 해야 할 것이다.

이후 한국의 《삼국지》 시장은 양적으로 크게 성장하였다. 단순히 독자층을 넓힌 것 외에도 수많은 작가들을 《삼국지》에 뛰어들게 만들었고 수많은 출판사들이 끼어들었다. 규모가 크지 않던 이 나라의 출판시장에서 그들은 드물게 떨어진 큰 먹을거리를 놓치고 싶지 않았던 것이다. 이후 출판계에서는 《삼국지연의》가 홍수를 이루었다고 한다. 물론 피부로도 느낄 수 있었는데 그래서 마니아들 사이에서는 이런 말이 돌았다. '개나 소나 삼국지'라고.

형제는 당시 쏟아져 나오는 《삼국지연의》들을 마구 읽었던 것으로 기억한다. '○○○의 삼국지', '△△△의 삼국지', '완역 삼국지', '평역 삼국지', '신역 삼국지', '××삼국지연의', '○○삼국연의' 등등 그 수를 세기 곤란할 정도로 많았다. 흥미로운 것은 수많은 《삼국지연의》들은 전문(前文)에서 대부분 한결 같은 말을 했다는 것이다. '기존의 번역에는 오류(誤謬)가 많고 자신의 번역은 그 오류들을 바로 잡은 것'이라고. 그래서 자신의 책이 새롭다고. 게다가 《삼국지》가 한국 출판시장의 큰판을 열어젖히면서 뛰어든 새로운 작가집단이 있었다. 바로 중국어가 모어(母語)라고 할 수 있는 중국동포 작가들이다. 이들 또한 자신의 강점을 내세우면서 내놓은 《삼국지》에서 비슷한 내용을 강조했다. '한국의 엉터리 번역서로 그동안 《삼국지연의》가 왜곡(歪曲)되었었다'고 말이다. 아마도 출판사의 전략으로 자극의 강도가 높아진 것으로 보이는데 소설 본문의 내용은 달라도 전문의 그 비난의 언사(言辭)는 하나같이 비슷했다.

장강의 물은 뒷물에 밀려 앞으로 흐른다고 하였던가. 한국의 《삼국지》 시장은 뒤에 나온 《삼국지》가 앞에 나온 《삼국지》를 성토하며 흘러왔던 것이다. 가끔은 심심찮게 '국내 최초'라는 말을 표지에 달아서 내놓기도 하였는데 필자는 그 무엇이 최초인지 궁금하지도 않았다. 이 땅에서 이루어진 《삼국지연의》 번역의 유구한 역사를 모르지는 않을 터인데, 어떤 이유로든 '최초'를 입에 올리는 그 용기가 가상할 뿐이었다. 다만 필자와 동생은 본서에 앞서 나왔던 모든 《삼국지연의》에 경의(敬意)를 표한다. 연구와 번역에 어떤 과정을 거쳤든 그것은 어렵고 고통스러운 작업이다. 그리고 그 하나하나가 영원히 발전되어야 할 《삼국지연의》에 초석들로 깔려 있음을 실감한다. 선배님들 고맙습니다.

《이문열 삼국지》 이후의 모든 《삼국지연의》 읽기 플랜(Plan)은 꽤 오랜 시간이 걸렸다. 이제 플랜이 마무리되나 싶으면 동생이 말했다. '형, 오늘 도서관에서 또 새로운 《삼국지》를 봤어. 그 사람도 《삼국지》를 내놨더라.' 좀 못 본 척해도 괜찮은데 말이다. 물론 그 새로 나온 《삼국지》를 읽는 데는 그리 긴 시간도, 큰 노력도 들지 않았다. 왜냐면 나름의 일관성이 보이기 시작했던 것이다. 바로 복제(複製). 어떤 경우는 누구의 번역본을 베낀 것이 아닌가 하는 생각이 들 정도였다. 《삼국지연의》 번역서의 쓰나미 속에는 중국 인민문학출판사의 가정본(嘉靖本)이나 대만 삼민서국의 모종강본(毛宗崗本) 등이 아닌 남의 번역을 그대로 옮겨 쓴 것으로 보이는 것들도 있다. 저작권이나 작가적 양심을 떠나 그저 쓴웃음이 나는 부분이다. 아마도 이는 비교 독해를 한다면 누구나 그렇게 느낄 것이라 확신하는 점이기도 하다.

형제는 플랜을 완벽하게 끝내지는 못했다. 어느 순간 포기하는 것으로 그것을 마쳤을 뿐이다. 사실 이는 처음부터 가능한 계획이 아니었는데 어영부영 플랜을 마무리했을 때 형제의 심정은 이러했다. '이런 번역이라면 나도 하겠군.' 물론 얼토당토않은 소리다. 그만큼 《삼국지연의》라는 소설에 익숙해져서 패턴을 알았다고 착각한 것이다. 또한 앞서 언급한대로 《삼국지》의 번역이 얼마나 높은 실력을 요하는지, 얼마나 지난한 일인지 알기도 하거니와 《삼국지》를 집필한 모든 선배들을 존경하는 마음을 갖고 있기 때문이다.

이후 필자의 《삼국지》에 대한 관심은 연의를 벗어나게 되었다. 이는 동생도 마찬가지였다. 한때 연의의 판본을 연구하는 것이 《삼국지》의 끝을 보는 것이라고 생각했으나 역사학을 정식으로 공부하면서 시각이 달라졌던 것이다. 한문(漢文)과 정사(正史)에 대한 학문적 연구, 그리고 다시 보는 《삼국지연의》. 이는 중국의 삼국시대에서 느끼는 또 다른 맛이었고, 또 다른 세계였다. 물론 이런 식의 접근이 연의의 재미를 반감시킬 수도 있겠지만 오랜 세월 연의만 보았다면 더 흥미로울 수 있다고 확신한다. 게다가 학계에서도 여전히 《삼국지연의》에 대한 연구는 활발하게 이루어지고 있다. 의지만 있다면 시각을 넓혀 학문적으로 빠져 보는 것도 괜찮을 것이다.

역사를 공부하는 사람으로서 《삼국지연의》는 여러 가지로 고마운 존재였다. 재미있는 이야기 그 자체로도 고마웠고, 역사를 살갑게 만들어 줘서 고마우며, 오래되고 구석져 공부로 라면 거들떠보지도 않았을 시대를 환하게 비추어줘서 고마웠다. 물론 역사란 이름으로 세상을 속이고자 하는 도당이 많은 현실이기에 소설로 역사를 학습하고자 하는 마음이 있다면 더욱 사고를 가다듬기 바란다. 게다가 자신이 틀린 지식을 얻게 되었다고 재미를 위해 최선을 다한 이들을 원망하지 말지어다. 그 구별과 구분은 오롯이 독자의 몫임을 알기 바라며 이 자리를 빌려 그야말로 일생동안 신세를 졌지만 신세를 진 줄도 몰랐던 분들께 진심으로 고마움을 전하고 싶다. 필자의 동생과 띠동갑인 조조(曹操) 형님, 필자의 누이와 띠동갑인 제갈량(諸葛亮) 형님도 고맙고요, 유·관·장을 비롯한 모든 출연자 분들 고맙습니다. 오늘도 이야기 속에서 치열하게 살아 주셔서,《삼국지》'찐' 마니아 분들의 마음속에 오랜 세월 있어줘서 정말 고맙습니다. 유치한 마음의 표현이지만 1800여 년을 갈무리하는 것 같아 왠지 후련하다.

2년이 훨씬 넘는 긴 작업이었다. 아마 형제가 같이 하지 않았다면 얼마나 더 긴 세월이 걸렸을지 몰라 다 쓰고 난 뒤 서로에게 칭찬하고 감사해했다. 형으로서도 살면서 동생에게 딱히 해준 것 없이 반세기를 보낸 터라 그 마음이 더했다. 비록 세상에 흔하디흔한《삼국지》의 바다에 또 작은 한바가지를 보탰을 뿐이지만 나름대로 괜찮은 결과물이라고 자부한다. 기대에 부응하지 못해 죄송하기 그지없는 필자의 스승 서운학 선생님과 한문을 가르쳐 주신 창곡(蒼谷) 정석용 선생님, 사조(師祖) 고려대

김현구 교수님, 언제나 필자를 걱정해주시는 지도교수 조명철·송완범 교수님, 또 이형식·정순일 교수님과 학과의 선후배 동료들, 항상 격려해 주시는 연세대 김응빈 학장님과 학부대학 박돈하 교수님, 그리고 흔쾌히 추천의 글을 더해주신 연세대 학부대학 유광수 교수님께도 감사드린다. 여기에 형제의 작업을 기뻐하며 대견히 보아주신 부모님과 매번 필자의 부족한 글을 읽어주시는 고려대 박도순 학장님, 또 매형 가족과 집필 내내 같이 고생한 동생 가족, 그리고 평생 내 편일 전문세 식구들과 심우(心友) 장웅, 밖남이에게도 감사드린다. 마지막으로 언제나 기다리는 아내에게도 감사드리며 조금만 더 기다려달라는…… 퍽.

2021. 8. 27 홍대 근처 어디에서

허진모

6장

3강 구도의 정립(鼎立)

1

유비와 손권의 영토 분쟁

215년

214년 유비가 익주를 차지한 이후, 유비와 손권은 잠재했던 문제가 수면 위로 올라오면서 갈등을 빚기 시작했다. 바로 형주 반환에 관한 것이다. 손권은 유비에게 제갈근을 보내 '이제 익주를 차지했으니 형주 지역을 돌려달라'고 요구하였다. 제갈근은 이때 동생 제갈량을 공적(公的)으로만 만나고 사적(私的)으로 별도의 만남을 하지는 않았다고 한다.

유비가 제갈근을 통해 손권에게 보낸 대답은 "양주(凉州)를 차지한 후에 형주를 돌려주겠다."[1]는 것이었다. 양주가 어딘가? 지도를 보자면 후한의 영토에서 남서부가 익주이고 양주는 북서부에 위치한다. 익주는 남쪽의 첩첩산중 깊은 오지(奧地)이고 양주는 사막을 건너야 하는 북쪽의 험지(險地). 한마디로 형주를 돌려주지 않겠다는 말이다. 황당하고도 허황된 변명을 들은 손권은 "빌린 것을 반환하지 않고 빈말로 핑계 대며 시간을 끄는 것이다."[2]라며 대노했다.

더 이상 말로는 안 된다는 것을 안 손권은 우선 행정조치를 취하였다. 장강이남 동쪽에 위치한 장사(長沙), 영릉(零陵), 계양(桂陽) 3군에 태수와 관리를 파견한 것이다. 하지만 형주를 다스리고 있던 관우가 이들 관리들을 쫓아버렸다. 손권은 다시 분노하며 마침내 군사행동을 시작하였다. 여몽을 대장으로 선우단(鮮于丹), 서충(徐忠), 손규(孫規) 등 군사 2만을 동원하여 3개 군 점령을 명한 것이다. 아울러 노숙에게 1만을 주어 파구(巴丘)에 주둔하며 관우를 방어하게 하고 자신이 직접 육구(陸口)[3]에 주둔하며 전체를 지휘하였다.

유비 또한 가만히 있지 않았다. 친히 군사 5만을 거느리고 공안에 주둔하면서 관우에게는 3만 군사를 거느리고 장사군 익양(益陽)현에 주둔하게 하였다. 지리적으로 관우와 노숙이 대치하게 되었는데 평소 자주 대화를 하던 사이였기에 둘은 회동을 하였다. 먼저 노숙이 "우리나라에서 성심을 바탕으로 형주를 임차하였던 것은 경들이 패전한 뒤 멀리 쫓겨 오며 근거지조차 없었기 때문이었소. 그런데 지금 익주를 차지하고서도 형주를 반환하지 않으며 다시 3군을 반환하라는 것조차 거절하고 있소이다." 관우의 뒤에서 누군가가 "땅이란 덕 있는 자의 것이거늘 어찌

••••

1. 《삼국지》〈촉서〉 선주전(先主傳) '須得凉州 當以荊州相與'
2. 《삼국지》〈오서〉 오주전(吳主傳) '此假而不反 而欲以虛辭引歲'
3. 육구(陸口)는 육수(陸水)와 장강이 합류하는 지점을 가리키며 적벽과 그리 멀지 않은 곳에 위치한다.

늘 차지할 수 있습니까!" 하니 노숙이 그를 엄하게 꾸짖었다. 관우는 칼을 잡고 일어서며 "이는 나라의 일이니 이 사람이 어찌 알겠소!"[4]하며 돌아가버렸다.

한편 남군 탈환에 나선 여몽은 우선 계양군과 장사군을 점령했다. 병력을 이끌고 진입하자 계양군은 곧바로 투항하였고 장사군은 태수 요립(廖立)이 도주해버려 쉽게 얻을 수 있었다. 하지만 가장 서쪽에 위치한 영릉은 태수 학보(郝普)가 저항하며 버티고 있었다. 여몽은 장사군에서 학보의 친구 등현지(鄧玄之)라는 인물을 찾아낸 후 그를 데리고 영릉으로 갔다. 이때 손권은 여몽에게 '영릉을 내버려두고 노숙을 도우라'는 지시를 내렸다. 하지만 여몽은 이 명령을 일단 비밀로 하고 부하들에게 새벽에 영릉 공격을 준비하도록 하였다. 그러면서 장사에서 데려온 등현지에게 "지금 구원군을 기다리는 것은 소 발굽 자국에 고인 물에 있는 물고기와 같다"[5]며 학보를 설득하게 하였다. 결국 영릉이 항복하였는데 등현지의 설득에 학보가 성문을 연 것이다. 그러자 여몽은 얼른 성을 장악한 후 학보를 데리고 배를 타고 손권의 명에 따라 노숙을 도우러 출발하였다. 돌아가는 배 안에서 여몽은 학보에게 손권이 보낸 공문을 보여주었다. 영릉을 내버려두고 퇴각하라는 내용이었다. 학보의 기분이 복잡했을 것이다.

대규모 전투가 일어나도 이상하지 않을 대치 상황에서 먼저 화친을 요청한 것은 유비였다. 이에 손권이 제갈근을 보내 화답하여 양측은 협정을 맺는다. 결과는 서쪽 지역인 남군, 영릉군, 무릉군은 유비측이 관리

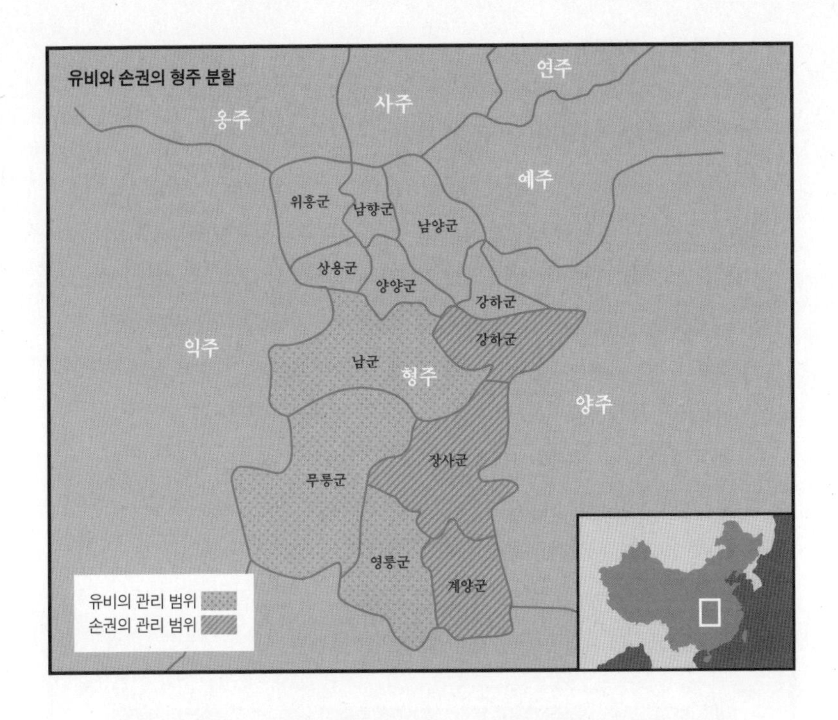

하고 동쪽 지역의 강하군, 장사군, 계양군은 손권측이 관리한다는 것이다. 덧붙여 양측의 대략적인 경계를 상수(湘水)로 정하였다. 상수는 동정호 남쪽에 위치하여 남북으로 흐르는 물줄기를 가리킨다. 형주를 동서로 나누어 갖게 된 것이다. 아울러 여몽이 계책으로 항복하게 만들었던 학보도 송환하였다.

여기서 의문점이 있다. 대군을 동원하면서까지 양보하려고 하지 않았던 유비가 왜 갑자기 화친을 요청하며 형주의 동쪽을 포기하였던 것일까?

한 발 더 나가볼까

주창(周倉)이라는 장수에 대해

연의에서 관우의 뒤에 있다가 “땅이란 덕 있는 자의 것이거늘 어찌 늘 차지할 수 있습니까!”라는 말을 한 사람은 주창이다. 이때 노숙이 주창을 엄히 꾸짖은 이유는 발언의 내용이 아니라 신분의 문제였을 것이다. “지금 장성급들이 논의하고 있는 자리에 어디 부관 따위가 끼어들어!”라고 말하지 않았을까.

주창은 관우가 조조에게서 빠져나와 유비를 찾아갈 때 만난 장수이다. 이후 주창은 평생 유비의 신하가 아닌 오로지 관우의 부하로만 활동한다. 아울러 관우가 여몽에게 붙잡혀 처형될 때도 함께 한 것으로 되어 있다. 하지만 정사에서는 행적이나 실존 여부조차 확인할 수 없는 인물이다.

여담이지만 중국요리 식당에서 관우의 그림을 보는 것은 그리 어려운 일이 아니다. 그런데 대부분 관우 혼자 있지 않고 옆에 두 사람이 같이 그려져

낙양 관림(關林)의 관우상. 좌측에 청룡언월도를 갖고 있는 장수가 주창이다.

있다. 젊은 장수 한 명과 고리수염의 장수 한 명. 이때 젊은 장수는 관우의 양아들인 관평이고, 고리수염의 장수가 바로 주창이다. 언뜻 생김새만 보면 장비라고 오해하기 쉽다. 이들은 관우와 함께 생포되고, 함께 처형된 자들이다. 그래서 관우의 혼령이 떠돌 때도 항상 관우를 수행하는 것으로 등장한다. 여기에 적토마까지 함께. 이후 민중들은 관우를 받들어 모실 때 주창을 빼놓지 않았다. 주창은 그들에게 있어 관우신앙의 일부로 전승된 영웅인 것이다. 그의 진허(眞虛) 논쟁은 여기서 아무런 의미도 없다.

2

조조의 한중 공략

215년

익주의 북쪽이자 조조와 유비의 접경지역인 파군(巴郡)과 한중(漢中)군 일대는 장로(張魯)라는 인물이 약 30년간 장악하고 있었다. 장로의 조부인 장릉(張陵)은 곡명산(鵠鳴山)에서 도(道)를 익힌 후 백성들을 현혹하였다. 장릉의 도를 배운 백성들이 다섯 말(五斗)의 쌀을 헌상하였기에 이들을 미적(米賊)이라고 불렀다.[6] 이후 장릉의 아들 장형(張衡)이 그 도를 계승하고 다시 그 아들인 장로가 계승한 것이다.

당시 익주목 유언(劉焉)이 장로를 등용하였다. 별부사마(別部司馬) 장수(張脩)와 함께 장로로 하여금 군사를 거느리고 한중태수 소고(蘇固)를 공격하게 하였다. 그런데 장로는 장수를 기습해 살해하고 그 군사들을 차지해버렸다. 유언은 장로를 치죄(治罪)하지 못하였다. 하지만 유언에 이어 익주목이 된 아들 유장(劉璋)은 장로가 순종하지 않는다 하여 장로의 모친 일족들을 주살하였다. 이에 장로는 귀도(鬼道)로 백성들을 교화한다면서 스스로를 사군(師君)이라 칭하고 한중을 독자적인 세력으로 만들기 시작했다.

장로를 찾아와 도를 배우는 자들을 귀졸(鬼卒)이라 불렀고 도를 제대로 배워 신념을 가지게 된 자들은 제주(祭酒)라 불렀다. 제주는 각자 자기의 무리를 거느리게 되는데, 큰 무리의 제주를 특별히 치두대제주(治頭大祭酒)라 하였다. 장로는 누구든 성의와 신의를 지켜 거짓이나 남을 속이지 말라고 가르쳤다. 자신의 행동과 신도에게 가르치는 말이 일치하지 않는 것이 영락없는 종교 지도자이다. 그리고 병이 나면 스스로 자신의 과오를 자수하게 하였는데 이는 대체로 황건의 무리와 비슷한 방식이다. 장로의 무리들은 두목이나 관리를 따로 두지 않고 모든 것을 제주들이 처리하였다. 그런데 백성들이 편하다며 즐겨 따랐다. 이런 식으로 장로는 파군과 한중군 일대를 약 30년간 다스렸던 것이다.[7]

당시 유장은 물론이고 한의 조정도 장로의 세력을 꺾을 수 없었다. 그래서 회유책으로 진민중랑장(鎭民中郎將) 겸 한녕(漢寧)태수에 임명하고 공물만 헌상하게 하였다. 한녕은 한중을 달리 부르는 명칭이었다. 한번은 기세가 오른 장로의 부하들이 장로를 한녕왕(漢寧王)으로 추대하

••••

6. 민간에서는 오두미도(五斗米道) 혹은 오두미교(五斗米敎)라 부르기도 하였다.
7. 《삼국지》〈위서〉 이공손도사장전(二公孫陶四張傳) '子璋代立 以魯不順 盡殺魯母家室. 魯遂據漢中 以鬼道教民 自號師君' (중략) '不置長吏 皆以祭酒爲治 民夷便樂之. 雄據巴漢垂三十年'

려 하였다. 하지만 염포(閻圃)라는 신하가 "지금 황제의 명을 받아 관제를 받아들여도 이 지역을 완전히 장악할 수 있습니다. 헌데 굳이 왕을 자칭하여 화를 자초할 필요가 없습니다."[8]라고 간언하였다. 장로도 염포의 말이 옳다 여기고 왕위에 오르려던 계획을 중단하였다. 이후 조조가 마초, 한수 등과 싸우는 동안 관서(關西) 지역의 백성들 수만 가구가 자오곡(子午谷)을 따라 한중으로 대거 이주하였다. 스스로 미련하지 않았기에, 전란이 횡횡했던 시절임에도 전쟁에 휘말리지 않았던 장로의 세력은 이렇게 커질 수 있었다.

이런 한중을 드디어 조조가 노리기 시작하였다. 211년 조조가 종요를 서쪽으로 파견했던 것이 여러 갈래로 파급을 미쳤다고 언급한 바 있다. 이번에도 조조의 한중 공략은 의도치 않은 효과를 불러왔다. 바로 유비와 손권 간 영토 분쟁이 원만하게(?) 조정되었던 것이다. 유비가 먼저 화해를 요청한 것은 조조의 움직임으로 인해 마음이 다급해졌기 때문이다. 조조가 한중군 일대를 장악한다는 것은 유비에게는 생각만 해도 끔찍한 상황이다.

215년 3월, 조조는 장로를 정벌하기 위해 대군을 거느리고 출병했다. 진창(陳倉)에 도착한 조조는 장합과 주령(朱靈), 장기(張旣)에게 별도의 부대를 주어 주변의 저족(氐族) 왕 두무(竇茂)를 토벌하게 하였다. 그리고 4월 진창을 출발한 조조는 산관(散關)을 경유해 하지(河池)현에 도착하였다. 이때 저족왕 두무가 거세게 저항하였고 조조군은 5월에 공세를 취하여 일대의 저족들을 도륙하였다. 아울러 때마침 수확 철이 된 그 지역의 보리를 베어 군량으로 공급하였다. 이래저래 그곳의 백성들은 죽어났다. 이 무렵 서평(西平)군과 금성(金城)군의 장수인 국연(麴演)과 장석(蔣石)이 한수(韓遂)의 목을 베어 수급을 보내왔다. 하후연에게 쫓겨 양주(凉州)로 달아났던 그 한수이다.

215년 7월, 조조는 무도(武都)군을 거쳐 양평관(陽平關)에 도착했다. 조조의 대군을 코앞에 둔 상황에서 장로는 대적하기 어렵다고 판단하여 투항하려 하였다. 하지만 동생 장위(張衛)와 부장 양앙(楊昂) 등이 이에 반대하며 무리 1만여 명과 함께 양평관을 점거하고 저항했다. 조조는 공세를 퍼부었으나 쉽게 함락시킬 수 없었고 전사자만 속출하였다. 게다가 산이 높아 오르기 힘들고 군량도 부족해지기 일쑤였다. 조조는 "이곳은 요사한 술수를 믿는 괴상한 땅인데, 우리가 차지하든 못하든 무슨 상관이 있겠는가? 군량이 자주 떨어지니 빨리 철수하는 것만 못하다."며 주부 유엽(劉曄)에게 후군 감독을 맡기고 철군하려 하였다. 하지만 유엽은 오히려 군량 공급이 원활하지 않기 때문에 철수할지라도 안전을 보장 할 수 없다고 생각하여 조조에게 건의하였다. "공격하는 편이 차라리 낫습니다."[9]

조조는 유엽의 의견을 받아들이되 계책을 세웠다. 일단 공격을 멈추

••••

8. 《삼국지》〈위서〉 이공손도사장전(二公孫陶四張傳) '今承制署置 勢足斬斷. 不煩於王 願且不稱 勿爲禍先'
9. 《삼국지》〈위서〉 정곽동유장유전(程郭董劉蔣劉傳) '旣至漢中 山峻難登 軍食頗乏. 太祖日 此妖妄之國耳 何能爲有無? 吾軍少食 不如速還. 便自引歸 令曄督後諸軍 使以次出. 曄策魯可克 加糧道不繼 雖出 軍猶不能皆全. 馳白太祖 不如致攻'

고 철군하는 척한 것이다. 이에 장로는 조조의 대군이 물러난 줄 알고 수비를 해산하였다.[10] 조조는 몰래 해표(解剽), 고조(高祚) 등을 별동대로 보내 험지를 넘어 야습을 감행하였다. 이에 장로군의 장수 양임(楊任) 등이 전사하고 장위는 겨우 도주하는 등 양평관을 지키던 장로군이 와해되어 버렸다. 양평관을 함락시킨 조조가 촉군으로 진입해가니 장로가 투항을 결심하였다. 그런데 이번에는 염포가 "지금 우리가 급하게 투항한다면

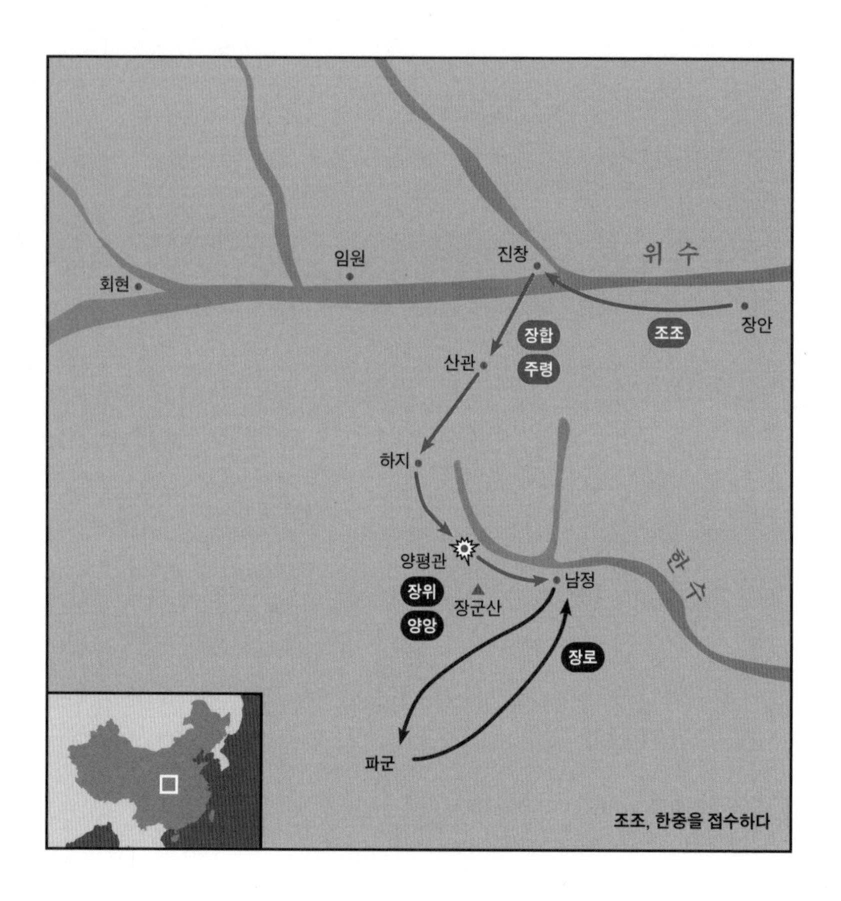

조조, 한중을 접수하다

그 효과가 별로 없을 것입니다. 장군 두관(杜濩)을 박호(朴胡)에 보내 저항하게 한 다음에 투항하여 신하를 칭하는 것이 더 효과적일 것입니다." 라고 제안하였다. 그러나 장로는 저항도 투항도 아닌 도주를 결정하였다. 그러자 측근들이 창고의 물건들을 전부 소각하고 떠날 것을 건의하였다. 하지만 장로는 부하들을 말렸다. "본래 나라에 귀순하려고 했지만 뜻대로 되지 않았다. 지금 달아나 우선 그 예봉을 피하려는 뜻이니 악의는 없다. 보화나 창고의 군량은 모두 나라의 소유이다." 그러고는 창고를 그대로 봉해놓은 채 한중 남서쪽에 위치한 남산(南山)을 거쳐 파군으로 도주하였다.[11]

한중이 조조에게 들어갔다는 소식이 성도(成都)로 전해지자 편장군 황권이 유비에게 진언했다. "만약 한중(漢中)을 잃으면 파군 일대 전체가 위축될 것이니 이는 촉(蜀)의 팔다리를 자르는 것과 같습니다."[12] 이에 유비가 황권을 호군(護軍)에 임명하고 군사를 거느리고 장로를 공격하게 하였다. 하지만 조조가 한중군의 치소(治所)인 남정(南鄭)현에 입성하자마자 장로에게 사람을 보내 회유하니, 장로는 가족을 데리고 투항했다. 조조는 장로가 창고를 그대로 둔 것을 가상히 여겨 장로를 진남장군(鎭南

••••

10. 《삼국지》 〈위서〉 무제기(武帝紀) '賊見大軍退 其守備解散'

11. 《삼국지》 〈위서〉 이공손도사장전(二公孫陶四張傳) '今以迫往 功必輕. 不如依杜濩赴樸胡相拒 然後委質 功必多. 於是乃奔南山入巴中. 左右欲悉燒寶貨倉庫. 魯日 本欲歸命國家 而意未達. 今之走 避銳鋒 非有惡意. 寶貨倉庫 國家之有'

12. 《삼국지》 〈촉서〉 황이여마왕장전(黃李呂馬王張傳) 황권편 '若失漢中 則三巴不振. 此爲割蜀之股臂也'

將軍)에 임명하고 손님의 예로 대하였다.[13] 장로의 투항으로 파군과 한중군 모두가 조조에 귀속되니 이때가 215년 11월이었다.

조조는 다음 달인 12월, 하후연을 한중에 주둔시킨 채 업현으로 귀환하려 하였다. 이에 유엽이 "이번에 촉을 정벌하지 않으면 필시 큰 우환이 될 것입니다."[14]라며 유비를 정벌할 것을 건의하였다. 사마의도 거들었다. "유비는 속임수와 힘으로 유장을 붙잡은 것입니다. 그렇기에 백성들이 아직 귀부하지 않았는데 멀리 강릉을 두고 오와도 다투고 있으니 이 기회를 놓쳐선 안 될 것입니다. 지금 한중에서 위엄을 떨친다면 익주 전체가 진동할 것이고, 진군하기만 하면 그 세력은 분명 와해될 것입니다. 이러한 형세에 의거한다면 쉽게 공을 이룰 수 있습니다. 성인은 하늘의 때를 거스르지 않고 놓치지도 않습니다."[15] 이에 조조가 "사람의 고통은 만족하지 못하는데 있다고 하더니, 이미 농우(隴右) 땅을 얻었는데 또 다시

••••

13. 《삼국지》〈위서〉 이공손도사장전(二公孫陶四張傳) '太祖入南鄭 甚嘉之' '太祖逆拜魯鎭南將軍 待以客禮'
14. 《삼국지》〈위서〉 정곽동유장유전(程郭董劉蔣劉傳) '今不取 必爲後憂'
15. 《진서(晉書)》 선제기(宣帝紀) '劉備以詐力虜劉璋. 蜀人未附而遠爭江陵 此機不可失也. 今若曜威漢中 益州震動 進兵臨之 勢必瓦解. 因此之勢 易為功力. 聖人不能違時 亦不失時矣'
16. 《진서(晉書)》 선제기(宣帝紀) '人苦無足 既得隴右 復欲得蜀'
17. 조조는 여기서 득롱망촉(得隴望蜀) 고사를 활용하였다. 득롱망촉은 애초에 광무제 유수가 했던 말이다. 하지만 조조가 쓰임을 약간 달리 했다. 유수는 농우를 얻었으니 촉도 얻어야 한다는 뜻으로, 조조는 농우를 얻었으니 욕심을 부리면 안 된다는 의미였다. 조조는 고사(古事)를 인용해 상황에 맞게 비틀 때가 많았다. 학식이 높았음을 알 수 있다.
18. 《삼국지》〈위서〉 유사마양장온가전(劉司馬梁張溫賈傳) '可勸使北出就穀以避賊. 前至者厚其寵賞 則先者知利 後必慕之'

촉을 얻기를 바라는구나!"[16]라면서 두 사람의 말을 따르지 않고 귀환하였다.[17]

이후 조조는 유비가 북쪽으로 진출하여 무도군의 저족들과 결탁하여 관중 지역을 노릴까 걱정하였다. 이에 장기가 "사자를 보내 저족에게 식량이 넉넉한 북쪽으로 이주해 촉을 피하라고 설득하십시오. 먼저 오는 자에게 후한 상을 내리면 그 자들이 좋은 땅임을 알게 되고 다음 사람들도 틀림없이 따라올 것입니다."[18]라며 의견을 냈다. 조조는 그 방책을 따라 무도군 저족 5만여 명을 우부풍(右扶風)군과 천수(天水)군으로 이주시켰다.

3

합비 일대의 전투

215~217년

215년, 형주를 놓고 일촉즉발(一觸卽發)의 상황까지 갔던 유비와 손권은 유비의 요청으로 일단 화해하였다. 공안에 주둔하던 유비는 성도로 회군하였고, 손권도 육구에서 물러나 회군하였다. 이후 유비가 조조를 상대했던 것처럼 손권 또한 조조군을 상대하게 되었다. 손권은 친히 10만 대군을 이끌고 합비를 공격하였다. 당시 합비에는 장료, 악진, 이전 등이 7천여 군사를 거느리고 주둔하고 있었다. 조조는 한중으로 장로를 치러 가면서 이곳 합비에 함(函)을 하나 보냈다. 그 함에는 '적이 침입하면 열어보라'[19]고 적혀 있었다. 소설 같은 행위지만 정사 사료에 등장하는 내용이다.

얼마 지나지 않아 손권의 10만 대군이 합비를 포위하자 장료는 다른 장군들과 함께 함을 열어보았다. 그 안에 담긴 교서에 적힌 내용은 이러했다. '손권이 침입할 경우 장료와 이전은 출전하고 악진은 수비하되 적과 전투를 벌이지 말라.' 이를 본 장수들이 다들 무슨 뜻인지 몰라 의아해하자 장료가 의견을 말했다. "조공은 멀리 원정 중이므로 구원군이 올 때쯤엔 적들이 이미 우리를 격파하였을 것이오. 이 교서는 적군이 다 모이기 전에 공격해 적의 예봉을 꺾어 군사들을 안심시킨 뒤에 굳게 수비하라는 뜻이오. 첫 전투에 성패(成敗)가 달렸거늘 여러분은 무엇을 의심하오?"[20]

장료와 이전, 악진은 평소 사이가 그리 좋지 않았다. 때문에 장료는 자신의 명령이 통하지 않을까봐 걱정하였다. 하지만 이전이 말하길 "이는 국가의 대사이니 장군의 계획이 어떠하든, 사적인 감정으로 공의(公義)를 버릴 수 있겠습니까!"[21] 라며 결의를 다졌다. 사실 이들의 관계가 좋지 않았던 이유는 이전과 악진이 조조의 오래된 부하들인데 반해 장료는 여포 휘하에 있다가 투항한 장수였기 때문이다. 더구나 그런 장료가 조조의 신임을 얻어 자신들의 지휘관이 되었던 것이다. 하지만 이전의 말대로 공과 사를 구별해야 할 때였고 그들은 그것을 모를 만큼 어리석지 않았다.

••••

19. 《삼국지》〈위서〉 장악우장서전(張樂于張徐傳) '賊至乃發'

20. 《삼국지》〈위서〉 장악우장서전(張樂于張徐傳) '乃共發教. 教日 若孫權至者 張李將軍出戰 樂將軍守護軍 勿得與戰. 諸將皆疑. 遼日 公遠征在外 比救至 彼破我必矣. 是以教指及其未合逆擊之 折其盛勢以安衆心 然後可守也. 成敗之機 在此一戰 諸君何疑'

21. 《삼국지》〈위서〉 이이장문여허전이방염전(二李臧文呂許典二龐閻傳) '進典遼 皆素不睦 遼恐其不從. 典慨然日 此國家大事 顧君計何如耳 吾可以私憾 而忘公義乎'

장료와 이전은 돌격할 군사 800명을 모아 소를 잡아 잔치를 연 후, 다음날 출진할 채비를 갖추었다. 날이 밝자 장료는 가장 선두에서 공격에 나서 손권군의 병졸 수십 명과 부장 2명을 베었다. 이어 장료는 자신의 이름을 크게 외치면서 보루에 뛰어 들어 손권의 깃발이 있는 곳에 다다랐다. 갑작스런 상황에 손권은 크게 놀랐고 군사들은 어찌할 줄 몰라 허둥대며 높은 곳으로 물러나 긴 창으로 방어하였다.[22] 잠시 후 정신을 차린 손권은 장료와 이전이 이끄는 군사들이 얼마 되지 않는 것을 보고 역으로 포위할 수 있었다. 하지만 장료와 이전은 군사들을 독려하여 필사적으로 탈출하는 데 성공하였다. 크게 한방 맞은 손권은 합비성을 포위하지만 함락시키지 못하였고 군영에 역병마저 돌아 철군하기로 결정하였다.

손권군은 선발대가 먼저 출발하고, 뒤이어 여몽, 장흠, 능통, 감녕 등이 호위 병사 1천과 남아 손권을 따라 소요진(逍遙津)[23] 북쪽으로 이동하였다. 멀리서 이 모습을 지켜보던 장료가 보병과 기병을 거느리고 기습을 가했다.[24] 수세에 몰렸던 적이 기습할 줄 몰랐던 것인지 손권군은 다시 혼란에 휩싸였다. 손권은 먼저 출발한 부대를 돌아오게 하였으나 이미 멀리까지 간 상태라 어쩔 수 없었다.[25] 감녕은 활을 쏘는 등 다른 장수들 함께 분전하며 장료군을 막았다. 아울러 큰 소리로 '왜 북을 쳐 사기를 진작시키지 않느냐'며 소리쳐 호위 병사들을 독려하였다.[26]

손권군의 피해는 컸다. 진무(陳武)가 이미 전사하였고 서성(徐盛)은 부상을 입고 창을 놓쳐[27] 송겸(宋謙) 등과 도주하였다. 뒤쪽에 주둔 중이던 반장(潘璋)이 곧장 달려와 길을 가로막으며 도망가는 병사들 중 두 명을 베자 도망치던 병사들이 뒤돌아 싸우기 시작하였다.[28] 장흠(蔣欽)도 포위된 상태에서 분전했다. 우부(右部) 도독 능통(淩統)은 병졸 3백 명과 함께 포위당했지만 포위망을 뚫고 손권을 보호하여 탈출하였다. 그러나 조조군이 이미 교량도 파괴해버린 터라 교량에는 널빤지 두 쪽만 있을 뿐이었다. 이에 손권이 말을 몰아 겨우 빠져나가고 능통은 다시 돌아와 싸움을 계속하였다. 좌우의 부하들은 계속 전사하고 능통 자신도 상처를 입었지만 조조군 수십 명을 죽여 손권이 안전하다고 생각된 후에야 빠져나왔다. 하지만 다리도 끊기고 길도 막힌 상태였기에 능통은 갑옷을 입

····

22. 《삼국지》〈위서〉 장악우장서전(張樂于張徐傳) '於是遼夜募敢從之士 得八百人 椎牛饗將士 明日大戰. 平旦 遼被甲持戟 先登陷陳 殺數十人 斬二將. 大呼自名 衝壘入 至權麾下. 權大驚 衆不知所爲 走登高塚 以長戟自守'
23. 소요진(逍遙津)은 비수(淝水)에 위치한 나루터이다. 비수는 합비의 서쪽을 남북으로 흐르는 물줄기로 회수(淮水)의 지류 중 하나이다. 적벽대전 직후 손권이 합비를 공격한 이래 회수와 장강 사이에 위치한 합비 일대에서는 크고 작은 전투가 계속 이어졌다. 214년에 손권이 환성(皖城)을 함락한 이후에도 상황은 달라지지 않았는데 215년에서 217년 사이에 치열한 전투들이 많았다. 이때 자주 등장하는 장수들이 장료, 능통, 감녕 등이다.
24. 《삼국지》〈오서〉 정황한장주진동감능서반정전(程黃韓蔣周陳董甘淩徐潘丁傳) 감녕편 '張遼覘望知之 卽將步騎奄至'
25. 《삼국지》〈오서〉 정황한장주진동감능서반정전(程黃韓蔣周陳董甘淩徐潘丁傳) 능통편 '權使追還前兵 兵去已遠 勢不相及'
26. 《삼국지》〈오서〉 정황한장주진동감능서반정전(程黃韓蔣周陳董甘淩徐潘丁傳) 감녕편 '寧引弓射敵 與統等死戰. 寧厲聲問鼓吹何以不作 壯氣毅然'
27. 《삼국지》〈오서〉 하전여주종리전(賀全呂周鍾離傳) '徐盛被創失矛'
28. 《삼국지》〈오서〉 정황한장주진동감능서반정전(程黃韓蔣周陳董甘淩徐潘丁傳) 반장편 '璋身次在後 便馳進 橫馬斬謙盛兵走者二人 兵皆還戰'

은 채 헤엄치며 물길을 따라갔다. 손권은 배를 타고 퇴각하던 중 능통을 보고 놀라며 기뻐하였다. 하지만 능통은 그동안 아껴왔던 자신의 부하들이 돌아오지 못했음에 통곡하였고 손권도 소매로 눈물을 훔쳤다. 손권은 "이미 떠난 자들을 어찌하겠는가! 그래도 경이 곁에 있으니 내가 무슨 걱정을 하겠는가!"[29]라며 능통을 위로했다.

하제(賀齊)가 소요진 남쪽에서 3천 군사를 이끌고 손권을 맞이하였다. 손권은 진무의 전사를 슬퍼하며 장례에도 직접 참석하였다. 이 전투는 10만의 대군으로 고작 7천이 지키는 성을 함락시키지 못한 것을 넘어 군주의 목숨이 위태로울 정도로 대패한 사건이었다. 손권의 군사적인 능력

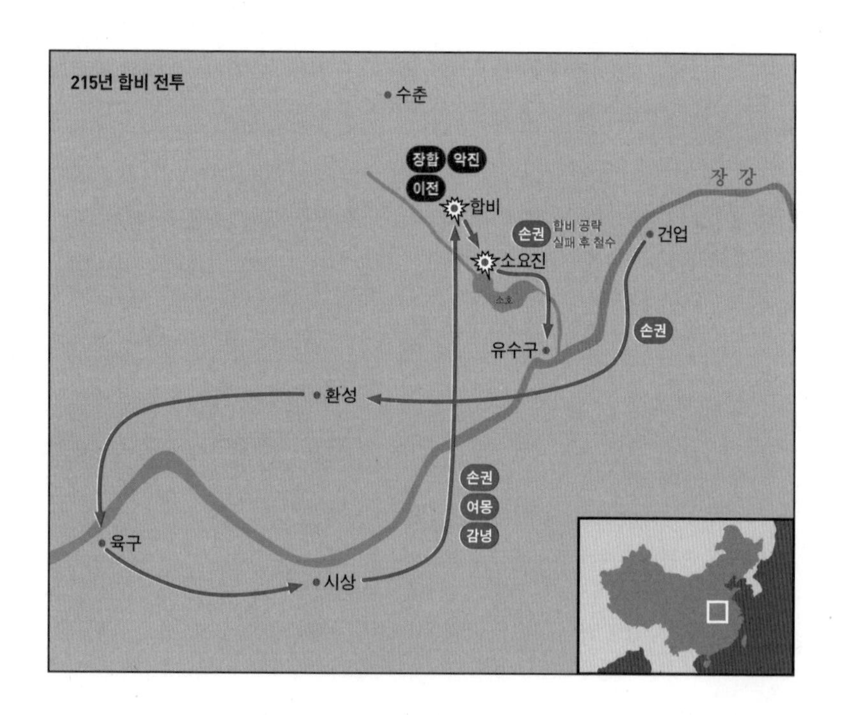

을 평가할 때 항상 등장하는 것이 바로 215년의 합비 전투이다.

이듬해인 216년 겨울, 조조가 직접 손권을 치기 위해 대군을 이끌고 합비로 왔다. 조조는 먼저 장료가 승전한 곳을 둘러보며 감탄했다.[30] 그리고 217년 1월, 조조는 합비 동쪽 거소(居巢)현에 주둔하며 유수(濡須)의 군영을 공격하였다. 이에 여몽은 유수오(濡須塢)를 근거로 강노 1만 장(張)을 설치하여 조조군에 맞섰다.[31] 이때 감녕은 조조군 선봉 군영을 격파하는 임무를 맡았다. 아울러 손권은 감녕에게 특별히 1백 명 분의 술과 안주를 내렸는데 음식을 다 먹은 후 감녕은 은잔에 술을 따라 먼저 두 잔을 마시고 이어 술잔을 채워 그의 부장들에게 건넸다. 그런데 부장들이 엎드린 채 술잔을 받으려 하지 않았다. 평소와 다른 감녕의 비장함에 뭔가 분위기가 심상치 않음을 눈치 챈 것인데 이에 감녕이 날이 하얗게 선 칼을 뽑아 무릎에 얹어놓고 질책하며 말했다. "그대들이 보기에 누가 나만큼 주군의 신임을 받고 있는가? 나 감녕은 죽음도 아깝지 않거늘 그대들은 어찌 죽음을 겁내는가?" 부장들이 감녕의 엄한 기색을 보고서야 즉시 각자 은잔으로 한 잔씩 돌아가며 마셨다. 자정 무렵 감녕이 이끄는 결사대는 말에 재갈을 물리고 출진하였다. 그러고는 조조군의

••••

29. 《삼국지》〈오서〉 정황한장주진동감능서반정전(程黃韓蔣周陳董甘淩徐潘丁傳) 능통편 '敵已毁橋 橋之屬者兩版. 權策馬驅馳 統復還戰. 左右盡死 身亦被創 所殺數十人 度權已免 乃還. 橋敗路絶 統被甲潛行 權旣御船 見之驚喜. 統痛親近無反者 悲不自勝. 權引袂拭之 謂曰 公績 亡者已矣 苟使卿在 何患無人!'

30. 《삼국지》〈위서〉 장악우장서전(張樂于張徐傳) '循行遼戰處 歎息者良久'

31. 《삼국지》〈오서〉 주유노숙여몽전(周瑜魯肅呂蒙傳) '據前所立塢 置彊弩萬張於其上 以拒曹公'

군영을 기습하니 조조군 선봉 부대는 놀라서 퇴각하였다.[32] 어찌된 것인지 양측 모두 군주가 없을 때 더 잘 싸웠다.

217년 2월, 조조는 장강 서쪽에 위치한 학계(郝谿)로 진군하였다. 이에 손권은 유수구에 성을 쌓고 저항하였다. 이때 장료와 장패(臧霸)가 함께 선봉에서 행군하였는데 연일 큰 비가 내려 수위가 점점 올랐다. 이에 손권의 군사들이 큰 배를 이용하여 전진하니 조조의 장졸들이 불안해하였다. 장료는 조조에게 철군을 건의하려 하였다. 게다가 이 무렵 거소현에 주둔 중인 병사들 사이에 역병이 크게 유행하고 있었는데 군영을 직접 순시하며 장졸들을 치료하던 장군 사마랑(司馬朗) 또한 병사하였다.[33] 결국 조조는 철군을 명령하고 귀환하면서 하후돈, 조인, 장료, 장패 등을 거소현에 남겨두었다.

조조가 퇴각하고 얼마 지나지 않은 217년 봄, 손권은 사자를 보내 번신(藩臣)을 자처하였고 이후 조조와 손권 양측은 짧게나마 휴전하게 된다.

••••

32. 《삼국지》〈오서〉 정황한장주진동감능서반정전(程黃韓蔣周陳董甘淩徐潘丁傳) 감녕편 '寧爲前部督受敕出斫敵前營. 權特賜米酒衆殽 寧乃料賜手下百餘人食. 食畢 寧先以銀碗酌酒 自飮兩碗 乃酌與其都督. 都督伏 不肯時持. 寧引白削置膝上 呵謂之曰 卿見知於至尊 孰與甘寧? 甘寧尙不惜死 卿何以獨惜死乎? 都督見寧色厲 卽起拜持酒 通酌兵各一銀碗. 至二更時 銜枚出斫敵. 敵驚動 遂退'

33. 《삼국지》〈위서〉 유사마양장온가전(劉司馬梁張溫賈傳) '到居巢 軍士大疫 朗躬巡視 致醫藥 遇疾卒'

4

조비의 태자 책봉

217년

211년 1월, 헌제는 조조의 장자 조비(曹丕)를 오관중랑장(五官中郎將)에 임명하며 승상을 보좌하게 하였다. 오관중랑장은 광록훈(光祿勳)의 속관으로, 황제 호위와 궁궐 경비를 담당하는 임무를 주로 수행하는 직책이다.

다음해인 212년 1월, 헌제는 조조에게 천자를 알현할 때 이름을 아뢰지 않고, 입조하면서 종종걸음을 치지 않고, 칼을 차고 신을 신은 채 전각에 오를 수 있는 특권을 허용하였다.[34] 이후 동소(董昭) 등이 조조의 작위를 왕(王)으로 올리고, 구석(九錫)[35]을 하사해야 한다며 순욱에게 자문

····

34. 《삼국지》〈위서〉 무제기(武帝紀) '天子命公贊拜不名 入朝不趨 劍履上殿'

35. 구석(九錫)은 중국 한(漢)대에 황제가 신하에게 내리는 가장 큰 상으로 아홉 가지의 특전을 말한다. 주로 큰 공을 세운 신하 또는 황족에게 내렸다.

하였다. 이에 대한 순욱의 답변은 부정적이었다. "본래 조정을 바로잡고 나라를 평안케 하려 의병을 일으켰으므로, 충정의 성심과 겸양의 뜻을 지키며 군자의 덕행으로 백성을 아껴야 하니 구석을 하사하는 것은 옳지 않다."는 것이었다. 이를 전해들은 조조의 마음이 좋지 않았다. 212년 말 조조는 유수 원정에 순욱을 참가시켰다. 하지만 조조의 부대가 유수에 도착한 이후 순욱은 병이 나서 수춘에 머무르는데 근심걱정으로 사망하였다.[36] 당시 순욱의 나이는 50세였다.

순욱의 죽음에 관한 〈배송지주〉의 내용은 이러하다. 조조가 순욱에게 음식을 보냈는데 순욱이 열어보니 빈 그릇이었고 이를 본 순욱이 독을 마시고 자결하였다[37]는 것이다. 조조의 세력이 미미할 때부터 한 배를 타고 지내온 순욱이었다. 원소의 세력이 조조보다 훨씬 강대할 때에도 조조의 우세를 점쳤고 훌륭한 인재도 여럿 천거하며 조조를 도왔다. 그러면서도 순욱은 조조가 한(漢)의 충성스런 신하로 만족할 것이라 여겼던 것일까? 아니면 그러기를 바랐던 것일까? 오랜 시간 조조와 한 배를 타고 왔지만 자신과 조조의 목표가 다름을 뒤늦게 알게 된 것으로 보인다. 순욱이 조조를 간파하지 못했다는 것이 의아하지만 어쨌든 그 배에서는 내릴 수밖에 없었다.

213년 5월, 헌제는 조조를 위공(魏公)에 책봉하고 구석을 하사하였다. 7월에는 위국(魏國)의 사직(社稷)과 종묘(宗廟)를 건립하였고, 9월에는 금호대(金虎臺)를 건축하였다. 그리고 10월에 위군(魏郡)을 동서로 분할하여 각각 도위(都尉)를 임명하고 11월에는 위국에 상서(尙書)와 시중(侍中)

그리고 육경(六卿)을 설치하였다. 점차 위(魏)라는 나라가 틀을 갖추게 되었다. 214년 3월에는 조조의 지위를 상향시켜 황금 국새(國璽)로 교체하고, 적불(赤紱)과 원유관(遠遊冠)을 하사하였다.[38]

실질적인 것은 물론 형식적으로도 조조 세력의 권위가 더해가던 214년 11월에 큰 사건이 일어났다. 헌제의 황후 복(伏)씨가 부친 복완(伏完)에게 서신을 보냈는데 조조에게 적발된 것이다. 이 서신에는 예전에 동승(董承)이 주살된 일과 관련해 헌제가 조조에 대해 원한을 갖고 있다는 내용이 담겨 있었다. 이로 인해 복황후가 폐출되고 형제들과 함께 처형된다. 이는 조조에 대한 위협이기도 하였지만 권신에게 있어서는 권력을 더할 수 있는 호재였다. 조조는 거의 마지막 남은 조정 내 반대 세력을 제거한 것이다. 그리고 이듬해인 215년 1월, 조조는 자신의 둘째딸을 헌제의 황후로 앉혔다. 그야말로 완벽한 허수아비가 된 헌제는 조(曹)씨에게 권력을 넘겨주는 역할로서 목숨을 부지하고 있었던 것이다.

217년 4월, 헌제는 조조에게 천자의 정기(旌旗)를 사용하게 하였고, 조조가 들고 날 때 백성들의 통행을 금지시켜도 좋다고 허락하였다.[39] 또한 같은 해 10월에 12줄 면류관 착용 등을 허용하고, 금근거(金根車)를 6마

••••

36. 《삼국지》〈위서〉 순욱순유가후전(荀彧荀攸賈詡傳) '彧以爲太祖本興義兵 以匡朝寧國 秉忠貞之誠 守退讓之實 君子愛人以德 不宜如此. 太祖由是心不能平' (중략) '彧疾留壽春 以憂薨'

37. 《삼국지》〈위서〉 순욱순유가후전(荀彧荀攸賈詡傳) 배송지주 위씨춘추(魏氏春秋) 인용 '太祖饋彧食 發之乃空器也 於是飮藥而卒'

38. 적불(赤紱)은 붉은색 수를 놓은 혁대이고, 원유관(遠遊冠)은 왕이 쓰는 관을 말한다.

39. 경필(警蹕)은 임금이 행차할 때에 의전과 경호를 위해 일반인의 통행을 금하던 일을 말한다.

리 말이 끌 수 있게 하고, 오시(五時)에 맞춘 부차(副車)를 사용하도록 허용하였다. 아울러 위(魏)의 태자를 책봉하였는데 이는 모두 천자의 예에 준하는 것이었다.

조조에게는 아들이 여럿 있었다. 장남 조앙(曹昂)은 장수(張繡)가 반란을 일으켰던 197년 전사했다. 때문에 당시 태자의 물망에 올랐던 아들은 조비(曹丕)와 조창(曹彰) 그리고 조식(曹植) 이렇게 셋이었다.

조창은 어려서 활쏘기와 말 타기에 능했고 힘이 셌다. 이에 조조가 "너는 말 타기와 칼싸움만 좋아하니 이는 일개 장부의 쓰임이라 대단하지 않다"고 타이르곤 했다. 한번은 조조가 아들들에게 장차 무엇이 되고 싶은지 물은 적이 있다. 이때 조창은 "장군이 되고 싶습니다."라고 대답하자 조조가 "장군이 되면 어찌 하겠느냐?"라고 물었다. 이에 조창이 "갑옷에 병기를 들고 난관에도 목숨을 돌보지 않으며 사졸에 솔선하면서 상과 벌을 분명히 하겠습니다."라고 대답하였다. 이를 들은 조조가 크게 웃었다.[40] 조창의 수염이 누런 빛깔이어서 조조는 평소 조창을 황수아(黃鬚兒)라는 애칭으로 부르곤 했다.

조식은 글재주가 매우 뛰어났다. 210년 조조가 업현(鄴縣)에 동작대(銅爵臺)를 신축했을 때 조식이 글을 지어 올린 적도 있었다. 211년에 평원후(平原侯)에 봉해지고 214년에는 임치후(臨菑侯)에 봉해졌다. 여러모로 우수한 점이 많았기에 양수(楊脩) 등 따르는 신하들도 많았다. 조조도 내심 조식을 태자로 정하려 했던 적도 있었다. 하지만 조식은 행실을 꾸미지 않고 멋대로 행동하곤 했고 음주도 절제하지 않았다.[41] 게다가 결정적인 잘못도 저질렀는데 '황제만이 다닐 수 있는 길'[42]로 수레를 타고서 문을 열고 나간 것이었다. 국법대로 할 수도 없어 난처해진 조조는 이후 조식에 대한 총애도 점차 식게 되었다. 이에 반해 조비는 여러 계산을 바탕으로 감정이나 행실을 꾸몄다. 게다가 조조의 측근들도 조비에 대해 좋은 말을 많이 하였다.[43] 말하자면 조식은 실력에 비해 본인의 성적 관리에 실패한 수험생이었던 데 반해, 조비는 족집게 과외든 뭐든 본인 점수 올리는 데에 집중하는 수험생이었던 것이다.

이렇게 후계자 문제를 놓고 고심을 거듭하던 조조가 어느 날엔가 가후를 부른다. 가후는 관도대전을 앞둔 199년 말 장수(張繡)와 함께 투항하며 조조의 휘하에 들어온 인물이다. 곽가나 정욱처럼 본래부터 조조를 섬기던 신하가 아니었기에 가후는 책모가 출중함에도 늘 시기(猜忌)를 당할까 조심했다. 항상 스스로를 단속하며 퇴근 이후의 사적인 교류도 자제하였고 자식의 혼사 또한 고관의 가문을 피하였다. 그리하여 세상에 지모를 논하는 많은 이들이 가후를 따랐다.[44]

주변 사람을 물리치고 가후와 마주 앉은 조조가 조용히 태자 책봉에

····

40. 《삼국지》〈위서〉 임성진소왕전(任城陳蕭王傳) '此一夫之用 何足貴也' (중략) '太祖嘗問諸子所好 使各言其志. 彰曰 好爲將. 太祖曰 爲將柰何? 對曰 被堅執銳 臨難不顧 爲士卒先 賞必行 罰必信. 太祖大笑'
41. 《삼국지》〈위서〉 임성진소왕전(任城陳蕭王傳) '植任性而行 不自彫勵 飮酒不節'
42. 이를 치도(馳道)라고 한다.
43. 《삼국지》〈위서〉 임성진소왕전(任城陳蕭王傳) '文帝御之以術 矯情自飾. 宮人左右 並爲之說'
44. 《삼국지》〈위서〉 순욱순유가후전(荀彧荀攸賈詡傳) '詡自以非太祖舊臣 而策謀深長 懼見猜疑 闔門自守 退無私交 男女嫁娶 不結高門 天下之論智計者歸之'

대해 물었다. 하지만 웬일인지 가후는 아무 말도 하지 않았다. 그러자 조조가 "경이 아무 말도 하지 않으니 무슨 까닭이요?"라며 다그쳤다. 이에 가후가 멈칫하며 말했다. "방금 뭔가 생각나는 일이 있어 바로 대답하지 못하였습니다." 조조가 따지듯이 "도대체 무슨 생각이요?"라고 물으니 그제야 가후가 대답했다. "원본초와 유경승 부자의 일이 생각났습니다." 본초(本初)와 경승(景升)은 각각 원소와 유표의 자이다. 조조와 가후 사이에 아주 잠시 동안 침묵이 흘렀다. 꽤 오래 전 원소와 유표는 모두 장자를 배제하고 후사를 정했다가 패망한 바가 있었다. 조조는 호탕하게 웃었고 비로소 태자가 결정되었다.[45] 극도로 민감한 사안에 대해 어떤 반감도 사지 않고 조심스럽고도 강렬하게 주군을 설득하는 순간이었다. 가후의 현명함이 또 빛을 발했다.

••••

45. 《삼국지》〈위서〉 순욱순유가후전(荀彧荀攸賈詡傳) '太祖又嘗屛除左右問詡 詡嘿然不對. 太祖曰 與卿言而不答 何也? 詡曰 屬適有所思 故不卽對耳. 太祖曰 何思? 詡曰 思袁本初 劉景升父子也. 太祖大笑 於是太子遂定'

5

유비와 하후연의 대결

218~219년

장로가 조조에 투항한 이후 조조는 업현(鄴縣)으로 돌아가면서 하후연과 장합 등을 한중에 남기고 지키게 하였다. 217년 즈음 법정은 유비에게 "조조가 단 한번 거병으로 장로의 투항을 받고 한중을 평정하면서 그 형세를 이용해 파촉을 치지 않고 하후연과 장합을 남겨둔 것은 필히 내부에 급박한 우환이 있었기 때문입니다. 지금 하후연이나 장합의 재략으로는 일국의 장수 직분을 감당하기 버거우니, 우리가 군사를 동원하면 틀림없이 이길 수 있습니다."[46]라며 출병을 권유하였다.

••••

46. 《삼국지》 〈촉서〉 방통법정전(龐統法正傳) '必將內有憂偪故耳. 今策淵郃才略 不勝國之將帥 擧衆往討 則必可克'

유비는 법정의 조언에 따라 이듬해인 218년 한중으로 출병하였다. 물론 법정은 유비를 수행했다. 3월 무렵 유비는 오란(吳蘭)과 뇌동(雷銅)을 무도(武都)군 하변(下辯)현에 주둔시켰다. 조조가 이에 맞서 조홍 등을 보냈는데 유비는 장비를 보내 고산(固山)을 점령하여 조홍의 배후를 차단하려 하였다. 조홍을 보좌하던 조휴(曹休)가 계책을 냈다. "적이 우리의 배후를 차단하려 한다면 응당 복병으로 몰래 진격해야 합니다. 지금 적이 허장성세(虛張聲勢)로 나오는 것은 후방 차단이 불가능하기 때문입니다. 적군이 모이기 전에 서둘러 오란을 격파한다면 장비는 저절로 도주할 것입니다." 조홍은 조휴의 의견에 따라 오란을 공격하여 대파하였다. 이때 부장 임기(任夔) 등이 전사하였고 장비는 한중군으로 패주했다. 계책이 맞아 떨어졌다. 오란은 저족(氐族)에게 피살되고 말았다.

이 무렵 장합은 별도로 부대를 거느리고 파서(巴西)에 주둔하며 그 일대 백성들을 한중으로 이주시키려 하였다. 장비가 다시 출진하여 파군의 탕거(宕渠), 몽두(蒙頭), 탕석(盪石) 일대에서 약 50여 일간 장합과 대치하였다. 장비는 정예 1만을 거느리고 샛길로 이동하여 와구(瓦口)에서 장합과 교전을 벌였는데 이때 산길이 협소하여 장합의 군사들은 전후 부대가 서로 도울 수 없었다.[47] 앞서 조홍에게 패했던 장비는 장합을 대파하였고, 장합은 말을 버리고 샛길로 도주해 남정(南鄭)현으로 철수하였다. 이후 유비가 양평관에 주둔하였는데 이에 맞서는 조조군 장수는 하

····

47. 《삼국지》〈촉서〉 관장마황조전(關張馬黃趙傳) '山道迮狹 前後不得相救'

후연이었다. 하후연은 여러 장수들을 거느리고 유비와 장기간 대치하게 된다.

유비가 성도를 비우자 성도 인근 광한(廣漢)군에서 도적 무리인 마진(馬秦), 고승(高勝) 등이 봉기한 일이 있었다. 아직 익주의 완전한 평정이 이루어지지 못했던 것이다. 도적의 무리는 그 규모가 무려 5만이나 되었

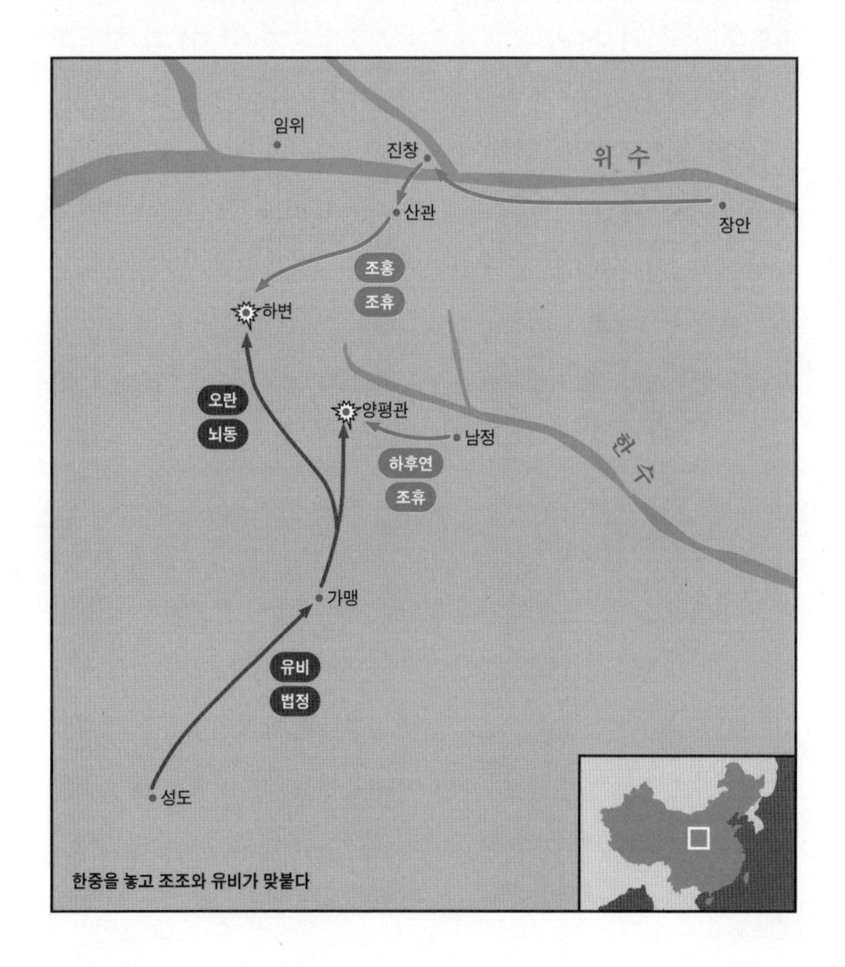

한중을 놓고 조조와 유비가 맞붙다

고 이후 남쪽으로 이동하여 건위(犍爲)군에 집결하였다. 유비가 대군을 이끌고 한중에 주둔 중이라 추가로 군사를 징발할 수 없었기에 건위태수 이엄(李嚴)은 휘하 5천 군사만으로 이들을 소탕할 수밖에 없었다. 월수(越嶲)군 만족 오랑캐[48]의 우두머리 고정(高定)이 신도(新道)현을 포위하자 이엄이 출병하여 포위를 풀며 구원하였다. 고정은 잡히지 않고 도주하였다.

해를 넘겨 219년 1월 유비는 양평관에서 남쪽으로 한수(漢水)를 건너 정군산(定軍山) 자락에 군영을 설치하였다. 그리고 정예 병력 1만을 10개의 부대로 나눈 후 야간에 출진하였다.[49] 하후연과 장합의 군영을 급습한 유비군은 먼저 방어용 울타리(鹿角)를 불태워버렸다. 이에 하후연은 장합에게 동쪽을 방어하게 하고 자신은 경무장한 군사들과 함께 남쪽을 방어하였다. 유비의 군사들은 장합의 부대와 육박전을 벌인 후 퇴각하여 주마곡(走馬谷)에서 위군을 포위하고 사방에 불을 질렀다. 이에 하후연은 군사를 나눠 장합을 구원하기 위해 서둘러 출진하였는데 이때 징과 북을 크게 울리며 함성이 온 계곡을 진동시켰다. 그러나 동시에 황충이 맹렬한 기세로 돌진하여 순식간에 하후연의 목을 베니 하후연의 부대는 대패하고 말았다.[50] 장합은 남은 부대를 이끌고 양평관으로 급히 철군하였다. 예전에 조조는 하후연에게 "장군이라도 겁먹은 듯 나약할 때가 있어야지 매번 용맹으로만 싸울 수는 없다. 장수란 응당 용기가 바탕이기는 하나 지혜와 계략이 있어야지, 용기만 믿는다면 그것은 단지 일개 필부의 용기일 뿐이다"[51]라고 조언한 바 있었다. 조조의 우려가 현실이 되고 만 것이다.

패퇴한 위군은 하후연의 사마(司馬)인 곽회(郭淮)가 병사들을 모으고 장합을 대장으로 추대하였다. 유비는 여세를 몰아 한수를 건너 공격해 오기 시작하였다. 이때 여러 장수들이 '지금은 중과부적(衆寡不敵)이고 유비는 승세를 타고 있으니 한수에 의지해 군진을 설치하자'는 의견을 냈다. 하지만 곽회는 "이는 우리의 약점을 내보이는 것으로 적을 막기에 부족하니 올바른 계책이 아닙니다. 차라리 한수에서 멀리 군진을 설치해 적을 유인하되 적이 반쯤 건넜을 때 공격하면 유비를 격파할 수 있습니다."[52]라고 주장하였다. 유비는 이들의 의중을 간파하였는지 강을 건너지 않았고, 곽회 또한 굳게 지키며 철수할 의사가 없음을 보여주었다. 이 무렵 상황을 보고받은 조조가 장합에게 부절을 내렸다. 정식으로 대장에 임명한 것이다.

219년 3월, 조조가 장안에서 직접 출병하여 사곡(斜谷)을 거쳐 양평관에 이르렀다. 이때 유비는 "조조가 오더라도 어쩔 수 없을 것이다. 우리는 기필코 한중을 지켜낼 것이다."라며 군사들을 독려하였다. 유비는 조심스럽게 수비에 치중했는데 정사는 험지를 지키며 교전하지 않았다고 기

••••

48. 만이(蠻夷)

49. 《삼국지》〈위서〉 장악우장서전(張樂于張徐傳) '備以精卒萬餘 分爲十部 夜急攻郃'

50. 《삼국지》〈촉서〉 관장마황조전(關張馬黃趙傳) '金鼓振天 歡聲動谷 一戰斬淵 淵軍大敗'

51. 《삼국지》〈위서〉 제하후조전(諸夏侯曹傳) '爲將當有怯弱時 不可但恃勇也. 但知任勇 一匹夫敵耳'

52. 《삼국지》〈위서〉 만전견곽전(滿田牽郭傳) '淮收散卒 推盪寇將軍張郃爲軍主' (중략) '諸將議衆寡不敵 備便乘勝 欲依水爲陳以拒之. 淮曰 此示弱而不足挫敵 非算也. 半濟而後擊 備可破也'

록하고 있다. 조조는 한 달이 넘도록 점령하지 못하고 도망자만 속출하였다[53]고 하니 유비의 작전은 성공적이었다.

이 부분에 있어 〈배송지주〉에 따르면 이 무렵 조조는 귀환하고자 하는 마음이 들었지만 망설이고 있었다고 한다. 그러던 중 '계륵(鷄肋)'이라는 군령을 냈는데 이때 다른 부하들은 이 의미를 이해하지 못했다. 하지만 주부(主簿) 양수(楊脩)만은 그 의미를 알아채고 군사들로 하여금 군장을 꾸리게 하였다. 그러자 주위에서 "어떻게 그 의미를 아시오?"라고 물으니 양수가 대답하였다. "무릇 닭갈비는 먹자니 별로 먹을 것이 없고, 그렇다고 버리자니 아까운 것이오. 이는 곧 한중을 빗댄 것이니 왕께서 회군하고자 하심을 알 수 있소."[54] 하지만 조조는 이를 구실로 양수를 처형하였다. 표면적인 이유는 분명 군령을 어지럽힌 죄라 하였지만 이는 어디까지나 구실이었다. 사실은 양수가 예전에 태자 후보로 셋째 조식(曹植)을 지지하였기에 후환을 염려한 것이었다. 어쨌든 양수의 입장에서는 재주가 자신의 명을 단축시킨 꼴이었다.

조조는 양수의 말이 틀렸음을 증명하기 위해서라도 유비에 대한 공격을 더욱 거세게 해보지만 피해만 점점 커졌다. 결국 5월 장안으로 회군하였고 유비는 마침내 한중을 차지할 수 있었다. 이후 신하들의 제청으로 유비는 한중왕에 오르게 되고 아울러 이를 헌제에 상주하였다. 한중왕에 등극한 유비는 이번 전투에서 공로가 가장 컸던 황충을 후장군(後將軍)에 임명하려 하였다. 그러자 제갈량이 "황충의 명망은 평소 관우나 마초에 미치지 못하는데 지금 같은 반열에 세우려 하십니다. 마초나 장비는 가까이 있어 황충의 공적을 직접 보았기에 이해할 수 있을 것입니다만 관우는 멀리서 이를 듣게 되면 분명 싫어할 테니, 상황이 별로 좋지 않을 것입니다."라며 우려를 표하였다. 이에 유비는 "내가 응당 알아서 해결할 것이오."[55]라며 듣지 않았다.

유비는 장비를 우장군에 임명하고 마초를 좌장군에 임명한 후 비시(費詩)를 형주로 보내 관우에게 전장군(前將軍)의 인수를 전하게 하였다. 그런데 비시를 만난 관우는 황충이 후장군이라는 소식을 듣고 노하여 "대장부로서 결코 노병(老兵)과 같은 반열에 설 수 없다!"[56]라며 인수를 받지 않으려 하였다. 그러자 비시가 조용히 말했다. "무릇 왕업을 성취한 분들은 한 사람만을 등용하지 않습니다. (중략) 지금 한중왕께서 한때의 공적을 평가하여 황한승[57]을 우대하지만 그 본뜻의 경중을 따진다면 어찌 장군과 같을 수 있겠습니까! 비유하자면 한중왕과 장군은 한 몸과 같고 기쁨과 슬픔을 함께 나누고 화복을 같이 하거늘, 제 우견으로 장군께서 관직의 높낮이나 관록의 많고 적음에 마음 쓸 일이 아닌 듯합니다."

••••

53. 《삼국지》〈촉서〉 선주전(先主傳) '曹公雖來 無能爲也 我必有漢川矣. 及曹公至 先主斂衆拒險 終不交鋒. 積月不拔 亡者日多'

54. 《삼국지》〈위서〉 무제기(武帝紀) 배송지주 구주춘추(九州春秋) 인용 '人驚問脩 何以知之? 脩曰 夫鷄肋 棄之如可惜 食之無所得. 以比漢中 知王欲還也'

《후한서(後漢書)》 양진열전(楊震列傳) '脩獨曰 夫雞肋 食之則無所得 棄之則如可惜 公歸計決矣'

55. 《삼국지》〈촉서〉 관장마황조전(關張馬黃趙傳) '忠之名望 素非關馬之倫也 而今便令同列. 關遙聞之 恐必不悅 得無不可乎? 先主曰 吾自當解之'

56. 《삼국지》〈촉서〉 곽왕상장양비전(霍王向張楊費傳) '大丈夫 終不與老兵同列'

57. 한승(漢升)은 황충의 자이다.

비시의 말에 관우는 크게 깨달은 바가 있어 즉시 인수를 받아들였다.[58]

이어서 앞으로 한중을 다스리며 지키는 중임을 맡을 장수를 뽑을 차례가 되었다. 이때 많은 이들이 장비를 예상하고 있었고 본인도 내심 기대하고 있었다. 그런데 유비가 위연(魏延)을 발탁하여 진원장군(鎭遠將軍) 겸 한중태수에 임명하자 모든 장수들이 놀란다. 이후 군신들이 모인 자리에서 유비는 위연에게 "지금 경에게 중임을 맡기는데, 경은 직무를 어찌하겠는가?"라며 물었다. 위연은 대답했다. "만약 조조가 군사를 모아 공격해온다면 대왕을 청하여 막겠습니다만, 일개 장군이 10만 군사를 거느리고 공격해온다면 대왕을 위해 적을 섬멸하겠습니다." 이를 들은 유비가 위연을 칭찬했고 모두가 위연의 장한 뜻에 감탄하였다.[59]

시간을 앞으로 돌려 한중에서 조조가 물러날 즈음이던 여름, 유비는 의도태수 맹달에게 명하여 '북쪽으로 진격해 방릉(房陵)군을 공격'하게 하였다. 방릉태수 괴기(蒯祺)가 전사하고 맹달이 방릉군을 점령하였다. 맹달은 내친김에 인근 북서쪽에 위치한 상용(上庸)군까지 진격하려 하였다. 그러자 유비는 맹달 혼자서 감당하기 버겁다고 생각하여 유봉을 파

••••

58. 《삼국지》 〈촉서〉 곽왕상장양비전(霍王向張楊費傳) '夫立王業者 所用非一' (중략) '今漢王以一時之功 隆崇於漢升 然意之輕重 寧當與君侯齊乎! 且王與君侯 譬猶一體 同休等戚 禍福共之. 愚爲君侯 不宜計官號之高下 爵祿之多少爲意也' (중략) '羽大感悟 遽卽受拜'

59. 《삼국지》 〈촉서〉 유팽요이유위양전(劉彭廖李劉魏楊傳) 위연편 '先主大會群臣 問延曰 今委卿以重任 卿居之欲云何? 延對曰 若曹操擧天下而來 請爲大王拒之. 偏將十萬之衆至 請爲大王呑之. 先主稱善 衆咸壯其言'

60. 《삼국지》 〈촉서〉 유팽요이유위양전(劉彭廖李劉魏楊傳) 유봉편 '先主陰恐達難獨任 乃遣封'

견하였다.[60] 유봉은 한수를 따라 진군한 후 상용에서 맹달과 합세하여 진격하였다. 그러자 상용태수 신탐(申耽)이 군사를 거느리고 투항했고 투항을 받아들인 유비는 신탐을 상용태수에 다시 임명하였다. 아울러 신탐의 동생 신의(申儀)도 서성(西城)태수에 임명하였다. 서성은 상용군 인근 북서쪽에 위치한 군이다. 그러나 이때 유봉을 보내 맹달과 합세하게 한 유비의 결정. 이 결정이 후에 어떤 결과를 초래하게 되는지 당시에는 아무도 몰랐다.

7장

소용돌이치는 정세

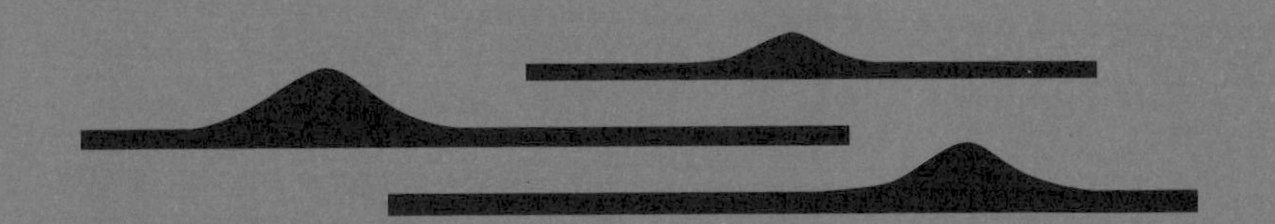

1

형주를 둘러싼 공방

219년

217년, 오(吳)에서는 노숙[1]이 세상을 떠난 후 그 자리를 여몽이 잇게 된다. 여몽은 노숙과 노선이 달랐기에 오의 대외정책에는 변화가 생겼다. 여몽은 육구(陸口)에 주둔하면서 손권에게 '관우를 잡아 장강 전체를 장악할 것'을 권유하였다. 유화책에서 강공책으로의 변화. 그러면서 표면적으로는 관우에게 우호적으로 대하는 자세를 유지하며 백성들의 인심을 얻었다. 얼마 후 손권은 사자를 보내 관우의 딸과 혼사를 청하였다. 당시 손권에게는 10살 가량의 아들이 있었다. 그런데 관우는 손권이 보낸 사자에게 욕을 하며 혼사를 불허하였다. 정중하게 거절하였어도 됐을 것을 관우는 앉아서 손해 볼 짓을 한 것이다. 연의에서는 관우가 손권을 개(犬)에 비유하는 장면도 등장하지만 어찌됐건 관우의 태도에 손권이 매우 언짢았으리라 쉽게 짐작할 수 있다.

218년 10월, 한수 북편에 위치한 완현(宛縣)에서 후음(侯音)과 위개(衛開) 등이 위(魏)에 반기를 드는 사건이 일어났다. 그러자 조인은 방덕 등과 함께 공격하여 완현을 공격하여 점거하고 219년 1월 반란을 진압했다. 후음과 위개는 참수되었다. 이 공으로 조인은 정남장군(征南將軍)에 제수되어 양양성 북쪽에 위치한 번성(樊城)에 주둔하게 된다. 그리고 7월, 강릉에 주둔하고 있던 촉의 전장군 관우가 대군을 이끌고 위군을 공격했다. 후음 등의 반란이 진압된 지 반년이나 지났지만 위에 빈틈이 생겼다고 판단한 것이다. 관우가 이끄는 촉군은 번성에서 조인을, 양양에서 여상(呂常)을 각각 포위하였다. 이에 조조는 급히 우금(于禁)으로 하여금 이를 구원하게 하였다. 이때 방덕은 조인의 명에 따라 번성 북쪽 10리 부근

••••

1. 214년에 유비가 익주를 점령하고 219년에 한중까지 차지하면서, 비로소 삼국(三國)의 그림이 그려졌다. 위(魏)와 촉(蜀)의 싸움은 주로 서쪽 산악 지대를 배경으로 펼쳐졌다. 한중 쟁탈전 그리고 나중에 이어질 제갈량의 기산 출병 등이 대표적인 예이다. 위와 오(吳)의 싸움은 장강 하류의 이북 합비(合肥) 일대에서 펼쳐졌다. 이는 적벽대전 직후인 209년 손권이 공격을 시작한 이후 무려 70여 년 간이나 지속된다. 이에 비해 오와 촉은 비교적 오랜 기간 동맹관계를 이어갔다. 215년 형주 남부에서 군사적 충돌 위기가 있었으나 협정으로 일단락된 바 있었다. 그러나 형주(荊州) 북부, 즉 한수와 장강 사이에 위치한 양양과 강릉 일대는 세 나라가 얽혀 물고 물리는 교집합으로 작용했다. 《삼국지연의》에서 노숙은 측은하게 그려질 때가 적지 않다. 주유-손권-제갈량-유비-관우 사이에서 치이는 모습이 많기 때문이다. 이게 참 '사람이 좋은 건지' 아니면 '멍청한 건지' 헷갈릴 정도이다. 하지만 정사에서 보이는 노숙은 그렇게 만만히 볼 인물이 아니다. 손권이 늘그막에 '자경(子敬: 노숙의 자)이야말로 형세를 제대로 보았다(昔魯子敬嘗道此 可謂明於事勢矣)'며 탄식하는 장면이 등장한다. 손권도 한참 후에야 노숙을 다시 보게 된 것이다. 노숙은 유비와 손권 사이에 크고 작은 분쟁이 있을 때마다 중재에 안간힘을 썼다. 그리고 얼마 후 노숙이 사망하였는데 노숙의 부재는 세 나라에 많은 변화를 불러일으켰다. 죽고 나서 더 높은 가치가 매겨진 인물이다.

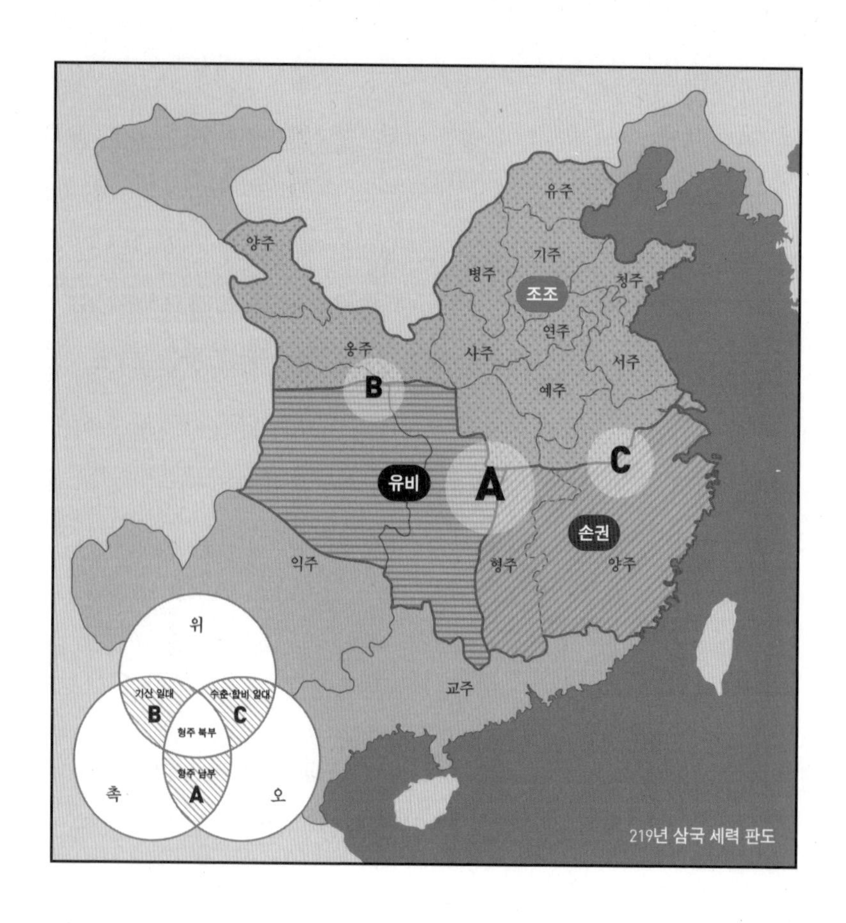

219년 삼국 세력 판도

에 주둔하고 있었다.

8월이 되면서 큰 장마가 져 한수가 범람하기 시작하였다. 물이 불어 평지까지 잠기었는데 그 깊이가 여러 길(丈)이 될 정도였다. 우금의 군영에도 물이 밀려와 모두 잠기고 말았다. 이에 우금과 휘하 장수들은 언덕으로 올라갔으나 강물을 바라볼 뿐 피할 곳이 없었다.[2] 관우가 배를 타고 위군을 공격하니 우금은 곧바로 무릎을 꿇고 투항하였다. 이때 방덕의 부대도 제방에 올라 물을 피하고 있었다. 관우는 역시 배를 이용해 사방에서 제방 위로 활을 쏘며 방덕군을 공격하였다. 그러나 우금과 달리 방덕은 투항하려는 장수들을 참수하면서까지 격렬히 저항하였다. 전투는 이른 새벽부터 한낮이 지나도록 계속되었고 관우의 공격은 갈수록 거세졌다.

이윽고 화살이 떨어지자 방덕은 창과 칼로 맞붙어 싸우려 하였다.[3] 하지만 큰물이 닥치면서 방덕군의 장수와 병졸 모두 항복하게 되었는데 그런 상황에서도 방덕은 끝까지 항복하지 않고 작은 배를 이용해 조인의 군영으로 탈출하려고 하였다. 하지만 급한 물살에 배가 뒤집혀 촉군에게 생포되고 말았다. 관우는 방덕에게 거듭 항복을 권해 보았지만 방덕은 끝내 받아들이지 않고 처형되었다.

당시 번성의 장수들은 방덕의 사촌형 방유(龐柔)가 촉에서 벼슬을 하고 있었기 때문에 방덕을 의심하고 있었다.[4] 이에 방덕은 "나는 국은(國恩)을 입었으니 목숨을 바치는 것이 의(義)이며 죽어서라도 관우를 공격하겠다. 올해 내가 관우를 죽이지 못한다면 관우가 나를 죽일 것이다."[5]

••••

2. 《삼국지》〈위서〉 무제기(武帝紀) '漢水溢 灌禁軍 軍沒'
   《삼국지》〈위서〉 장악우장서전(張樂于張徐傳) '禁與諸將登高望水 無所回避'
3. 《삼국지》〈위서〉 이이장문여허전이방염전(二李臧文呂許典二龐閻傳) '自平旦力戰至日過中 羽攻益急. 矢盡 短兵接戰'
4. 더욱이 방덕의 전(前) 주군인 마초 또한 촉에 몸을 담고 있었던 점 또한 방덕에게는 불리하게 작용되었다.
5. 《삼국지》〈위서〉 이이장문여허전이방염전(二李臧文呂許典二龐閻傳) '我受國恩 義在效死 我欲身自擊羽. 今年我不殺羽 羽當殺我'

라며 출병하였던 터였다.[6] 방덕은 관우와 맞붙어 싸우면서 관우의 이마를 화살로 맞춘 적도 있었다. 방덕은 늘 백마를 탔기에 관우의 군사들은 그를 백마장군(白馬將軍)이라 부르며 두려워하였다. 한편 우금의 투항과 방덕의 참수 소식을 들은 조조는 한참을 슬퍼하며 "내가 우금을 안 지 30년이거늘 위난에 처하여 방덕보다 못할 줄 어찌 생각했겠나!"[7]라며 탄식한다. 방덕의 죽음보다 우금의 항복이 더 큰 충격이었던 것이다.

한편 조인이 지키던 번성 역시 성곽 곳곳이 붕괴되고 물에 잠기지 않은 곳이 얼마 없었다. 관우는 배를 타고 계속해서 공격을 퍼붓는데 외부와 연락도 두절되고 식량도 거의 바닥나려 하였다. 이에 어떤 이가 조인

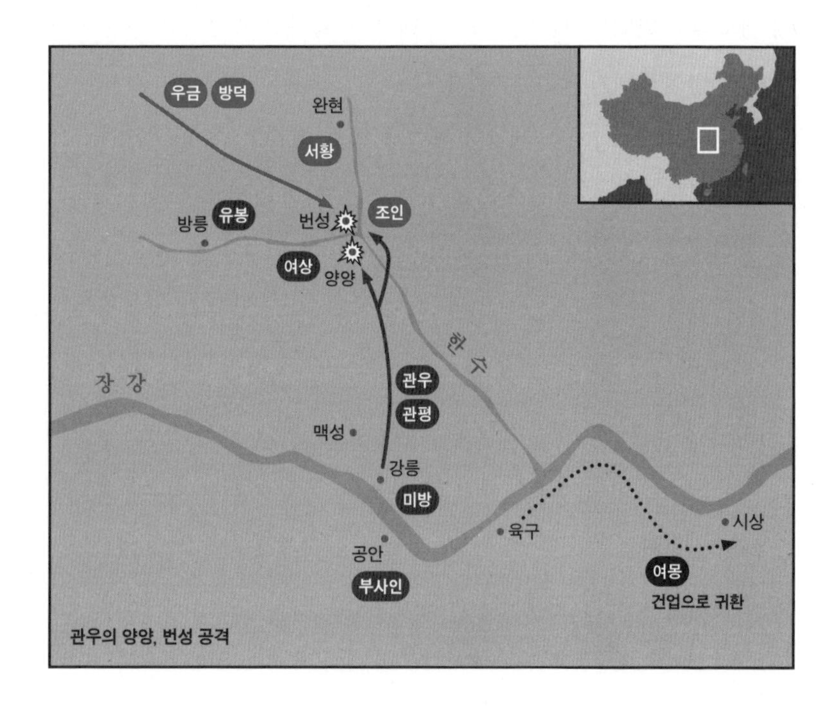

관우의 양양, 번성 공격

에게 작은 배를 타고 밤에 빠져나갈 것을 권유한다. 조인이 망설이자 그간 번성에서 조인을 돕고 있던 만총이 "산골짜기 물이 급하지만 오래지 않아 줄어들 것입니다. 관우가 감히 더 진격하지 못하는 것은 우리가 관우를 견제하고 있기 때문입니다. 지금 우리가 옮겨가면 홍하(洪河) 이남은 다시 우리 소유가 아닐 것입니다."[8]라고 한다. 조인은 이 의견을 좇아 군사들을 독려해 번성을 계속 지키기로 하였다. 여기서 홍하란 한수를 가리키는 것으로 추정된다. 실제 위의 영역 중에 한수 이남의 영토는 양양이 유일하니 여기서 철군하면 한수 아래로는 세력이 미치지 못하게 된다는 것이다.

이 무렵 한수 이북에도 관우에 투항하는 군현들이 생기는 등 관우의 위세가 중원을 뒤흔들었다.[9] 이로 인해 조조는 허도에서 도읍을 옮겨야 할지까지 논의하기에 이르렀다. 사마의와 장제(蔣濟) 등은 조조에게 의견을 제시하였다. "관우의 세력이 커지는 것을 손권이 원하지 않을 것입니다."[10] 그러면서 사람을 보내 손권에게 관우의 후방을 공격하게 하고 장강 이남을 손권에게 할양한다면 번성의 포위는 절로 풀릴 것이라 덧붙

....

6. 방덕이 관우를 치러 나가면서 관(棺)을 준비하는 퍼포먼스는 연의의 내용이다.
7. 《삼국지》〈위서〉 장악우장서전(張樂于張徐傳) '吾知禁三十年 何意臨危處難 反不如龐德邪'
9. 《삼국지》〈위서〉 만전견곽전(滿田牽郭傳) '羽所以不敢遂進者 恐吾軍掎其後耳. 今若遁去 洪河以南 非復國家有也' 여기서 홍하(洪河)가 어느 강인지는 명확하지 않다. 중앙대 권중달 교수는 황하(黃河)를 가리킨다고 주장하였지만, 당시 전황으로 보았을 때 '황하 이남을 전부 잃을 상황'이라고는 할 수 없기 때문이다. 사료가 기술하는 전황을 감안할 때 한수(漢水)가 적합하다. 양양은 한수의 남쪽편에 위치해 있는데, 위(魏)의 영역 중 한수 이남에 있는 유일한 땅이기 때문이다.
10. 《삼국지》〈촉서〉 관장마황조전(關張馬黃趙傳) '關羽得志 孫權必不願也'

였다.[11] 조조는 이 의견을 따르기로 하였는데 손권 역시 관우를 두려워하였고, 그의 확장 또한 크게 우려하고 있었다. 그리하여 손권은 조조에게 '관우 토벌을 적극 돕겠다'는 서신을 보냈다. 조조는 관우와 손권이 서로 다투게 만들기 위해 손권의 서신을 조인에게 보냈고 조인은 이 서신을 다시 관우에게 활로 쏘아 보냈다.

조조는 영리했고 손권은 순진했다. 조조는 손권을 준동시킴과 동시에 완현(宛縣)에 주둔 중인 서황에게 출병하여 번성을 구원하게 하였다. 그런데 서황이 거느린 병사들 중에는 신병이 상당수였다. 때문에 관우와 곧바로 맞붙기는 어렵다고 판단하여 일단 번성 북서쪽에 위치한 양릉파(陽陵陂)에 주둔하였다. 서황을 수행하던 조엄(趙儼)이 "지금 포위는 견고하고 물길도 여전히 위험하며 아군 병력은 소수인데다 조인 장군과도 격리되어 합동 작전을 펼 수 없으니 난처한 상황입니다. 하여 지금 선발대가 먼저 접근해 첩자를 보내어 구원군이 도착했다고 알려 장졸들을 격려해야 합니다. 북쪽에서 본대가 열흘 이내에 꼭 도착할 것이라 하면 버틸 수 있을 것입니다."라고 건의하였다. 이에 조인에게 보내는 서신을 화살로 쏘아 소식을 알리니 성안의 군사들이 힘을 내게 되었다.

허창에서는 서황의 병력만으론 역부족이므로 조조에게 "서둘러 출정하지 않으면 실패할 수도 있습니다."라는 의견이 중론이었다. 그런데 상서(上書) 환계(桓階)가 "지금 조인 등이 포위되어 있지만 죽기로 싸우면서 투항하지 않는 것은 대왕께서 멀리 있지만 곧 도우러 올 것이라고 생각하기 때문입니다. 대왕께서는 병력을 동원하여 여력을 과시하기만 하면

되는데 어찌 패배를 염려하여 직접 출정하시겠습니까?"[12]라며 만류하였다. 그러자 조조는 마피(摩陂)에 주둔하며 상황을 주시하였다. 대신 서상(徐商), 여건(呂建) 등을 보내면서 "우리의 병력이 다 모인 다음에 함께 전진하도록 하라."고 서황에게 명하였다. 이때 번성 북쪽에 위치한 언성(偃城)에도 관우의 병력 일부가 주둔 중이었는데 서황의 병력이 공격해오자 퇴각하였다. 촉군과 위군의 상황이 순식간에 역전되었다.

서황은 언성을 차지한 뒤 전진하여 멀리서 촉군을 포위한다. 이후 은서(殷署), 주개(朱蓋) 등 모두 12개 군영의 군사들이 추가로 증원되었다. 이 무렵 촉군은 위두(圍頭)와 사총(四冢)에 나뉘어 주둔하고 있었다. 서황은 먼저 위두를 공격하는 척 하면서 실제 주력 부대는 사총을 공격하게 하였다. 이에 사총의 군사들이 궤멸될 위기에 처하여 관우가 5천 병력을 거느리고 직접 출진하였다. 하지만 관우는 서황을 당하지 못하고 패주하고 만다. 이때 서황이 관우의 진영을 돌파하자 많은 수의 촉군들이 한수에 떨어져 익사하였다.[13] 이후 조조는 서황에게 "번성과 양양성을 지킨 것은 장군의 공로요."[14]라며 크게 치하하였다.

관우가 번성을 공격하기 위해 출병할 때에도 공안과 강릉에는 상당수 병력이 잔류하고 있었다. 이때 여몽이 상소를 올려 "관우가 다수의 병력

••••

11. 결과적으로 이는 관우에게 있어 가장 치명적인 계책이었다.
12. 《삼국지》〈위서〉 환이진서위노전(桓二陳徐衛盧傳) '大王案六軍以示餘力 何憂於敗而欲自往'
13. 《삼국지》〈위서〉 장악우장서전(張樂于張徐傳) '遂追陷與俱入圍 破之 或自投沔水死'
14. 《삼국지》〈위서〉 장악우장서전(張樂于張徐傳) '全樊 襄陽 將軍之功也'

을 남긴 것은 제가 후방을 공격할까 걱정한 것입니다. 저는 늘 지병으로 건업에 돌아갈 거란 소문을 내고 있습니다. 관우가 이를 들으면 예비 병력까지 양양으로 집결시킬 것입니다. 그러면 우리는 장강을 거슬러 진군해 남군을 습격하여 함락시킬 수 있고 관우도 잡을 수 있습니다."[15] 이에 손권은 여몽을 소환한다고 공표하며 은밀히 여몽의 계략을 추진한다.

이 무렵 오의 전종 또한 관우를 공격할 계획을 세워 상소를 올렸다. 그런데 손권과 여몽이 이미 관우를 습격할 계획을 세운 상태였기 때문에 전종의 상소는 묵살되었다. 여몽이 병을 핑계로 건업에 돌아오자 육손이 "관우는 자신의 용맹에 긍지를 갖고서 다른 사람을 무시합니다. (중략) 장군께서 병이 들었다는 사실을 알면 더욱 대비하지 않을 것입니다.[16] 지금 그 예상을 깨고 출병하면 관우를 사로잡을 수 있습니다."고 말했다.

그러자 여몽이 손권에게 육손을 천거하며 "육손은 생각이 깊고 재능이 있어 큰 책무를 감당할 수 있으며 사려가 깊어 결국에 대임을 완수할 것입니다. 게다가 멀리 밖에까지 이름이 알려지지 않아 관우가 꺼려하지도 않을 테니 육손보다 더 적임인 자는 없습니다. 육손을 등용한다면 응당 그 능력을 숨기고 은밀히 상황을 살핀 연후에 관우를 이길 수 있습니다."[17]라고 덧붙였다. 이에 손권은 육손을 편장군에 제수하고 여몽의 후임에 임명하였다. 임무를 맡은 육손은 육구에 와서 관우에게 서신을 보냈다. 우금을 생포한 것 등을 축하하며 관우를 높이고 자신을 낮추는 표현을 하자 관우는 육손을 염려하거나 경계하지 않게 되었다.[18] 이어 관우는 번성으로 병력을 더 불러 모았다. 육손의 예상대로였고 앞서 여몽의 생각과도 맞아 떨어졌다.

이윽고 여몽이 강릉을 공격하려 할 때, 손권은 손교(孫皎)와 여몽을 각각 좌우도독으로 임명하려 하였다. 손교는 손권과 사촌 간이다. 그러자 여몽은 확실하게 우열을 정해 지휘권을 맡겨 달라고 주청하였다. 손권은 곧바로 여몽에게 사과하고 여몽을 대독으로 삼고 손교에게 후속 지원 임무를 맡겼다. 여몽은 심양(尋陽)에 이르러 병사들을 상인으로 위장시킨 후 밤낮으로 이동시켰고 관우가 미리 설치해둔 강변 초소의 척후병들을 잡아 묶어버렸다.[19] 관우가 설치해 두었던 연락망을 봉쇄한 상태에서 여몽의 병력은 강릉으로 진격하였다.

촉의 남군태수 미방(糜芳)은 당시 강릉에 주둔하고 있었고 부사인(傅士仁)은 공안에 주둔 중이었다. 이들은 평소 관우가 자신들을 모욕했던 것에 대해 감정을 갖고 있었다.[20] 더구나 관우가 출병할 당시 미방과 부사인이 군량 공급을 열심히 돕지 않는다 하여 "회군하면 죄를 묻겠다."고 했던 바도 있었기에 둘은 두렵고 불안한 마음을 품고 있었다.[21] 이를 알

••••

15. 《삼국지》〈오서〉 주유노숙여몽전(周瑜魯肅呂蒙傳) '大軍浮江 晝夜馳上 襲其空虛 則南郡可下 而羽可禽也'

16. 《삼국지》〈오서〉 육손전(陸遜傳) '羽矜其驍氣 陵轢於人' (중략) '有相聞病 必益無備'

17. 《삼국지》〈오서〉 육손전(陸遜傳) '未有遠名 非羽所忌 無復是過. 若用之 當令外自韜隱 內察形便 然後可克'

18. 《삼국지》〈오서〉 육손전(陸遜傳) '意大安 無復所嫌'

19. 《삼국지》〈오서〉 주유노숙여몽전(周瑜魯肅呂蒙傳) '作商賈人服 晝夜兼行 至羽所置江邊屯候 盡收縛之'

20. 《삼국지》〈촉서〉 관장마황조전(關張馬黃趙傳) '素皆嫌羽輕己'

아챈 여몽은 은밀히 미방과 부사인을 회유하였는데 결국 이들은 성문을 열고 투항하게 되었다. 이렇게 강릉과 공안에 무혈 입성한 여몽은 관우의 식솔들과 장졸의 가족들을 위로하고 병사들이 함부로 민가의 물건을 못 건드리게 단속하였다. 이때 병사 한 명이 민가의 물건을 가져다 쓰는 일이 생겼다. 이 병사는 여몽과 동향이었는데 여몽은 눈물을 흘리며 참수하였다.[22] 이렇게 여몽은 병사들을 단속하고 창고의 물건들도 그대로 봉한 상태에서 손권의 본진이 당도하기를 기다렸다.

미방과 부사인이 항복하였다는 소식을 들은 관우는 급히 강릉을 구원하러 회군하였다. 이때 관우는 여몽에게 사자를 먼저 보냈는데 여몽은 사자를 후대하며 성안을 돌아다니게 하였다. 그러자 성안의 백성들이 그에게 가족의 안부를 묻거나 편지를 맡겼다. 사자가 관우의 군영으로 돌아가니 이번에는 군사들이 성안에 있는 가족의 안부를 물었다. 편지까지 받으며 가족들이 무사히 잘 지내고 있다는 소식을 들은 관우의 군사들은 오군과 싸울 마음이 사라지게 되었다.[23] 여몽은 실로 무서운 장수라 하겠다.

한때 기세를 올리며 조조마저 떨게 할 정도로 우위에 있었던 관우는 조조와 손권의 합세에 여몽의 전략이 더해져 순식간에 위태로운 처지가

••••

21. 《삼국지》〈촉서〉 관장마황조전(關張馬黃趙傳) '羽言 還當治之. 芳仁咸懷懼不安'

22. 《삼국지》〈오서〉 주유노숙여몽전(周瑜魯肅呂蒙傳) '遂垂涕斬之'

23. 《삼국지》〈오서〉 주유노숙여몽전(周瑜魯肅呂蒙傳) '蒙輒厚遇其使 周遊城中. 家家致問 或手書示信. 羽人還 私相參訊 咸知家門無恙 見待過於平時 故羽吏士無鬪心'

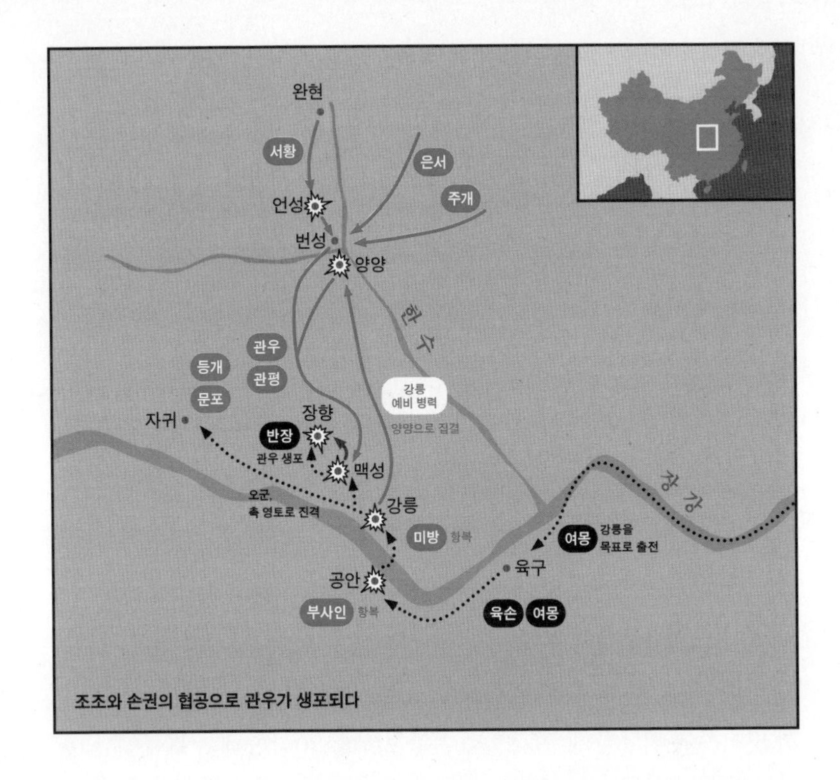

조조와 손권의 협공으로 관우가 생포되다

되었다. 손권이 이끄는 본진이 강릉에 도착하자 그야말로 진퇴양난에 빠진 관우는 강릉 북쪽에 위치한 맥성(麥城)으로 방향을 틀었다. 그 과정에서 군세가 허물어져 관우를 따르는 병사는 소수에 지나지 않았다. 손권은 관우군을 추격하면서 관우에게 투항을 권유하였다. 이에 관우는 투항한다고 거짓으로 전한 후 성에 허수아비를 세워놓고 아들 관평 등과 함께 다시 도주하였다.

하지만 손권은 이미 주연(朱然)과 반장(潘璋)을 보내 길목을 지키고 있었고 관우는 맥성 북서편에 위치한 장향(漳鄕)에 이르렀다. 추정컨대 관우는 장향과 협석, 방릉군을 거쳐 상용군으로 가고자 했을 것이다. 관우는 맥성에 머물 때부터 상용군에 있는 유봉과 맹달에게 연이어 원군을 요청하였다. 하지만 유봉과 맹달은 '산간 지역의 군(郡)을 차지한 지 얼마 되지 않아 움직일 수 없다'는 이유로 관우의 요청을 거절하였다.[24] 관우는 결국 임저(臨沮)현 협석(夾石)에 매복하고 있던 반장의 부하 마충(馬忠)에 의해 관평과 함께 생포 당하고 말았다.

이 무렵 육손은 의도군(宜都郡)[25] 일대로 진군하고 있었다. 유비가 임명했던 의도태수 번우(樊友)는 도주하였고 여러 현의 관리와 만이(蠻夷)의 족장들도 속속 육손에게 투항하였다. 육손은 이릉에 주둔하며 좁은 길목을 지켜 촉군의 침입을 대비하였다. 다른 한편으로 이이(李異), 사정(謝旌) 등에게 군사 3천을 주어 촉장 첨안(詹晏)과 진봉(陳鳳) 공격하게 하였다. 첨안은 패퇴하였고 진봉은 생포된 후 투항하였다. 아울러 상용에서 남서쪽에 위치한 방릉(房陵)태수 등보(鄧輔)와 남향태수 곽목(郭睦) 등도 대파하였다. 마지막으로 만이(蠻夷) 병력 수천을 거느리고 촉과 협력했던 자귀(秭歸)현의 대성(大姓) 문포(文布)와 등개(鄧凱)도 격파하였다. 이때가 219년 11월 무렵이다.

관우의 죽음에 관한 기록은 《삼국지》 〈촉서〉 관우전에는 '손권이 장수를 보내 역습하여 관우와 그 아들 관평을 임저(臨沮)에서 참수했다',[26] 〈위서〉 무제기에는 '손권이 관우를 공격하고 참하여 그 수급을 보내왔다'[27]고 되어 있다.

손권은 연이은 승리에 공안에서 잔치를 벌이며 전종에게 "이번 승리는 어찌 보면 경의 공로이다."라고 치하하였다. 적을 속이기 위해선 아군부터 속여야 하는 법이니까. 그리고 수훈 갑(甲)인 여몽을 남군태수에 임명하였다. 그러나 여몽은 이후로 지병이 심해져 이듬해에는 후임을 걱정할 지경에 이르렀다. 손권은 위독해진 여몽에게 후임을 누구로 정할지 물었다. 여몽은 "주연이 담력과 지조가 있어 일을 맡을 수 있다고 생각합니다."라고 대답하였고 손권은 주연에게 부절을 주어 강릉을 맡겼다. 얼마 지나지 않아 여몽은 세상을 떠난다. 여몽의 죽음에 대해 연의에서는 축하 잔치 도중 여몽이 갑자기 관우처럼 행동하고 말하다가 피를 흘리며 죽는 것으로 각색하였다. 다분히 관우를 높이고자 한 것이다.

형주를 잃고 관우가 죽으면서 성도에는 매우 난처한 입장에 처한 사람이 한 명 있었으니, 바로 미방의 형 미축(麋竺)이다. 미축은 밧줄을 목에 걸고 스스로 죄를 청하였다. 그런데 미축이 누구던가. 유비가 서주에서 고생하던 시절부터 유비를 물심양면으로 도우며 따랐던 신하가 아니

••••

24. 《삼국지》 〈촉서〉 유팽요이유위양전(劉彭廖李劉魏楊傳) 유봉편 '封達辭以山郡初附 未可動搖 不承羽命'

25. 임강군(臨江郡)과 같은 곳이다.

26. 《삼국지》 〈촉서〉 관장마황조전(關張馬黃趙傳) '權遣將逆擊羽 斬羽及子平于臨沮' 배송지주에 따르면 손권은 관우를 살려주어 유비와 조조를 적대하게 만들려고 하였으나 신하들의 반대로 관우를 처형하게 된다(權欲活羽以敵劉 曹 左右曰 狼子不可養 後必為害. 曹公不即除之 自取大患 乃議徙都. 今豈可生！乃斬之). 그리고 배송지주의 오력(吳歷) 인용에는 '손권은 관우의 머리를 조조에게 보냈고 조조는 그 시신을 제후의 예로써 장사를 지냈다(權送羽首於曹公 以諸侯禮葬其屍骸)'고 나온다.

27. 《삼국지》 〈위서〉 무제기(武帝紀) '權擊斬羽 傳其首'

었던가. 유비는 오히려 미축을 위로하며 '형제간의 죄는 연루되지 않는다'면서 예전대로 대우하였다. 하지만 미축은 부끄럽고 창피하여 결국 1년 만에 병사하고 말았다.[28] 유비로서는 안타까운 일이었다. 짧은 기간에 아끼던 인재들이 사라졌기 때문이다. 더구나 미축은 유비가 궁핍하던 시절 물심양면으로 투자를 아끼지 않았던 개국공신이기에 더욱 가슴이 아팠을 것이다.

유비가 미축은 용서하였지만 유봉과 맹달에게는 어떠했을까. 관우가 어려움에 빠졌던 당시 상황을 전해 들은 유비는 둘을 크게 원망했었다. 그러나 당장 어떤 조치를 취하지는 않았다. 이후 유봉과 맹달이 서로 불화하게 되는데 유봉이 맹달의 군악병을 탈취하는 일도 생겼다. 이에 맹달은 유비의 문책에 대한 두려움과 유봉에 대한 분노 등의 이유로 군사를 거느리고 위에 투항해버렸다.[29] 이때가 220년 7월이다. 관우와 조조가 대략 한두 달 차이로 세상을 뜬 지도 반년이나 지난 때였다. 조비는 투항해온 맹달을 크게 칭찬하였는데 상용군과 방릉군, 서성군을 통합해 신성(新城)군으로 만든 뒤 맹달을 신성태수에 임명하였다. 이때 유엽이 "맹달은 구차하게 얻으려는 욕심이 있고, 재주를 믿으며 술수를 좋아하고 은덕과 인의를 모르는 사람입니다. 신성군은 오, 촉과 연접하여 만약의 경우 변심하면 나라에 우환거리가 될 것입니다."라며 만류하였고 사마의 또한 '맹달의 언행이 간교하여 신임할 수 없다'고 누차 간언하였다. 하지만 조비는 임명을 강행했다. 그리고 맹달로 하여금 하후상(夏候尙), 서황과 함께 유봉을 공격하게 하였다.

맹달은 공격하기에 앞서 유봉에게 서신을 보냈다. “권세나 이권이 개입하면 친족도 원수가 되는데 하물며 친족이 아니라면 어떻게 되겠소이까. (중략) 지금 귀하는 친부모를 버리고 남의 양자가 되었으니 예의가 아닙니다. 또한 조만간 화가 닥칠 것을 알면서도 머무르려 하니 지혜가 아닙니다.”[30]라며 투항을 권유하였다. 하지만 유봉은 맹달의 권고를 따르지 않았다. 이때 서성태수였던 신의(申儀)도 유봉을 공격하는 데 가담하였고 그의 형 신탐(申耽) 또한 위에 투항하는 등 촉의 동부전선은 모조리 붕괴되었다. 결국 유봉은 패퇴하여 성도로 도주하고 만다.

하지만 귀환한 유봉을 바라보는 시선들은 싸늘하기만 하였다. 먼저 유비는 맹달을 침탈한 일과 관우를 구원하지 않은 일을 문책하였다. 여기에 제갈량마저 유봉의 성질이 억세고 사나워 유비 사후에 제어하기 어려울 것이라 생각하였다. 그리하여 이번 일을 계기로 유봉을 제거할 것을 권유하였고 유비는 결국 유봉에게 자결을 명하였다. 유봉은 그제야 맹달의 항복 권유를 거부한 것을 후회했다. “맹자도(子度)의 말을 듣지 않은 것이 한이로구나!” 유비 또한 비록 양자이지만 아들인 유봉의 죽음에 눈물을 흘렸다.[31] 유비가 형주를 잃은 직후 유봉과 맹달을 처벌

····

28. 《삼국지》 〈촉서〉 허미손간이진전(許麋孫簡伊秦傳) ‘先主慰諭以兄弟罪不相及. 崇待如初. 竺慚恚發病 歲餘卒’

29. 《삼국지》 〈촉서〉 유팽요이유위양전(劉彭廖李劉魏楊傳) 유봉편 ‘會羽覆敗 先主恨之. 又封與達忿爭不和 封尋奪達鼓吹. 達旣懼罪 又忿恚封 遂表辭先主 率所領降魏’

30. 《삼국지》 〈촉서〉 유팽요이유위양전(劉彭廖李劉魏楊傳) 유봉편 ‘勢利所加 改親爲讎 況非親親乎’ (중략) ‘今足下棄父母而爲人後 非禮也. 知禍將至而留之 非智也’

하지 않은 것은 위나 오에 투항할 것을 우려했기 때문이다. 실제 맹달은 그렇게 했다. 유비가 조금이나마 분이 풀리려면 둘 중 하나라도 목을 베어야 했을 것이다. 이래저래 유봉은 용서받을 여지가 없었다.

••••

31. 《삼국지》 〈촉서〉 유팽요이유위양전(劉彭廖李劉魏楊傳) 유봉편 '先主責封之侵陵達 又不救羽. 諸葛亮慮封剛猛 易世之後終難制御 勸先主因此除之. 於是賜封死 使自裁. 封歎日 恨不用孟子度之言. 先主爲之流涕'. 자도(子度)는 맹달의 자이다.

한 발 더 나가볼까

적토마(赤兎馬)

동양사에서 가장 유명한 말은 단연 적토(赤兎)일 것이다. 말의 수명은 평균적으로 25년에서 30년 정도라 한다. 일반적으로 경주마(競走馬)로 데뷔는 3살 전후이고 7살에서 8살이 되면 현역에서 은퇴한다고 한다. 연의에 의하면 적토마가 처음 등장한 시기는 189년경이다.[32] 적토마의 원래 소유주는 동탁이었으나 여포가 정원을 죽이고 동탁의 휘하에 들어오면서 적토를 얻게 된다. 그러므로 여포가 적토의 마주(馬主)가 된 때가 189년이다. 이 시기에 적토마의 나이를 가장 어리게 잡는다고 가정하면 경주마의 데뷔 연령인 2세에서 3세라고 할 수 있다. 이후 여포가 패망하면서 적토는 조조에게 넘어간다. 이때가 198년, 적토의 나이(馬齡) 11~12세로 현역에서 은퇴를 하고도 족하다.

조조는 관우를 회유하려고 적토를 선물한다. 적토는 마침내 관우에게 넘어온다. 비록 이미 늙었지만. 관우는 조조가 주는 모든 선물을 거절하였으면서도 적토만은 받는다. 유비에게 돌아갈 때 빨리 갈 수 있다는 핑계로 말이다. 혹시나 했던 조조는 말만 빼앗긴 셈이다. 이때가 200년으로 관도대전 초입이었다. 적토의 마령 13~14세. 사람으로 치면 불혹(不惑)과 지천명(知天命)[33] 사이는 되었을 노마(老馬) 적토는 82근의 청룡언월도를 든, 구척의 거구 관우를 태우고 안량과 문추를 베는 대활약을 한다. 적토는 여기서 멈추지 않는다. 적벽대전에서는 스무 살이 넘었음에도 참전하였고, 위와 오의 협공을 받았을 때는 서른 살이 넘었을 때였음에도 빠지지 않았다. 사람이라면 족히 백세(百歲)는 되었을 것이다. 연의의 내용을 곧이곧대로 적용하자면 관우가 맥성에서 관평과 도주할 때 생포되었던 것도 어쩌면 이 늙은 말의 주력이 예전 같지 않아서였는지도 모를 일이다. 관우가 형주에서 패배해 처형된 직후 적토 또한 여물 먹기를 거부하고 죽는 것으로 연의는 묘사하고 있다. 주인의 성품을 그대로 투과한 것이다.

아무리 소설이라고 해도 SF가 아닌 이상 말이 사람과 일생을 같이 한다고 할 수는 없다. 따라서 여기에는 독자의 독서관용(讀書寬容)이 필요한 부분이라고 할 수 있다. 적토의 불로장생 스토리를 이해하는 측면에서 자주 언급되는 상상은 관우를 일생동안 태우고 다닌 말은 초대 적토의 자손들이라는 것이다. 적토와 같은 명마라면 종마(種馬)로서 많은 자손을 생산하였을 것이고 그 중 가장 좋은 놈은 분명 관우의 차지였을 것이다. 상식적으로 그런 명마를 그냥 저 세상으로 보냈을 리 만무하기 때문이다. 이름이야 아버지의 영광된 이름을 그대로 썼을 것이니 말이다. 이것이 적토에 관한 우호적인 상상력이다. 하긴 연의의 작자가 영웅들의 천하쟁패 사이에 적토가 장가가서 자손 번식하는 에피소드를, 그것도 여러 번 넣기는 쉽지 않았을 터이니 나쁘지 않은 창작이라고 볼 수 있겠다.

진수의 《삼국지》에서 적토에 관해서는 '여포가 적토라는 좋은 말을 가지고 있다'[34]라고만 기술되어 있다. 《삼국지연의》에서 영웅적으로 그려진 덕분에 동양 최고 전설의 말이 된 적토는 이렇게 단출한 기록에서 시작되었다.

····

32. 정사에 적토에 관한 구체적인 시기를 암시하는 기록은 없다. 적토가 여포 소유였고, 별도의 습득 장면이 없는 관계로 여포의 등장에 맞추어 연령을 보수적으로 추정하는 수밖에 없을 것이다.

33. 불혹은 40세, 지천명은 50세를 의미한다.

34. 《삼국지》 <위서> 여포장홍전(呂布臧洪傳) '布有良馬曰赤兔'

2

조비의 즉위와 유비의 칭제

220~221년

220년 1월, 관우의 수급이 낙양에 도착하였다.[35] 그리고 얼마 지나지 않아 조조도 세상을 떠났다. 정사 기록에 따르면 조조는 관우가 죽고 두 달이 채 되지 않아 뒤를 따랐다.[36] 향년 66세. 연의에서는 조조가 관우의 수급에 말을 거니 관우의 수급이 움직여 조조가 충격을 받아 병사한 것으로 되어 있다. 관우가 처형되고 얼마 지나지 않아 여몽과 조조가 잇달아

••••

35. 《삼국지》〈위서〉 무제기(武帝紀) '權擊斬羽 傳其首'
36. 《삼국지》〈오서〉 오주전(吳主傳)에 건안 24년, 즉 219년 12월에 마충이 관우 부자와 도독 조루를 장향에서 사로잡았다(十二月 璋司馬馬忠獲羽及其子平 都督趙累等於章鄕)고 나오고, 〈위서〉 무제기(武帝紀)는 건안 25년 정월(二十五年春正月)에 관우의 수급이 도착했고, 같은 달 23일(庚子) 조조가 세상을 떠났다(王崩于洛陽 年六十六)고 기록하고 있다. 관우가 12월 초에 죽었다고 가정하더라도 두 영웅은 50여 일 정도의 간격을 두고 세상을 떠난 것이다.

병사하였기에 민간에서 이런저런 이야기들이 만들어진 것으로 보인다. 이 또한 관우의 대중적인 인기를 짐작케 하는 부분이다. 어찌 되었건 조조가 세상을 떠나니 태자인 조비(曹丕)가 한의 승상 겸 위왕(魏王)의 자리에 오르게 되었다. 조비는 연호를 건안(建安) 25년에서 연강(延康) 원년으로 고쳤다.

조비의 동생 조창은 조조가 죽기 전인 216년에 언릉후(鄢陵侯)에 봉해지고 218년 북쪽 오환족이 반기를 들자 전예 등과 함께 출병하여 평정한 바 있었다. 조조는 조창의 수염을 만지며 "황수아(黃鬚兒)가 정말 기특하구나!"라며 그 공을 칭찬하였다. 황수아는 조창의 수염이 누런 빛깔이라 조조가 붙여준 애칭이다. 조조는 위독해져 스스로 얼마 남지 않았다고 생각했을 때 급히 조창을 불렀다. 하지만 황수아를 보지 못한 채 숨을 거두고 말았다. 장안에 주둔 중이라 뒤늦게 도착한 것이다. 그런데 낙양에 당도한 후 조창은 상사(喪事)를 주관하는 신료인 가규(賈逵)에게 국새(璽)와 인끈(綬)의 소재를 물었다. 그러자 가규가 정색을 하며 "태자가 업현에 계시고 나라에 왕위 계승자가 있습니다. 선왕의 새수(璽綬)는 군후께서 물어보실 일이 아닙니다."[37]라고 대답했다. 질문 자체가 반역으로 몰릴 수 있는 사안이었기 때문이다. 가규는 조조의 영구를 모시고 업현으로 돌아갔다.

한편 조비와 태자 자리를 놓고 조조의 총애를 다퉜던 동생 조식(曹植)은 어떻게 되었을까? 당시 양수와 정의(丁儀), 정이(丁廙) 형제 등이 조식을 지지하였는데 양수는 이미 조조에게 주살되었고 정의(丁儀)·정이(丁

廙) 형제는 조비 즉위 직후 주살된다. 아울러 조식은 참소를 받아 안향후(安鄕侯)로 폄하되었다. 이후 11년간 3개 군을 옮겨 다니는 등 세력을 키울 수 없게 견제를 받는 처지가 되었다. 사실 조비와 조식의 관계는 연의에서처럼 살벌하지 않았다. 우선 조비의 입지가 조식이 넘볼 정도로 허약하지 않았기 때문인데 비록 조식의 봉지는 계속 옮겨지지만 조비는 사이사이에 식읍을 더해주기도 한다. 물론 조비의 그러한 조치 또한 자신의 권위를 세움과 동시에 다른 마음을 품지 못하게 하는 행위임은 더 말할 나위가 없을 것이다. 조식은 나이 마흔에 세상을 떠난다. 조비 또한 제위에 오른 지 6년 만에 세상을 떠났기에 형제가 알력을 빚은 기간은 그리 길지 않았다.[38]

조비는 위왕 즉위 후 양주(凉州)자사부와 병주(幷州)자사부를 다시 설치하였다. 그간 양주자사부는 옹주자사부에, 병주자사부는 기주자사부에 통합되어 있었다. 조비는 병주자사에 양습(梁習)을 임명하였다. 양습은 고간[39]의 반란 이후 혼란스러웠던 병주 일대를 안정시킨 공이 있었다. 그

••••

37. 《삼국지》 〈위서〉 유사마양장온가전(劉司馬梁張溫賈傳) '太子在鄴 國有儲副. 先王璽綬 非君侯所宜問也'

38. 조비가 조식을 죽이기 위해 명했다는 시 짓기, 즉 형제 괴롭히기의 대명사 칠보시(七步詩)는 연의의 내용이다. 출처는 《세설신어(世說新語)》가 유력하다. 《세설신어》는 유송(劉宋)시대의 사료로서 배송지주, 《후한서》와 비슷한 시기에 써졌다. 칠보시는 이후 많은 사서에서 인용되며 몇 가지 다른 형태가 전해진다. 그중 대만 삼민서국(三民書局)판 《삼국연의》에 나오는 칠보시는 이러하다.
煮豆燃豆萁 (콩을 삶고 콩깍지를 태우니) / 豆在釜中泣 (콩이 솥 안에서 우는구나) / 本是同根生 (본래 같은 뿌리에서 태어났건만) / 相煎何太急 (어찌도 이리 급히 달여대는가)

리고 양주자사에는 안정태수 추기(鄒岐)를 임명하였다. 그런데 몇 달 지나지 않은 220년 5월 서평(西平)군에서 국연(麴演)이 반란을 일으켰는데 금성태수 소칙(蘇則)과 장군 장기(張既) 등이 토벌에 나서자 곧 투항하였다.

어떤 이유에서인지 국연은 큰 처벌을 면하였다. 그런데 국연은 이후 다시 반기를 들었다. 이번에는 장액(張掖)군 장진(張進), 주천(酒泉)군 황화(黃華) 등도 이에 호응하여 규모가 제법 컸다. 국연은 무위(武威)군의 강족, 저족, 흉노족과 함께 일대를 노략질하였는데 덩달아 호인(胡人) 이건기첩(伊健妓妾)과 치원다(治元多) 등도 반란을 일으켰다. 이에 무위태수 관구흥(毌丘興)이 위급함을 알리며 구원을 청하였다. 양주는 중원과 거리가 멀고 환경이 척박하여 항상 반란의 소지가 있던 지역이었다.

양주 일대에 소요가 일어났다는 소식을 들은 조비는 "장기가 아니면 양주를 안정시킬만한 사람이 없다."[40]며 추기를 소환하고 장기를 양주자사로 임명하게 된다. 아울러 하후유(夏侯儒)와 비요(費曜)를 추가로 파견하였다. 장기는 금성태수 소칙, 장군 학소(郝昭), 위평(魏平)과 함께 무위군부터 진압하였고 이어서 무위태수 관구흥까지 합세하여 장액군을 공격하였다. 결국 국연과 장진이 참수되고 주천군의 황화가 투항하면서 일단의 소요가 진압되었다. 이후 서천군에서 소형(蘇衡)이 반란을 일으켜 강족 인대(鄰戴)와 정령(丁令) 등이 변경을 공격해오자 장기와 하후유가 출진해 격파하였다. 서평군에서도 소요가 있었는데 국광(麴光)이 태수를 살해한 것이다. 이에 부장들이 서둘러 공격하자고 건의하였다. 하지만 장기는 출병 대신 '국광에게 속임을 당한 자는 용서할 것'이라는 격문을 보냈다. 힘이 아닌 계략을 쓴 것이다. 그러자 국광을 따르던 무리들이 국광의 수급을 보내왔다. 대중적 인지도는 높지 않지만 장기의 능력은 출중했다.

그리고 220년 10월, 마침내 헌제가 조비에게 제위를 선양하게 된다. 위태롭게 이어오던 한의 대통(大統)이 드디어 끊어진 것이다. 헌제가 자발적으로 선양하겠다고 했을 리는 만무하겠지만 어쨌든 헌제가 조서를 내렸다. 헌제의 조서에 따라 의식을 거행할 단(壇)을 설치한 후 황제의 부절과 국새와 인끈을 받들고 황위를 위왕 조비에게 선양하였다. 제위에 오른 조비는 연호를 황초(黃初)로 개원하고 조조를 무황제(武皇帝)로 추존하였다. 고조 유방(劉邦)으로부터 420여 년, 광무제 유수로부터 약 200년이었다. 조비는 12월에 낙양에 궁궐을 짓고 행차하였고 천자에서 물러난 헌제를 산양공(山陽公)으로 격하하였지만 여생은 편히 살게 해주었다. 물론 편할 수가 없었겠지만.

헌제의 선양 소식은 촉에 전해졌는데 '헌제가 시해 당했다'로 와전된다.[41] 이에 유비는 살아 있는 헌제의 발상(發喪)을 하고 효민황제(孝愍皇帝)라는 시호까지 올렸다.[42] 참고로 한(漢)의 마지막 황제인 헌제 유협

....

39. 원소의 생질로 관도대전의 말미에 반기를 들었다.

40. 《삼국지》〈위서〉 유사마양장온가전(劉司馬梁張溫賈傳) '非旣莫能安涼州'

41. 《삼국지》〈촉서〉 선주전(先主傳) '或傳聞漢帝見害'

42. 유비는 헌제의 생존 소식을 알았을 가능성이 있다. 황제 시해 정도의 큰 사건이면 얼마간의 시간이 걸리더라도 진위는 밝혀졌을 것이다. 따라서 촉에서는 헌제의 죽음을 유비를 황제로 옹립하기 위한 명분으로 삼았을 가능성 또한 추정할 수 있는 시나리오이다.

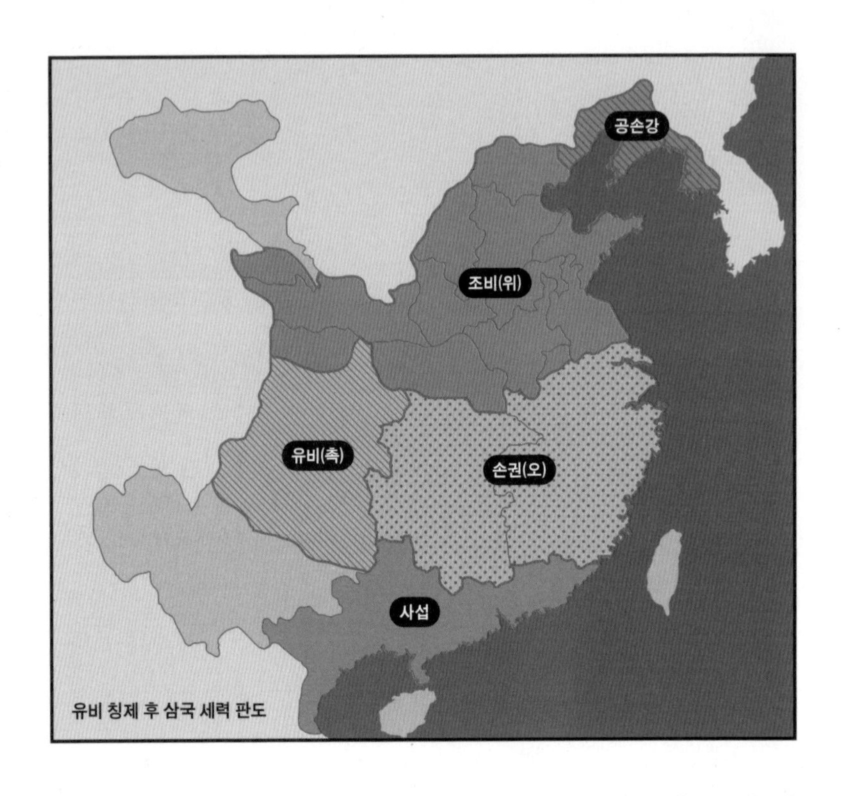

유비 칭제 후 삼국 세력 판도

은 제갈량이 병사한 해인 234년에 숨을 거두었는데 공교롭게도 둘은 생년 또한 같다. 이후 촉의 곳곳에서 상서로운 현상들이 보고되었고 신료들이 이를 구실삼아 유비에게 제위에 오를 것을 권유하였다. 물론 유비는 선뜻 허락하지 않았다. 물론 신하들도 물러서지 않고 권유와 거절의 주고받기를 거듭한다. 동양사에서 숱하게 보는 왕 옹립에 관한 클리셰(Cliché)[43]이다.

이에 제갈량이 나서 간곡하게 유비를 설득하여 결국 이듬해인 221년 4월 유비가 제위에 등극하게 된다. 유비는 제갈량을 승상에, 허정을 사도(司徒)에 각각 임명하였다. 5월에는 부인 오씨를 황후에 책립하고 아들 유선을 황태자로 책봉하였다. 그리고 연호를 건안(建安) 26년에서 장무(章武) 원년으로 개정하였다. 그간 위(魏)에서 건안 연호를 폐기하고 연강, 황초 등으로 개정할 때에도 촉에서는 건안을 계속 사용해왔던 것이다.

이 무렵 손권은 강하군 악현(鄂縣)으로 도읍을 옮긴다. 아울러 악현을 무창(武昌)으로 개칭하며 주변 심양, 시상현 등을 무창군으로 통합하였다. 8월에는 무창에 축성하며 한편으로 조비에 특사를 보내 번신(藩臣)을 자처하였다. 이때 그동안 포로로 잡혀 있던 우금도 함께 돌려보냈다. 조비는 손권에게 대장군 직함을 수여하며 구석(九錫)을 하사하며 화답하였다. 우금이 돌아와 조비를 만났을 때 우금은 수염과 머리가 백발이 되었고 초췌해진 얼굴로 눈물을 흘리면서 고개를 숙였다. 그런데 조비는 우금을 탐탁찮게 생각했던 것으로 보인다. 그는 긴 포로생활 끝에 생환한 우금에게 조조의 능묘에 참배하게 하였는데 능묘의 전각에는 '관우가 승리하고 방덕이 분노하며 우금이 투항하는 상황'이 생생하게 그려져 있었던 것이다. 이를 본 우금은 부끄러운 마음이 들었고 결국 병을 얻어 세상을 떠나고 말았다.[44] 돌아오지 않는 것이 더 좋지 않았을까.

20여 년 전 장수(張繡)가 배신하여 전위 등이 전사했던 전투를 기억하

····

43. 진부하거나 틀에 박힌 생각 따위를 이르는 말로서 흔히 드라마, 소설, 영화 등에서 등장하는 구태한 연출을 말한다. 영어 스테레오타입(stereotype)과 유사한 표현이다.

44. 《삼국지》〈위서〉 장악우장서전(張樂于張徐傳) '鬚髮皓白 形容憔頓 泣涕頓首' (중략) '禁見 慚恚發病薨'

는지. 당시 우금은 청주병들이 자신을 참소하는 것에도 아랑곳하지 않고 방어진지부터 구축할 정도로 우직한 장수였다. 그 외에도 우금이 조조를 위해 세웠던 전공은 결코 무시할 수 없는 수준이었다. 게다가 오에 잡혀 있었음에도 위에 대한 충성심은 변하지 않았다. 병가에서 패배란 것이 일상사 같은 것임에도 맹장 우금의 말로는 명예스럽지 못했다.

3

이릉대전

222년

장비는 평소 군자들을 존중하였지만 소인을 대함은 달랐다. 병졸들 또한 불쌍히 여기지 않고 함부로 대하는 편이었는데 유비는 이를 걱정하여 늘 장비를 훈계했다. "형벌이 너무 지나치고 매질을 하고도 가까이 두는 것은 화(禍)를 불러오는 길이다."[45] 그런데도 장비의 매질하는 버릇은 고쳐지지 않았다.

221년 7월, 유비가 관우에 대한 복수로 오(吳)를 원정하고자 할 때, 장비는 1만 군사를 거느리고 파서(巴西) 낭중(閬中)현에서 출병해 파군(巴郡) 강주(江州)에서 합류할 계획이었다. 그러나 출병하기 직전 장비가 암살되

····

45. 《삼국지》〈촉서〉 관장마황조전(關張馬黃趙傳) '飛愛敬君子而不恤小人' (중략) '此取禍之道也'

는 일이 일어났다. 휘하의 부장 장달(張達)과 범강(範彊)에 의해 목이 잘린 것이다. 범강과 장달은 장비의 수급을 가지고 손권에게로 달아났다. 장비가 죽었을 때 군영의 도독이 표문을 올렸는데 표문이 왔다는 소식을 듣고 유비는 뭔가 직감한 듯 "어허! 장비가 죽었구나(噫! 飛死矣)"라며 탄식했다. 전쟁을 시작하기도 전에 엄청난 비보가 전해진 것이다.

실의에 빠진 유비에게 조운이 말했다. "나라의 도적은 조조이지 손권이 아닙니다. 게다가 위(魏)를 먼저 멸하고 나면 오는 저절로 복종해올 것입니다. 지금 조조는 이미 죽었다 하나 그의 아들 조비가 제위를 찬탈했으니 응당 백성들의 마음을 좇아 조속히 관중(關中)을 도모해야 합니다. 하수(河水)와 위수(渭水) 상류를 점거해 역도들을 토벌하면 관동(關東)의 의사들이 양식을 싸매고 말을 몰고 달려와 천자의 군대를 맞이할 것입니다. 위를 내버려두고 오와 싸우는 것은 불가합니다. 한번 맞붙어 싸우게 되면 쉽게 화해할 수 없습니다."[46] 절절한 간언이었지만 이미 마음을 정한 유비는 듣지 않았다.

그러자 황권(黃權)이 말했다. "오의 군사는 용감합니다. 또 우리 수군이 진격할 때는 강의 순류를 이용하니 이동이 쉽지만 퇴군이 어렵습니다. 신이 선봉에서 싸울 것이니 폐하께서는 후방에 주둔하셔야 합니다."[47] 황권은 출병을 말리는 것이 이미 불가능하다 여기고 전술적으로라도 안전을 도모하려고 했던 것이다. 그러나 유비는 이마저도 듣지 않았다. 황권을 진북장군(鎭北將軍)에 임명하며 장강 북쪽 부대(江北軍)를 맡겨 위의 움직임을 견제하게 하였고 장강 남쪽 부대는 자신이 직접 지휘하였다. 그리고 조운을 잔류시키며 요충지인 강주를 감독하게 하였다.

222년 1월, 마침내 유비가 대군을 거느리고 오(吳)로 진격하자 손권은 제갈량의 친형인 제갈근을 보내 화해를 요청하였다. 제갈근은 서신으로 "갑자기 군사가 백제성에 들어왔다는 소식을 들었습니다만, 혹자는 오왕이 형주를 차지했기 때문이라 하고, 혹자는 관우가 살해되어 원한이 깊어서라고 합니다. 이에 폐하를 위해 이번 일의 경중을 논해보려 합니다. (중략) 형주와 천하 가운데 무엇이 크고 작습니까? 모두 원수처럼 미워한다면 무엇이 먼저고 무엇이 나중입니까? 만약 이런 여러 가지를 생각한다면 결론을 정하기는 손바닥 뒤집기처럼 쉬울 것입니다."[48]라며 천하를 얻으려면 우리끼리 싸울 것이 아니라 조조가 더 큰 원수라고 설득해보지만 유비에게는 들리지 않았다.[49] 제갈근이 촉에 파견되었을 때부터 오에서는 제갈근이 별도로 유비에게 사람을 보내 내통한다는 참소가 있었다. 하지만 손권은 제갈근을 깊이 신뢰해 이를 믿지 않았다.[50]

••••

46. 《삼국지》〈촉서〉 관장마황조전(關張馬黃趙傳) 배송지주 운별전(雲別傳)인용 '國賊是曹操 非孫權也. 且先滅魏 則吳自服. 操身雖斃 子丕簒盜 當因衆心 早圖關中. 居河渭上流以討凶逆 關東義士必裹糧策馬以迎王師. 不應置魏 先與吳戰. 兵勢一交 不得卒解'
47. 《삼국지》〈촉서〉 황이여마왕장전(黃李呂馬王張傳) 황권편 '吳人悍戰 又水軍順流 進易退難. 臣請爲先驅以嘗寇 陛下宜爲後鎭'
48. 《삼국지》〈오서〉 장고제갈보전(張顧諸葛步傳) '試爲陛下論其輕重' (중략) '若審此數 易於反掌'
49. 참고로 배송지는 제갈근의 서신을 이렇게 혹평했다. '기록에 신기에는 말과 문장의 낭비(載之於篇寔為辭章之費)'
50. 《삼국지》〈오서〉 장고제갈보전(張顧諸葛步傳) '時或言瑾別遣親人與備相聞. 權曰 孤與子瑜有死生不易之誓. 子瑜之不負孤 猶孤之不負子瑜也'

전쟁을 피할 수 없게 되자 오의 장수 이이(李異), 유아(劉阿) 등이 무현(巫縣)과 자귀(秭歸)현에 주둔하며 유비의 대군에 맞섰다. 하지만 촉의 장수 오반(吳班)과 풍습(馮習)이 무현에서 이이와 유아를 격파하고 자귀현을 점령하였다. 그리고 진식(陳式)이 이끄는 수군도 이릉(夷陵)에서 장강을 끼고 강기슭에 주둔하였다. 222년 2월, 유비는 자귀현에서 고개를 넘어 이도(夷道)의 효정(猇亭)에 둔병하였고 진북장군 황권은 장강 북쪽 이릉에서 오군과 대치하였다.

손권은 육손을 대도독에 임명하고 부절을 하사하며 주연(朱然), 반장(潘璋), 송겸(宋謙), 한당(韓當), 서성(徐盛), 선우단(鮮于丹), 주환(孫桓) 등과 함께 5만 군사로 방어하게 하였다. 아울러 위에 도위(都尉) 조자(趙咨)를

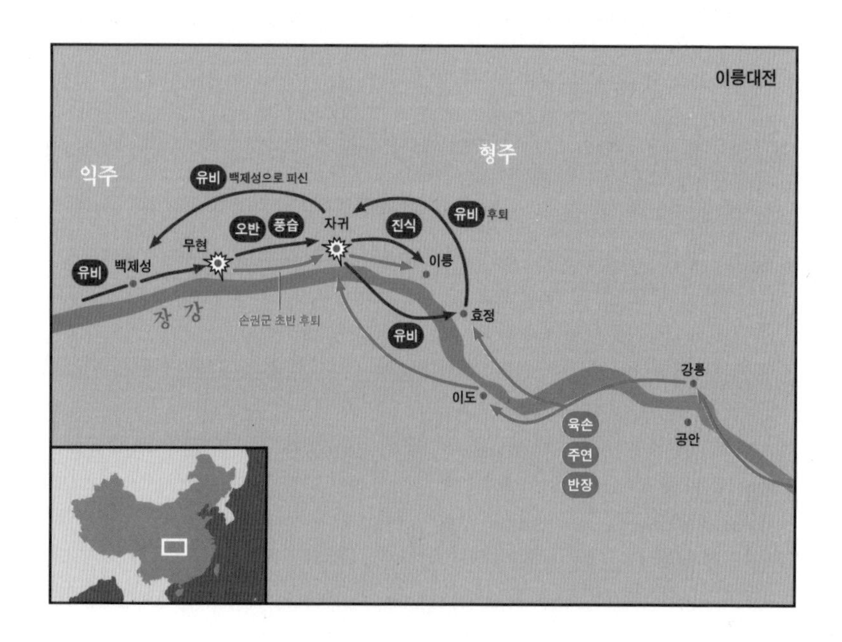

사자로 보냈다. 조비는 손권의 아들 손등(孫登)을 제후에 봉하려 했지만 손권은 손등이 아직 어리다 하여 사양하였다.

유비는 시중 마량(馬良)을 무릉군 서쪽 오계(五谿) 지역으로 파견하여 일대 만이(蠻夷)들을 위무하게 하였다.[51] 그러자 촉한의 인수와 작호를 받은 만이의 수장들이 유비에 협력할 것을 약속하게 되었다. 이때 촉의 대군은 무협(巫峽)[52]에서 이릉 지역에 걸쳐 수십 곳에 군영을 설치하고 있었다. 또한 유비는 풍습을 대독(大督)에 장남(張南)을 전부(前部)도독에 임명하고, 보광(輔匡), 조융(趙融), 요순(廖淳), 부융(傅肜) 등을 별군 도독으로 임명하였으며 오반에게는 평지에 군영을 설치한 후 오군을 공격하게 하였다.

이에 육손 휘하의 여러 장수들이 공격하려 하자 육손은 "이는 틀림없이 거짓이니 곧 알게 될 것이다."[53]라며 제지하였다. 육손의 말대로 이는 유비의 유인책이었는데 오군이 속지 않자 복병 8천이 계곡에서 나왔다. 육손이 상소하기를 "이릉은 요해처이며 관문으로 이를 잃는 것은 일개 군(郡)을 잃는 것에 그치지 않고 형주 전체를 걱정해야 합니다. (중략) 유비는 배를 버려두고 도보로 이동하며 곳곳에 군영을 설치하였지만 그 배치를 살펴 보건대 결코 이변이 없을 것입니다."[54]라며 손권을 안심시켰다.

••••

51. 《삼국지》〈촉서〉 선주전(先主傳) '安慰五谿蠻夷'
52. 무현(巫縣) 인근에 장강이 지나는 45km 가량의 협곡을 가리킨다.
53. 《삼국지》〈오서〉 육손전(陸遜傳) '此必有譎 且觀之'
54. 《삼국지》〈오서〉 육손전(陸遜傳) '失之非徒損一郡之地 荊州可憂' (중략) '察其布置 必無他變'

이 무렵 유비의 선봉부대를 공격하던 손환(孫桓)이 포위되어 육손에게 구원을 요청했다. 그런데 육손은 “구원할 수 없다”고 잘라 말하며 요청에 응하지 않았다. 오히려 본인의 계책대로 나가면 저절로 포위가 풀릴 것이라 장담하였다. 이때 오의 군영에는 손책 때부터 활동했던 노장들도 있고 손권의 친인척들도 있어서 육손의 명령을 잘 따르지 않고 있었다.[55]

대치가 길어지면서 부하 장수들이 상황을 걱정하니 육손은 “유비는 교활하고 경험이 많으며 저들이 처음 공격해 올 때는 대책이 철저해 우리가 공격할 수 없었다. 이제 시일이 지나면서 지치고 해이해져 다른 계책을 쓸 수도 없으니 저들을 유인해 공격할 때가 되었다.”며 출진하였다. 그러고는 군영 한 곳을 공격하였는데 이기지 못하고 퇴각하였다. 그러자 여러 장수들이 공연히 군사만 잃었다며 비아냥거렸다. 그런데 육손은 “이제야 적을 격파할 방법을 알게 되었다.”면서 모든 군사들에게 마른 풀 한 묶음씩을 준비하게 한다.[56]

한편 위의 조비는 허창에서 이릉 일대의 전황을 살피고 있었다. 그런데 ‘유비가 7백여 리에 걸쳐 나무 방책으로 군영을 설치했다’는 보고가 올라왔다. 조비가 여러 신하들에게 말하기를 “유비는 병법을 알지 못하는가. 어찌 7백리에 걸친 군영으로 적을 막을 수 있겠는가! 들판이나 습지, 험한 곳을 포함하여 군영을 설치하는 자는 적에게 사로잡힌다고 하였으니 이는 병법에서 꺼리는 일이다. 곧 손권의 보고가 들어올 것이다.”라고 말했다.[57]

222년 6월, 자귀현 10여 리 근방에서 그 넓이가 수십 길(丈)이나 되는 누런 기운(黃氣)이 나타났다.[58] 며칠 뒤 육손은 이도와 효정(猇亭)을 시작으로 전군으로 하여금 화공으로 일제히 공격하게 하였다.[59] 또한 주연에게는 별도 부대를 맡겨 유비군의 선봉을 공격해 후방을 절단하게 하였다. 그 결과 장남, 풍습, 호왕(胡王) 사마가 등이 전사하고 유비의 40여 군영이 완파되었으며 두로(杜路), 유영(劉寧) 등이 투항하였다. 큰 피해를 입은 유비는 마안산(馬鞍山)에 진을 치며 맞서보지만 육손의 공격에 다시 무너지고 말았다. 촉군의 궤멸이었다. 결국 유비는 야간에 거의 단신으로 도주하게 되었다. 한편 촉군의 포위에서 풀려난 손환은 유비가 기성(夔城)으로 가는 길을 차단하였다. 이에 유비는 험한 산을 넘어 겨우 피신하였다.

유비는 겨우 자귀현으로 돌아와 흩어진 군사들을 모은 뒤 육로로 어복(魚復)현으로 회군하였다. 이후 어복현을 영안(永安)현으로 개명하니[60] 이곳이 바로 백제성(白帝城)이다. 패주한 유비는 부끄럽고 화가 나서 "전

••••

55. 연의에서는 오군 장수들이 육손의 명을 잘 따르지 않는 상황에서 육손을 나이 어린 백면서생으로 묘사하였다. 하지만 육손은 183년생으로 제갈량(181년생), 손권(182년생)과 비슷한 연배이다.

56. 《삼국지》〈오서〉 육손전(陸遜傳) '兵疲意沮 計不復生 犄角此寇 正在今日' (중략) '孫曰 吾已曉破之之術. 乃敕各持一把茅'

57. 《삼국지》〈위서〉 문제기(文帝紀) '樹柵連營七百餘里. 謂群臣曰 備不曉兵 豈有七百里營 可以拒敵者乎? 苞原隰險阻而爲軍者 爲敵所禽. 此兵忌也. 孫權上事今至矣'

58. 《삼국지》〈촉서〉 선주전(先主傳) '夏六月 黃氣見自秭歸十餘里中 廣數十丈'

59. 《삼국지》〈오서〉 육손전(陸遜傳) '以火攻拔之 一爾勢成 通率諸軍同時俱攻'

60. 황제의 거처가 되면서 격에 맞게 개칭된 것이다.

에 내가 오에 갔을 때 손환은 어린애였는데 지금 나를 이 지경에 이르게 하는구나.[61] 내가 여기서 육손에게 굴욕을 당하니 어찌 하늘의 뜻이 아니겠는가!"[62]라며 한탄하였다. 이성을 잃고 눈과 귀를 닫은 지휘관의 만시지탄(晩時之歎)이었다.

촉의 피해는 이뿐이 아니었다. 강 북편에 주둔하던 황권도 퇴로가 막혀 돌아갈 수 없는 상황에 처한 것이다. 어쩔 수 없이 황권은 거느린 군사들과 함께 위에 투항하였고 이를 받아들인 조비는 황권을 중용하였다.

황권의 항복에 촉의 사법 담당 관리가 황권의 가족들을 법에 따라 가둬야 한다고 건의하였다. 하지만 유비는 "내가 황권을 저버렸지 황권이 나를 버린 것이 아니다."라며 황권의 가족들을 예전처럼 대우하게 하였다.[63] 이후 황권의 가족들이 사형 당했다는 헛소문이 전해졌지만 황권은 거짓이라 생각하여 발상(發喪)하지 않았다. 이성을 찾은 군주와 현명한 신하의 '길은 멀어도 마음만은'[64]을 연상케 하는 이심전심(以心傳心)이었다. 한편 장사군에서 교주(交州) 병력 1만을 거느리고 주둔하던 보즐은 촉군의 진격에 맞춰 일어난 무릉군 일대 만이들을 물리쳤다. 아울러 이후 영릉, 계양 등에서 일어나는 봉기도 모두 진압하였다.

육손의 계략대로 유비의 대군을 격파하니 포위되었을 때 육손을 원망했던 손환도 육손이 옳았음을 인정하였다. 그리고 그간 반신반의했던 장수들 또한 육손에 심복하게 되었다. 손권은 육손을 크게 칭찬하고 보국장군 겸 형주목에 임명하고 강릉후에 봉하였다. 사실 이릉대전의 승리는 육손의 능력을 파악하고 장졸들의 반대에도 뚝심 있게 육손을 지지한 손권이 있었기에 가능했다. 서성, 반장, 송겸 등 장수들은 '유비를 사로잡을 수 있다'며 공격을 허락해달라고 요청했다. 이들에게 촉과의 전투는 아직 진행 중이었으며 이제 그 근심의 뿌리를 뽑고자 했던 것이다. 손권이 육손에게 의견을 물었다. 그러자 육손을 비롯해 주연과 낙통 등이 '조비가 군사를 크게 일으키며 겉으로는 유비를 토벌한다지만 방책이 결정되는 대로 오(吳)로 군사를 돌릴 것'이라는 의견을 내놓았다. 더 이상의 촉과의 교전은 조비에게 허점을 보여주게 된다는 것이다. 과연 육손 등의 우려대로 222년 9월, 조비가 오에 대한 대규모 공격을 가했다. 그러자 손권은 백제성에 사신을 보내 강화를 요청하게 되고 유비는 이를 수락하였다. 어쩔 수 없었을 것이다.

••••

61. 《삼국지》〈오서〉 종실전(宗室傳) '吾昔初至京城 桓尙小兒 而今迫孤乃至此也'

62. 《삼국지》〈오서〉 육손전(陸遜傳) '吾乃爲遜所折辱 豈非天邪'

63. 《삼국지》〈촉서〉 황이여마왕장전(黃李呂馬王張傳) 황권편 '而道隔絶 權不得還 故率將所領降於魏. 有司執法 白收權妻子. 先主曰 孤負黃權 權不負孤也. 待之如初'

64. 길은 멀어도 마음만은(Un Rayo De Luz): 스페인 뮤지컬 영화. 루이스 루키아(Luis Lucia)감독의 1960년 작품으로 세계적으로 흥행했다. 내용은 제목과 크게 다르지 않다. 국내에서도 두 번이나 개봉하였다.

4

조비의 오(吳) 공격

222~223년

오의 손권은 대외적으로 위의 신하를 칭하였지만 실제로는 불복하고 있었다. 이에 조비는 손권의 아들을 위의 조정으로 보낼 것을 요구하지만 손권은 받아들이지 않고 버티고 있었다.[65] 그러던 222년 9월 마침내 조비가 오에 대한 대규모 공격을 명하였다.

조휴, 장료, 장패(臧霸)가 동구(洞口)로 출병하였고, 조인이 유수(濡須)로 출병하였다. 아울러 조진(曹眞), 하후상(夏侯尙), 장합, 서황 등이 강릉으로 출병하였다. 손권은 여범 등을 보내 수군으로 조휴, 장료, 장패에 맞서게 하고, 유수에서는 주환에게 조인을 막게 하였다. 또 제갈근, 반장, 양찬(楊粲), 손성(孫盛)을 보내 강릉을 구원하게 하였다. 한편으로 손권은 겸손한 언사로 조비에게 국서를 보냈다.[66] 촉과 교전을 치른 지 얼마 되지 않은데다가 아직 남방의 이민족들도 평정되지 않은 상태였기 때문이다. 하지만 조비는 손권의 아들을 조정에 보내라고 계속해서 요구하였다. 결국 손권은 위와의 관계를 단절하고 연호를 황무(黃武)로 고치며 항전하기로 결정하였다.[67] 이런 이유로 서기 222년은 위의 황초(黃初) 3년이면서 촉의 장무(章武) 2년이기도 하고 오의 황무 원년이기도 하다. 이미 봄과 여름에 걸쳐 촉과 대규모 교전을 벌였던 오는 같은 해 가을과 겨울에 위와 또 한번 대규모 전투를 치르게 된다.

동구로 출병한 위군은 조휴가 정동대장군에 임명되어 지휘를 맡았고 장료, 장패 등이 함께 하였다. 동구는 건업 남서쪽에 위치한 포구이다. 즉 장강의 순류를 타고 건업 턱밑까지 진격해 온 것이다. 당시 손권은 무창(武昌)으로 천도하였고 여범이 단양태수를 겸하며 건업을 다스리고 있었다. 여범은 서성, 전종, 손소(孫韶) 등과 함께 장강을 건너 조휴에 맞섰다. 오의 입장에서는 여기서 위군의 상륙을 막지 못하면 자신들의 본거지가 전장이 될 상황이었다.

그런데 야간에 큰 폭풍이 불어 닥쳐 오군의 배가 전복되어 익사하거나 표류하는 병사들이 속출하였다. 이때 장강 북쪽 기슭에 주둔 중이던 위의 장수 왕릉(王淩)은 떠내려 오는 전선을 노획하고 병사들을 생포하는 뜻밖의 전과를 올렸다. 남아 있는 오군의 큰 배에서는 물에 빠진 군사

••••

65. 《삼국지》〈오서〉 오주전(吳主傳) '初權外託事魏 而誠心不款' (중략) '幷徵任子 權辭讓不受'

66. 《삼국지》〈오서〉 오주전(吳主傳) '權卑辭上書'

67. 《삼국지》〈오서〉 오주전(吳主傳) '權遂改年 臨江拒守'

들이 배로 기어오르거나 살려달라고 소리쳐도 구해주지 않고, 배가 뒤집힐까 우려하여 창으로 찔러 떨어뜨리기도 하는 일이 벌어졌다. 이때 오의 장수 오찬(吾粲)과 황연(黃淵)은 물에 빠진 병사들을 배로 구출하려고 하였다. 측근들이 배가 무거워 가라앉을 것이라 하니 "배가 부서진다면 같이 죽으면 된다. 사람이 궁지에 몰렸는데 어찌 버릴 수 있겠는가!"[68] 하며 필사적으로 구출작업을 하였다. 이때 오찬과 황연이 구한 목숨이 1백여 명이나 되었다.

오의 장군 하제(賀齊)는 주둔지가 멀어 전장에 뒤늦게 도착했다. 그 덕분에 하제의 부대는 전력이 그대로 유지된 상태였고 방어군 주력이 되었다. 한편 전세가 유리해진 위군은 빠른 배를 이용하여 기습을 가했다. 이때 전종은 늘 갑옷을 입은 상태로 지내며 경계를 늦추지 않았다.[69] 또한 조휴가 배를 몰아 많은 병력으로 공격하였지만 서성이 소수의 군사로 방어하여 물리쳤다.[70] 한편 조휴는 장패를 시켜 작은 선박(輕船) 500척에 결사대 1만을 싣고 서릉(徐陵)을 급습하게 하였다. 서릉에 이른 장패가 화공을 퍼부어 오군 수천 명이 전사하거나 생포되었다. 오군도 가만히 있지 않았다. 물러나는 위군을 전종과 서성이 추격해 공격하였는데

••••

68. 《삼국지》〈오서〉 우육장낙육오주전(虞陸張駱陸吾朱傳) '水中生人皆攀緣號呼 他吏士恐船傾沒 皆以戈矛撞擊不受' (중략) '船敗 當俱死耳. 人窮 奈何棄之'

69. 《삼국지》〈오서〉 하전여주종리전(賀全呂周鍾離傳) '敵數以輕船鈔擊. 琮常帶甲仗兵 伺候不休'

70. 《삼국지》〈오서〉 정황한장주진동감능서반정전(程黃韓蔣周陳董甘淩徐潘丁傳) 서성편 '盛以少禦多敵不能克 各引軍退'

71. 선계는 유수오 동쪽, 장강 연안에 위치한 곳이다.

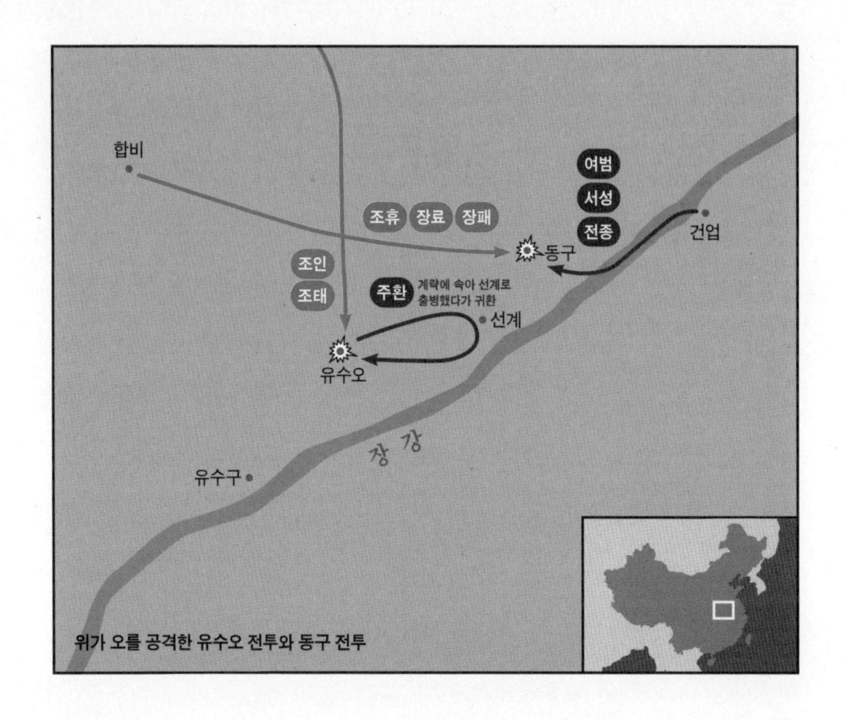

위가 오를 공격한 유수오 전투와 동구 전투

위의 장수 윤로(尹盧) 등 수백 명이 전사하거나 생포되었다. 이때가 222년 11월이다.

양군의 치열한 공방은 계속 이어져 이번에는 조인이 유수를 공격하였다. 당시 오군은 주환이 주태(周泰)의 후임으로 유수(濡須)도독을 맡고 있었다. 공성에 앞서 조인은 장제(蔣濟)에게 별도의 군사를 맡기며 선계(羨谿)[71]를 거짓으로 공격하게 한다. 장제의 별동대가 선계를 공격한다는 소식을 들은 주환은 군사를 나눠 선계에 출진시켰다. 그러자 조인이 유수 70리까지 진격해왔다. 유수의 병력이 빠져나가는 것을 기다려 쳤던 것이다. 뒤늦게 선계로 가던 군사들이 회군하였지만 이미 조인은 유수성을 포위한 뒤였다. 유수를 지키는 주환의 병력은 5천 가량에 불과했다. 이에 여러 장수들이 허둥대며 두려움에 떨자, 주환은 "본래 양쪽의 군사가 대치할 때 그 승부는 장수의 능력에 있지 군사의 많고 적음에 있지 않다."[72]며 부하들을 격려하였다.

계략에 한방 맞은 주환은 정신을 차리고 반격을 준비했다. 하여 겉으로 약한 듯 꾸미며 조인을 유인했다. 이에 조인은 아들 조태(曹泰)를 보내 유수성을 공격하게 하는 한편 군사를 나눠 상조(常雕), 제갈건(諸葛虔), 왕쌍(王雙)에게 빠른 배(油船)를 타고 강 가운데 섬(中洲)을 기습하게 하였다. 장제는 "적군이 맞은편 기슭을 차지하고 상류에 적군의 배가 줄지어 있는데 강 가운데 섬(洲)을 공격하는 것은 멸망하는 길입니다."라며 만류하지만 조인은 강행하였다. 그러면서 조인은 직접 소호(巢湖) 북동편에 위치한 탁고(橐皐)에서 후방을 지원하였다.

강 가운데 섬에는 주환 부대원들의 가족이 머물고 있었다. 주환의 부대원들이 위의 전선을 맹렬히 공격하여 탈취해버렸다.[73] 처자식이 주는 힘은 예나 지금이나 대단하다. 여기에 원군으로 온 낙통(駱統)과 엄규(嚴圭)가 상조, 왕쌍 등을 공격하고 주환이 이끄는 본대는 조태와 맞서 싸웠다. 그 결과 조태의 군영은 모조리 불타버렸고 왕쌍이 생포되었으며 상조를 포한한 위군 1천명 이상이 전사했다. 이때가 해를 넘긴 223년 3월이다. 지루한 공방전의 연속이었다.

한편 서쪽에서도 전투가 벌어지고 있었는데 조진, 하후상, 장합 등이 강릉을 공격하였다. 먼저 선봉부대 3만으로 부교를 설치하였다. 당시 강릉의 책임자는 여몽의 후임인 주연(朱然)이었다. 원군으로 온 제갈근이 강 가운데 섬(中渚)을 차지하고 수군을 나누어 주둔시켰다. 그러자 하후상은 야간에 기름을 가득 실은 배와 1만여 병력을 이끌고 강을 건너 제갈근의 군영을 기습하였다.[74] 기습이 성공하여 하후상은 오군의 전선을 모두 소각하며 수륙으로 동시에 진격하였다.

한편 장합도 강을 건너 손성을 공격하자 손성은 후퇴하고 장합이 섬을 차지하며 군영을 설치하였다.[75] 이로 인해 주연은 고립되었고 반장과 양찬이 원군으로 왔지만 포위망을 뚫지 못하였다. 오군의 위기였다. 당시 강릉성 안의 병사들은 종기 환자(腫病)가 많아 싸울 수 있는 자가 겨우 5천에 불과했다. 성을 포위한 조진은 지하도를 파고 토산을 만들며 누대를 세워 화살로 공격을 이어갔다. 하지만 주연은 굴하지 않고 장졸들을 격려하며 농성을 하며 견뎠다. 위군은 우세한 전력임에도 성을 함락하지 못한 채 포위 상태가 해를 넘기며 여섯 달 동안이나 지속되었다. 물론 오군 또한 한계에 이르렀는지 북문을 지키던 요태(姚泰)가 위군과 내통하려다 발각되는 사건도 발생하였다.

••••

72. 《삼국지》〈오서〉 주치주연여범주환전(朱治朱然呂範朱桓傳) '諸將業業 各有懼心. 桓喻之曰 凡兩軍交對 勝負在將 不在衆寡'

73. 《삼국지》〈오서〉 주치주연여범주환전(朱治朱然呂範朱桓傳) '中洲者 部曲妻子所在也' (중략) '桓部兵將攻取油船'

74. 《삼국지》〈위서〉 제하후조전(諸夏侯曹傳) '瑾渡入江中渚 而分水軍於江中. 尙夜多持油船 將步騎萬餘人 於下流潛渡 攻瑾諸軍'

75. 《삼국지》〈위서〉 장악우장서전(張樂于張徐傳) '郃別督諸軍渡江 取洲上屯塢'

조비는 직접 남양(南陽)군 완현(宛縣)까지 행차하여 전군의 상황을 살피며 후방을 지원하고 있었다. 그런데 조진의 부대가 부교를 활용해 이동한다는 소식을 들은 시중 동소가 '부교는 외길이라 위험하며 자주 공격 받아 점령될 수 있고 물이 언제 불어날지 몰라 걱정'이라고 상소를 올렸다. 이에 조비가 하후상 등에게 서둘러 퇴각을 명하였다. 이 무렵 오의 장수 반장은 "적의 세력이 강한데다가 강물도 얕으니 저들과 싸울 수 없다."는 의견을 냈다. 그런 후 상류로 50리를 거슬러 올라가 큰 갈대 뗏목을 만들고 강물이 불어나는 때를 기다렸다. 며칠 후 물이 불어나자 반장은 갈대 뗏목에 불을 붙여 순류에 흘려보내 부교를 불태워버렸다.[76]

이 무렵 위의 군영에는 역병이 유행하였는데, 반장의 공격으로 부교마저 불타고 오군이 수륙으로 공격을 가하니 결국 하후상은 조비의 명대로 퇴각할 수밖에 없었다.[77] 하지만 외길이라 철군에 어려움을 겪었다.[78] 동소가 예측한 대로였다. 결국 223년 3월 조비는 아무런 소득도 없이 모든 전선에서 군사를 물렸다.[79]

••••

76. 《삼국지》〈오서〉 정황한장주진동감능서반정전(程黃韓蔣周陳董甘淩徐潘丁傳) 반장편 '魏勢始盛 江水又淺 未可與戰' (중략) '縛作大筏 欲順流放火 燒敗浮橋'
77. 《삼국지》〈위서〉 제하후조전(諸夏侯曹傳) '城未拔 會大疫. 詔敕尙引諸軍還'
78. 《삼국지》〈위서〉 정곽동유장유전(程郭董劉蔣劉傳) '官兵一道引去 不時得泄'
79. 이상은 《삼국지》〈오서〉 반장전의 기록이다. 오군이 부교를 불태우고 위군이 퇴각하는 과정에서 〈위서〉 동소전은 약간의 차이를 보이는데, 반장전에는 물이 불어난 후 화공으로 부교를 불태운 것에 반해 동소전에는 퇴각하고 10일 뒤에 물이 불어났다고 되어 있다.
80. 《삼국지》〈오서〉 오주전(吳主傳) '始復通也'
81. 《삼국지》〈오서〉 오주전(吳主傳) '劉備薨於白帝'

위의 대군과 교전이 한창이던 222년 12월, 손권은 정천(鄭泉)을 백제성으로 보내 유비를 위문하였다. 이후 양국은 다시 왕래를 시작하게 되었다.[80] 아울러 촉의 대군과 혈투를 벌였던 이릉(夷陵)을 서릉(西陵)으로 개칭하였다. 이듬해인 223년 4월, 오의 신료들이 손권에게 제위(帝位)에 오를 것을 권유하였다. 촉과 위의 연이은 공세를 이겨낸 자신감이었을 테지만 손권은 이를 허락하지 않았다. 그리고 그 달에 백제성에서 유비가 세상을 떠났다.[81]

5

유비의 최후

223년

유비가 퇴각하여 백제성에 머물고 있을 때 마충(馬忠)이라는 장수가 5천 병력을 이끌고 나타났다. 예전에 관우를 생포했던 오의 장수 마충(馬忠)과는 동명이인으로, 유비의 소식을 듣고 여러 현에서 징발한 병력을 인솔해 지원군으로 온 것이었다. 이에 유비가 "황권을 잃었지만 대신 호독(狐篤)을 얻었으니 이 사람은 없어서는 안 될 현인이다."[82]라고 치하하였다. 여기서 호독이란 바로 마충을 가리킨다. 마충의 이름에 대한 이야기는 이후에 다시 등장한다.

유비의 병은 점점 깊어졌기에 성도에 머물고 있던 제갈량이 급히 소환되었다. 당시 성도에서 유비의 패전 소식을 들은 제갈량은 "법효직(孝直)[83]이 살아 있었다면 주상을 제지하여 동쪽을 원정하지 못하게 하였을 터이고, 동쪽을 원정했더라도 위기에 처하지 않았을 것이다."[84]며 탄식하였다. 더구나 평소 자신을 형(兄)이라 부르며 따르던 마량도 이번에 전사하였기에 제갈량의 슬픔은 더욱 클 수밖에 없었다. 이때 마량의 나이 불과 36세였다. 마량의 동생 마속(馬謖)도 재능과 기량이 뛰어났다.[85] 이름난 마씨 형제들이다. 제갈량도 그 능력을 인정해 자주 마속을 불러 밤늦도록 담론하곤 했다.

한편 222년 12월, 한가(漢嘉)태수 황원(黃元)이 유비의 병이 위중함을 알고 반기를 들고 성도 남서쪽에 위치한 임공(臨邛)현을 공격하였다. 이에 촉군(蜀郡)태수 양홍(楊洪)이 태자 유선(劉禪)에게 보고한 뒤 친위병을 거느리고 출병하여 장군 진흘(陳曶)과 정작(鄭綽)을 시켜 토벌하였다. 황원은 패주한 뒤 생포되었고 223년 3월 성도에서 참수되었다. 이릉대전을 전후하여 촉의 상황은 이렇게 혼란스러웠다.

223년 4월 유비의 상태가 점차 위독해졌다. 그런데 평소 마속이 마음에 걸렸던 유비는 제갈량에게 "마속은 말이 실제보다 지나쳐 크게 쓸 수 없으니 승상은 잘 살피기 바라오!"[86]라고 당부하였다. 아울러 "승상의 재능은 조비보다 10배나 뛰어나니 틀림없이 나라를 안정시키고 천하통

••••

82. 《삼국지》〈촉서〉 황이여마왕장전(黃李呂馬王張傳) 마충편 '雖亡黃權 復得狐篤 此爲世不乏賢也'
83. 효직(孝直)은 법정의 자이다.
84. 《삼국지》〈촉서〉 방통법정전(龐統法正傳) '法孝直若在 則能制主上 令不東行 就復東行 必不傾危矣'
85. 《삼국지》〈촉서〉 동유마진동여전(董劉馬陳董呂傳) '才器過人'
86. 《삼국지》〈촉서〉 동유마진동여전(董劉馬陳董呂傳) '馬謖言過其實 不可大用 君其察之'
간혹 사람이 죽을 때가 되면 갑자기 현명해지는 경우가 있다.

일의 대업을 완성할 것이오. 만약 사자(嗣子)[87]가 보필할 만하면 보필하지만 그럴 재목이 아니라면 승상이 대신해도 괜찮을 것이오."라고 말했다. 이에 제갈량은 "신은 죽을 때까지 신하로서 직분을 다하고 충정(忠貞)의 지조를 바칠 뿐입니다."라고 눈물을 흘리며 답하였다.[88] 끝으로 태자 유선에게 승상을 따라 국사를 처리하고 부친처럼 섬기라고 당부하고 눈을 감았다. 상서령 이엄도 제갈량과 함께 유조를 받았고, 제갈량의 부직(副職)에 임명되어 이후 영안에 주둔하였다. 당시 유비의 나이 63세, 시호는 소열황제(昭烈皇帝)이다.

다음 달인 223년 5월, 성도에서 17세 나이로 태자 유선(劉禪)이 즉위하였고 연호를 건흥(建興)으로 고쳤다. 이후 제갈량은 등지(鄧芝)를 손권에 사신으로 파견하였다. 손권은 위와의 관계를 단절하고 촉과 다시 화친하며 장온(張溫)을 사신으로 보내 답례하였다. 제갈량은 승상부를 설치하고 국사를 처리하며 익주목(益州牧)을 겸하였다. 또한 제갈량은 크고 작은 모든 정사를 직접 재결하게 되었다.[89]

····

87. 태자인 유선(劉禪)을 가리킨다.

88. 《삼국지》〈촉서〉 제갈량전(諸葛亮傳) '若嗣子可輔 輔之 如其不才 君可自取. 亮涕泣曰 臣敢竭股肱之力 效忠貞之節 繼之以死'

89. 《삼국지》〈촉서〉 제갈량전(諸葛亮傳) '政事無巨細 咸決於亮'

한 발 더 나가볼까

연호(年號)에 대해

동양사가 그러하듯 삼국지에서도 '언제(when)'라는 것을 표현할 때 연호(年號)가 사용된다. 그런데 서기(西紀)가 익숙한 현대인들에게 연호로 표기한 연도는 적잖은 귀찮음과 혼란을 주는 것이 사실이다. 그렇지만 조금만 이해하고 나서 보면 연호는 오히려 삼국지의 재미를 높여주는 양념이 될 수 있다.

알다시피 삼국지의 서막을 알리는 사건은 '황건적의 난'이다. 서기로는 184년이다. 여기서 임의대로 연호를 한번 설정해보자. 삼국지연의가 시작된 184년에 황건이라는 연호를 붙인다면 서기 184년은 곧 황건 원년(元年)이 된다. 어디까지나 가정이지만 이렇게 되면 서기 200년은 황건 17년, 220년은 황건 37년이 될 것이다. 만약 처음부터 끝까지 '황건'이라는 연호 하나만을 사용한다면 이야기 전체의 시간 축을 '황건적의 난' 기점으로 일렬로 세워 이해할 수 있다. 아울러 이야기의 분위기에도 한결 더 몰입할 수 있을 것이다.

하지만 애석하게도 연호는 수시로 바뀐다. 천자가 바뀔 때도 바뀌고 특별한 이벤트가 있을 때도 바뀐다. 거기다 삼국지에서는 연호가 한 줄로만 있는 것도 아니다. 후한(後漢), 위(魏), 촉(蜀), 오(吳)에다 진(晋)까지. 이렇게 다섯 개의 축으로 움직인다. 때문에 작정하고 정리하지 않으면 헷갈리기 딱 좋다.

여기서 간단한 팁을 하나 제공하고자 한다. 일종의 '연도 관련 틀잡기'라고나 할까. 삼국지에서 가장 중요한 연호 하나만 꼽으라면 단연 '건안(建安)'이다. 후한의 사실상 마지막 연호이면서 삼국지에 등장하는 연호 중 최장수 연호이다. 또한 무엇보다 이야기 전개상 가장 다이내믹한 시기에 걸쳐 있기도 하다. 서기로는 196년부터 220년까지로. 전권 10권인 삼국지에서라면 대략 2권에서 8권 즈음에 해당하는 시기이다.

건안 직전 12년간은 중평(中平/184~189년), 초평(初平/190~193년), 흥평(興平/194~195년) 등의 연호들이 사용되었는데, 이 3개의 '평(平)'계 연호들은 몰라도 별 상관이 없다.

건안 원년은 196년으로 헌제가 조조의 보호 아래 들어간 해이다. 즉 건안 이전에 황건적의 난, 십상시의 난, 동탁의 폭정 등이 있었고, 건안 이후에는 거대해진 조조 중심으로 이야기가 전개된다. 그리고 세월이 흘러 건안 25년(서기 220년)에 큰 사건이 있었으니 바로 조조의 사망이다. 생전에 황제가 아닌 왕을 자처했던 조조가 사망하고 아들 조비가 뒤를 이으면서 천자의 자리에 오른다. 위(魏)의 입장에선 새로운 황조(皇朝)가 열린 것이니 의당 연호를 정했는데 그렇게 탄생한 연호가 바로 황초(黃初)이다.

이 사건은 한(漢)조 입장에서는 분명 찬탈이다. 명목상 한을 잇는 촉에서 황초라는 연호를 따를 수는 없는 노릇이다. 별개의 연호를 정하거나 건안이라는 연호를 이어야 한다. 그래서 221년은 위에서는 황초 2년이지만, 촉에서는 건안 26년이다. 아울러 장무(章武) 원년이기도 하다. 장무는 촉의 연호인데 폐위된 헌제를 대신해 이 해부터 촉의 유비가 천자가 되었기 때문이다. 이제부터는 황초와 장무라는 연호가 병용된다. 하지만 장무는 그리 오래 가지 못한다. 유비가 제위에 오른 지 두 해 만에 사망하기 때문이다. 다시 천자가 바뀌면서 연호가 바뀌게 되는데 바로 건흥(建興)이다. 그래서 223년은 황초 4년이면서, 장무 3년이자 건흥 원년인 것이다. 촉의 유선의 시대이다.[90]

사료에 나타나는 연호만 보더라도 위의 입장에서 보느냐 촉의 입장에서 보느냐를 알 수 있다. 누군가가 특정 시기를 어떤 연호로 부르는지 살피면 그가 조조 측인지 유비 측인지도 추정할 수 있는 것이다. 기록에서는 고작 숫자에 불과하겠지만 연호는 위진정통론의 입장이냐 촉한정통론의 입장이냐의 문제로까지 확장해서 볼 수 있는 요소이다.

각 왕조의 연호

서기	후한(後漢)	위(魏)	촉(蜀)	오(吳)
219년	건안(建安) 24년			
220년	건안(建安) 25년	황초(黃初) 원년		
221년	건안(建安) 26년	황초(黃初) 2년	장무(章武) 원년	
222년		황초(黃初) 3년	장무(章武) 2년	황무(黃武) 원년
223년		황초(黃初) 4년	건흥(建興) 원년	황무(黃武) 2년

여기에 덧붙여 오의 연호도 하나만 알아두면 흥미를 더할 수 있다. 바로 황무(黃武)이다. 이름부터 왠지 황초(黃初)의 황(黃)과 장무(章武)의 무(武)를 합한 듯한 연호이다. 그래서 서기 222년은 황무(黃武) 원년이면서 장무(章武) 2년이자 황초(黃初) 3년이다. 이때는 오의 군주 손권이 아직 공식적으로 황제를 칭하지는 않았지만 실질적으로는 이때부터 진정한 삼국시대라고 할 수 있다. 연호란 칭제와 떼기 어렵다고 보기 때문이다. 또한 세 나라가 각각 독자적인 연호를 사용하였으니 서류상으로는 이제야 대등한 나라들끼리의 싸움이 되는 셈이다.

조조, 유비, 관우, 장비 등 이른바 삼국지의 주인공들이 다 퇴장하고 이야기도 서서히 저물어 가는 판에 공식적으로는 비로소 삼국시대의 시작이라 하니 아이러니이다. 다만 연호가 달라짐은 무언가 큰 변곡점이 있었다는 의미이기도 하다. 따라서 처음엔 거추장스럽겠지만 틀만 잘 잡는다면 복잡한 사건들을 머릿속 서랍에 가지런히 정리해주는 책갈피가 될 수도 있다.

196년 건안 원년. 조조가 사망한 220년은 건안 25년이자 위 황초 원년. 유비가 칭제한 221년은 촉 장무 원년. 손권이 사실상 독립을 선언한 222년은 오 황무 원년. 유비가 사망하고 유선이 등극한 223년은 촉 건흥 원년. 이렇게 다섯 개의 연호 정도만 기억해두면 어떨까 한다. 아울러 우리가 관용적으로 삼국을 일컫는 위(魏), 촉(蜀), 오(吳)라는 순서도 처음 독자 연호를 사용한 순서임을 눈치 채셨는지.

••••

90. 진수(陳壽)는 〈촉서〉 후주전(後主傳)에서 촉의 연호 사용 방식을 비판하고 있다. 천자가 사망하더라도 그 해까지는 연호를 유지하고 이듬해부터 새로운 연호를 사용해야 한다는 것이다. 즉 223년은 장무 3년 그대로 두고 이듬해부터 건흥 원년으로 해야 옳다는 것. 이후 연호 사용방식은 왕조에 따라 차이를 보이기도 한다. 진수와 같은 생각을 하는 사람들이 있었던 것이다.

8장

기산(祁山)을 감도는 전운

1

촉(蜀)의 내부 정비와 남방 평정

223~227년

223년 백제성에서 유비가 숨을 거둔 이후 촉(蜀)의 승상 제갈량은 등지(鄧芝)를 오(吳)에 사신으로 파견하였다. 주된 목적은 당연히 오와의 결속을 공고히 하는 것이다. 하지만 등지에게는 다른 임무도 있었는데 바로 장예(張裔)라는 인물을 데리고 오는 것이었다. 장예는 누구인가? 장예에 대한 이야기는 이로부터 몇 년 전으로 거슬러 올라가야 한다.

익주(益州)에는 익주군(益州郡)이라는 곳이 있었다. 익주의 거의 최남단에 위치한 군인데 이 익주군의 치소가 있는 곳의 지명은 전지현(滇池縣). 왠지 익숙한 이름이다. 그런데 이 전지현에 머물며 익주군을 다스리던 태수 정앙(正昂)이 피살되는 사건이 발생하였다. 촉 조정을 전복하려고는 하지 않았으나 명백한 반란이었다. 이 사건의 장본인은 옹개(雍闓)

라는 인물이다.

알다시피 장강은 익주, 형주, 양주(揚州)를 관통하여 흐른다. 이 장강의 상류, 즉 익주를 흐르는 부분을 따로 노수(瀘水)라 부르는데 노수가 굽이굽이 흐르면서 익주 북쪽의 고지대에서 흘러내려온 여러 지류와 합쳐져 점차 물줄기가 굵어진다. 그 지류 중에는 백수(白水)도 있고 형주에서 합류하는 한수(漢水)도 있다. 다시 옹개 얘기로 돌아가서 옹개는 노수 이남에서 세력을 크게 떨치던 인물이었다. 그는 사방의 유력자들에게 사자를 보내며 저 멀리 손권과도 통교가 있었다.[1]

촉 조정에서는 옹개를 토벌하기 위해 장수 하나를 파견하는데 그가 바로 장예였다. 장예는 이민족들과의 전투에서 많은 전과를 올렸던 장수였다. 나름 유능하다고 평가받는 인물이었으나 얕보았던 것일까. 장예는 옹개를 토벌하기는커녕 오히려 생포되고 말았다. 토벌군 대장을 생포한 옹개는 '죽일 가치도 없다'며 장예를 손권에게 보내버렸다. 생포에 이어 가치도 없다는 굴욕까지 당한 장예는 이렇게 오에 잡혀 있는 신세가 되었다. 이후 그는 잊힌 듯 존재감 없이 지낸다. 하지만 제갈량은 장예라는 인물을 높이 사 기억하고 있었기에 화친을 재개할 때 데려오게 한 것이었다.

당시 손권은 장예를 잘 알지 못한 상태에서 별 생각 없이 풀어주었다. 장예는 풀려나면서 손권에게 "58세 이전은 부모가 주신 생명이지만 오

••••

1. 《삼국지》〈촉서〉 곽왕상장양비전(霍王向張楊費傳) '耆率雍闓恩信著於南土. 使命周旋 遠通孫權'

늘 이후로는 대왕께서 하사하신 목숨입니다."[2]라며 멋있게 감사 인사를 한 다음 전속력으로 줄행랑을 쳤다. 그가 힘을 다해 내뺀 이유는 손권 앞에서 작별인사를 너무 똑똑하게 해버렸기 때문이다. 장예는 손권이 혹시라도 자신을 재능 있다고 여겨 다시 잡아들일지도 모른다고 생각했던 것이다. 물론 혼자만의 생각이었다.

223년에 제갈량은 승상부를 개설하며 정권을 확실하게 장악하였다. 장예(張裔)는 오에서 생환한 이후 승상부에서 제갈량을 보좌하게 되었다. 이 무렵 제갈량은 장예뿐 아니라 광범위한 인재 확보에 주력하였다. 이때부터 양의(楊儀), 장완(蔣琬), 비의(費禕) 등 촉을 지탱하는 인재들이 전면에 나서게 된 것이다.

양의는 양양에서 관우에게 등용된 인재로서 225년 제갈량이 남방으로 출병할 당시에는 승상부 업무를 대리하였다. 제갈량의 신뢰가 두터웠음을 짐작할 수 있다. 장완은 형주에서 유비에 등용된 인물이었다. 이후 촉의 지방 현령을 맡았을 때는 태만하여 처벌받기도 하는데 제갈량이 "장완은 사직(社稷)을 떠받칠 큰 그릇으로 백리지재(百里之才)가 아닙니다."[3]라며 223년 승상부를 개설할 때 불러들였다. 제갈량은 방통으로 인해 시작된 '백리지재가 아니다'라는 표현을 사용한 것이다.

이후 장완은 제갈량이 출병할 때마다 군량과 보충병을 공급하는 임무를 성실히 수행하였다. 제갈량은 평소 "공염(公琰)[4]은 그 뜻이 충성스럽고 고아하니 나와 함께 왕업을 도울 만한 자이다."라고 칭찬하였다. 또한 은밀히 표문을 올려 "만약 신에게 불행한 일이 생기거든 후사를 장완에게 맡기면 됩니다."[5]라고도 하였다. 최고의 찬사를 공공연하게 한 것이다. 그리고 비의는 승상부 소속은 아니지만 제갈량이 눈여겨 본 인재였다. 비의는 유선이 태자로 책립될 때 동윤(董允)과 함께 태자사인(太子舍人)이 되었고 유선이 제위에 오른 후에는 황문시랑(黃門侍郞)에 임명되었다. 게다가 제갈량이 남방 원정에서 돌아왔을 때 특별히 비의를 불러 수레에 동승하며 주목을 받았다. 이후 시중으로 승진하였으며 오에도 사신으로 자주 파견되었다.

촉은 위나 오에 비해 인재가 많이 부족했다. 제갈량의 인재 갈증을 보여주는 일례가 있는데 바로 두미(杜微)라는 인물이었다. 두미는 유비가 촉을 평정할 무렵 귀가 안 들린다면서 문을 닫은 채 외출하지 않고 있었다.[6] 224년에 제갈량이 두미를 데려와 등용하려고 직접 설득에 나섰는데 두미는 여전히 '귀가 들리지 않는다.'며 손짓으로 사양하였다. 그러자 제갈량은 간곡히 글을 써서 겨우 마음을 움직여 두미를 간의대부(諫議大夫)에 제수하였다. 간의대부는 임금의 측근에서 정사에 대한 의론과 간언을 담당하는 직위로서 실무가 없는 명예직이면서 인재를 예비하기

····

2. 《삼국지》〈촉서〉 곽왕상장양비전(霍王向張楊費傳) '五十八已前 父母之年也. 自此已後 大王之賜也'
3. 《삼국지》〈촉서〉 장완비의강유전(蔣琬費禕姜維傳) '蔣琬 社稷之器 非百里之才'
   방통에 이어 백리지재가 아니라는 말을 들은 인물이다.
4. 공염(公琰)은 장완의 자이다.
5. 《삼국지》〈촉서〉 장완비의강유전(蔣琬費禕姜維傳) '公琰託志忠雅 當與吾共贊王業者也. 密表後主曰 臣若不幸 後事宜以付琬'
6. 《삼국지》〈촉서〉 두주두허맹내윤이초극전(杜周杜許孟來尹李譙郤傳) '微常稱聾 閉門不出'

위한 자리였다.

다시 익주 남부로 돌아가 보자. 옹개는 유비가 살아 있을 때부터 노수 이남에서 활개를 쳤었다. 유비가 이릉에서 대패한 이후에는 더 심해졌는데 223년 유비까지 사망한 상황에서 촉 전체가 흔들렸기 때문에 멀리 남쪽 지역의 민심이반은 이상할 것도 없었다. 이 무렵 노수 이북의 월수(越巂)군에서는 고정(高定)이, 노수 이남의 장가(牂牁)군에서 주포(朱褒)라는 인물이 촉의 통제를 벗어나 전횡을 부리고 있었다. 영창(永昌)군과 익주군에서 옹개가 난을 일으킨 이후 확산된 현상이었다. 아직 어린 유선을 보필해 나라를 안정시켜야 할 책무를 진 제갈량으로서는 쉽지 않은 상황이었을 것이다. 북으로는 위를, 동으로는 오를 대비해야 하고 아울러 전국 각지에서 일어난 민심의 이반도 진정시켜야 했다. 때문에 오와의 화친을 공고히 하고 인재를 최대한 확보하려 한 것이고 무엇보다 내부 소요를 되도록 빨리, 그리고 최소한의 희생으로 진정시키는 것이었다.

이 많은 과제 중 가장 기본적이고 어려운 것이 남방의 안정, 즉 촉 후방의 안정이었다. 그래서 남방원정은 제갈량 본인이 직접 출병하기로 한 것이다. 이에 승상부 장사(長史) 왕련이 만류했다. “이 불모지는 질병이 많은 지역입니다. 한 나라의 희망(一國之望)이 위험을 무릅쓰고 행군하는 것은 당치 않습니다.”[7] 결코 틀린 말이 아니었으나 제갈량의 결심은 바뀌지 않았다.

제갈량이 남쪽으로 가서 상대했던 세력이 제국의 남쪽 국경 이민족(南蠻)이냐, 국내 반란세력이냐는 명확히 규정하기 어렵다. 연의에서는

'남만(南蠻) 정벌'이라고 다소 거창하게 포장하였지만 좀 더 생각해볼 필요가 있다. 고대 중국에서 장강 이남은 고대 로마제국에서의 알프스 이북과 유사한 면이 있다. 로마의 영역이 점차 확대되면서 로마인의 자격 또한 확장되었다. 이민족에서 로마인이 되는 경우가 많아진 것이다. 중국 또한 장강 이남으로 영역을 확대할 때 그러하였다.

물론 서쪽의 강족(羌族), 북쪽의 흉노(匈奴) 등 많은 이민족과 접촉이 있었지만 장강 이남, 그것도 익주의 남쪽은 그 의미가 또 달랐다. 일단 시기적으로 북, 동, 서의 이민족보다 접촉이 한참 늦었던 것이다.[8] 또한 정치·경제적 의미는 차치하고서라도 접하는 자연 환경부터 완전히 달랐다. 게다가 물리적인 면적 또한 만만치 않았다. 중원의 세력이 장강을 넘은 후에도 남하는 계속되었고 정복되지 않은 지역의 사람들은 모두 남쪽의 오랑캐(南蠻)로 규정되었다. 일례로 222년 유비가 오로 진격할 때에도 무릉(武陵) 일대는 만이(蠻夷)들의 땅이었고 그들을 포섭하기 위해 애쓰는 모습을 볼 수 있다. 장강 이남의 서편은 지형적으로 더욱 험난하여 만이의 이미지는 더 강했다. 즉 이 시기까지 익주의 남부와 형주의 남서부에는 여전히 많은 부분이 남만의 영역으로, 한족(漢族)과 여러 이민족들이 혼재되어 살아왔던 것이다.

····

7. 《삼국지》〈촉서〉곽왕상장양비전(霍王向張楊費傳) '此不毛之地 疫癘之鄉. 不宜以一國之望 冒險而行'

8. 북적(北狄)인 흉노, 서융(西戎)이라고 할 수 있는 강족, 동이(東夷)라 할 수 있는 유주 이동(以東)의 민족, 그리고 장강 하류의 남부는 기원전에 이미 접촉이 이루어졌다. 그러나 여기서 남만(南蠻)이라고 부르는 지역에 대한 본격적인 접촉은 후한시대에 이루어진다.

장강 이남도 동쪽과 서쪽의 격차는 컸다. 앞서 언급한 바와 같이 상대적으로 먼저 중화(中華)에 편입된 양주(揚州) 지역에 비해 익주의 남부는 중화라고 부르기엔 문화적 차이가 컸던 것이다. 그러니 옹개 같은 인물은 비록 한자로 이름이 전해내려 오고, 선조도 기록되어 있지만 핏줄 상 한족인지 남쪽 이민족인지 명확하지 않다. 이렇게 한족을 상대하는 건지 이민족을 상대하는 건지, 국내 반란인지 타국과의 분쟁인지도 애매한 상황을 타개하기 위해 '촉의 희망(一國之望)' 제갈량이 몸소 출병하게 된 것이니 조정 내에서 우려하는 목소리가 나오는 것은 당연지사이다.

남만정벌에 대해서 정사《삼국지》제갈량전의 기술은 매우 간략하다. 간혹 이 부분만 발췌해서 읽고는 연의의 남만정벌은 완전한 허구라는 식으로 함부로 말하는 경우도 있다. 하지만 제갈량전이 아니더라도 진수의《삼국지》기록만 해도 이 부분에 대한 내용은 적지 않다. 다만 제갈량의 주된 상대가 맹획(孟獲)이 아닐 뿐이다. 그리고 이민족 지도자 맹획을 일곱 번 놓아주고 일곱 번 잡았다는 내용은 〈배송지주〉에 등장한다.[9] 칠종칠금(七縱七擒)이란 말 자체가 연의 작가의 상상이라는 의견은 옳지 않

••••

9. 《삼국지》〈촉서〉 제갈량전(諸葛亮傳) 배송지주 한진춘추(漢晉春秋) 인용 '亮笑 縱使更戰 七縱七禽. 而亮猶遣獲'

10. 정사 여부에 대해서는 논란이 있다. 그러나 배송지주는 송 문제의 명으로《삼국지》에 더해진 주석이다. 따라서 애매하지만 성격은 관찬사서인 셈이다. 배송지주는 동양의 다른 전근대시대 사서와 달리 출처를 매우 명확하게 밝혀놓았다. 이는 현대 역사학의 관점에서는 매우 높은 점수를 줄 수 있는 부분이다. 하지만 이러한 확실한 레퍼런스들로 인해 배송지주가 완전한 정사의 일부로 평가받지 못하는 것은 참 아이러니이다.

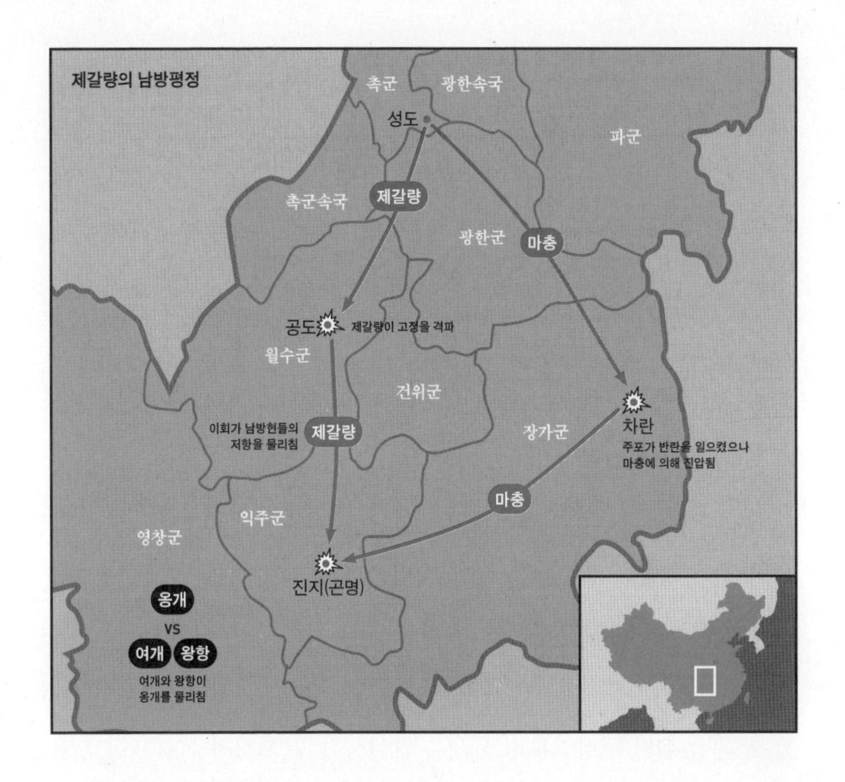

다. <배송지주>는 인용되는 출처에 따른 차이가 있지만 많은 부분 정사로 인정되기 때문이다.[10]

물론 정사가 모두 사실이라는 것은 아니나 사실 여부를 떠나 칠종칠금이 남북조시대부터 있었던 일화임은 틀림없다. 다만 <배송지주>에서도 그 부분은 몇 줄 되지 않는데 그 얼마 되지 않는 제갈량과 맹획의 대화를 가지고 연의의 작가가 그렇게 아기자기하게 펼쳐 쓴 것이다. 연의에 등장하는 제갈량의 남만정벌은 삼국지의 전반적인 전투와는 그 분위기가 크게 다른 전쟁이었다. 그 대목만큼은 거의 SF급이라고 봐도 과언이 아니다.

제갈량은 225년 5월에 노수를 건너 남방의 불모지까지 깊이 들어갔다.[11] 문제가 된 지역 중에서 월수(越巂)군[12]은 노수가 굽이쳐 흐르는 북편에 위치한다. 여기서 오랜만에 이회(李恢)라는 인물이 다시 등장하는데 그는 214년에 마초를 설복하여 유비에게 투항하게 만든 공(功)이 있는 인물이다. 이회의 주된 활약 무대는 바로 노수 유역이었다. 221년 이회는 내항도독(庲降都督)에 임명되었는데 내항도독은 노수 일대 군들을 총괄하는 행정관이었다.

제갈량은 노수 이북에 위치한 월수군의 고정(高定)부터 평정한 후[13] 이회의 안내를 받으며 노수를 건넜다. 이에 남방의 여러 현들이 군사를 모아 전지현의 곤명(昆明)에서 이회의 군사들을 포위하였다. 이회의 병력은 수가 얼마 되지 않았고 제갈량이 이끄는 본진과도 연락이 두절된 상태였다. 그러나 이회는 말로써 상대를 안심시킨 후 포위가 느슨해진 틈을 타 크게 무찔러 북으로 쫓아버리고, 남쪽으로는 반강(槃江)에 이르고, 동쪽으로는 장가(牂牁)군에 이어져 제갈량 본진과 합류할 수 있었다.[14] 이때 장가(牂牁)군에는 마충(馬忠)이 태수로 부임하여 주포(朱褒)를 토벌하고 있었다. 마충은 유비가 '황권을 잃었지만 마충을 얻었다'며 기뻐했던 인물로, 제갈량이 개설한 승상부에서 근무하던 중 여기로 파병된 것이었다.

한편 익주의 서남단 영창(永昌)에서는 여전히 옹개(雍闓)가 활개를 치고 있었다. 심지어 오의 조정에서는 옹개를 영창태수에 임명한 상태였다.

이미 장예를 잡아 보낼 때부터 옹개가 손권과 통하고 있었음을 추정할 수 있는 대목이다. 이때 영창군에서는 여개(呂凱)와 왕항(王伉)이 나머지 관리들과 백성을 거느리고 옹개에 대항하고 있었다. 옹개는 여개에서 격문을 보냈는데 여개는 굴복하지 않고 꾸짖는 답신을 보냈다. 이에 군민들이 여개를 믿고 따르게 되었다. 옹개는 제갈량의 대군이 점점 행군해 오자 그 세력이 위축되었는데 끝내 월수군에서 도망친 고정(高定)의 부하들에게 살해되고 말았다. 옹개를 평정한 제갈량은 표문을 올려 여개를 운남태수에, 왕항을 영창태수에 임명하였다.

월수군, 장가군, 익주군이 평정된 후 행정 구역이 개편되었다. 익주군을 건녕(建寧)군으로 개칭하였고 아울러 건녕군과 영창군을 분할하여 운남(雲南)군을 설치하였으며, 건녕군과 장가군을 분할하여 흥고(興古)군을 설치하였다. 이렇게 하여 노수 이북의 월수군과 노수 이남의 주제(朱提), 운남, 영창, 흥고 ,장가, 건녕 등 6개군을 합하여 '남중(南中) 7군'이라 부르게 되었다. 제갈량은 225년 봄 군사를 거느리고 남쪽 지방에 출병하여 가을에 모두 평정하고[15] 12월에 성도로 회군하였다. 남방평정은 제갈량의 업적 중 군사적으로는 단연 빛나는 성과였다.

····

11. 《삼국지》〈촉서〉 제갈량전(諸葛亮傳) 출사표(出師表) '五月渡瀘 深入不毛'
12. 월수(越嶲)라는 지명 자체가 남만으로 분류되었던 월수족의 지역임을 나타낸다.
13. 《삼국지》〈촉서〉 곽왕상장양비전(霍王向張楊費傳) '丞相亮南征 先由越嶲'
14. 《삼국지》〈촉서〉 황이여마왕장전(黃李呂馬王張傳) 이회편 '故圍守怠緩 於是恢出擊 大破之 追奔逐北 南至槃江 東接牂牁 與亮聲勢相連'
15. 《삼국지》〈촉서〉 제갈량전(諸葛亮傳) '亮率衆南征 其秋悉平'

하지만 제갈량이 철군한 이후에도 이 지역에서는 크고 작은 반란이 계속 일어났다.[16] 칠종칠금 후 완벽한 제압으로 평정했다는 연의와는 차이가 있다. 여기에는 척박한 자연환경이 크게 영향을 미쳤는데 반란이 일어날 때마다 이회 등이 출병하여 토벌하였고 그 우두머리들을 성도로 이주시켰다. 아울러 각종 소와 군마, 금, 은, 물소 가죽[17] 등을 부세로 징수하여 군비로 충당하였다.

남중 7군 중 가장 골칫거리는 단연 월수군이었다. 월수군은 태수가 부임하는 것조차 쉽지 않았다. 부임하는 태수들이 연이어 피살되었기 때문에 새로운 태수가 멀리 떨어진 현에 머물며, 사실상 군은 이름만 남게 된 것이다. 이에 촉 조정에서는 옛 군을 다시 회복해야 한다는 논의가 이루어지고 결국 장억(張嶷)을 월수군 태수에 임명하게 되었다. 장억은 마충(馬忠) 휘하에서 이민족들과 전투하며 뛰어난 활약을 보인 바 있다. 장억이 월수군에 부임하면서 조금씩 안정되어 갔는데 은혜와 인정을 베풀어 일대의 만이들을 복속시켜 투항하는 자들이 많았다.[18] 하지만 이민족 중 착마(捉馬)족이 특히 사납고 억세어 촉의 통치를 거부하고 있었다. 장억은 역시 이를 토벌하였는데 우두머리 위랑(魏狼)을 생포한 후 풀어주며[19] 나머지 부류들을 회유하게 하였다.[20]

이후에도 장억은 여러 이민족들을 상대로 강경책과 회유책을 병행하였다. 그렇게 그는 15년간을 월수군의 태수로 재직하며 이 일대를 안정시켰다. 우수한 장수이자 행정가였다. 정사 삼국지에 등장하는 많은 인물과 사건들 중에서 칠종칠금 이야기와 가장 유사한 케이스를 찾으라면 단연 '장억의 월수군 평정'이라고 할 수 있다.

칠종칠금의 실제 주인공인 맹획에 대해 잠시만 언급하고 마무리하겠다. 이는 〈배송지주〉의 내용이다. 제갈량이 노수로 출병할 무렵 맹획이란 인물에 대해 듣게 된다. 일대에서 한인과 이민족에 걸쳐 두루 영향력 있는 인물이라는 정보였다. 당시 제갈량은 당장의 반란을 진압하는 데 만족할 상황이 아니었다. 장기적으로 촉에 복종하도록 안정적인 상태를 만드는 것까지가 목표였다. 바둑에 비유하자면 두세 수 앞까지 내다봐야 하는 상황이었던 것이다. 이때 제갈량이 낙점한 인물이 바로 맹획이었다.

제갈량은 처음 맹획을 생포하는 데 가볍게 성공한다. 그러고는 자신의 군영을 구경시켜준 후 풀어준다. 맹획은 "이제 촉군의 허실을 낱낱이 알았으니 다음엔 반드시 이길 것이다."라며 큰소리친다. 하지만 이후 벌어진 수차례 교전에서 번번이 사로잡히고 만다. 그제야 맹획이 제갈량에게 "공께서는 진정 하늘만큼 대단하십니다. 이제 남인들은 다시 반기를 들지 않을 것입니다."[21]라며 진심으로 항복하였다. 말하자면 옹개, 주

••••

17. 《삼국지》〈촉서〉 황이여마왕장전(黃李呂馬王張傳) 이회편 '耕牛戰馬金銀犀革'
18. 《삼국지》〈촉서〉 황이여마왕장전(黃李呂馬王張傳) 장억편 '其郡徒有名而已. 時論欲復舊郡 除嶷爲越嶲太守. 嶷將所領往之郡 誘以恩信 蠻夷皆服 頗來降附'
19. 칠종칠금(七縱七擒)의 모티브로 추정되는 부분이다.
20. 《삼국지》〈촉서〉 황이여마왕장전(黃李呂馬王張傳) 장억편 '生縛其帥魏狼 又解縱告喩 使招懷餘類'
21. 《삼국지》〈촉서〉 제갈량전(諸葛亮傳) 배송지주 한진춘추(漢晉春秋) 인용 '亮至南中 所在戰捷. 聞孟獲者 爲夷 漢所服 募生致之. 旣得 使觀於營陳之閒. 問曰 此軍何如? 獲對曰 向者不知虛實 故敗. 今蒙賜觀看營陳 若祇如此 卽定易勝耳. 亮笑 縱使更戰 七縱七禽. 而亮猶遣獲 獲止不去曰 公天威也 南人不復反矣'

포, 고정 등 반란 세력들과 오른손으로 싸우는 와중에도 왼손으로는 맹획을 길들이고 있었던 것이다. 하지만 반란을 완전히 잠재우려던 제갈량의 바람은 이루어지지 않았다.

2

오(吳)의 교주 평정

226년 전후

제갈량이 익주 남부를 평정하기 위해 직접 출병할 무렵 형주 남부에 위치한 교주(交州)에서도 변란이 일어났다. 당시 교주는 오(吳)의 세력권 아래 있었는데, 교주 일대를 호령하던 교지(交阯)태수 사섭(士燮)이 226년에 사망한 것이다. 사섭의 나이 90세. 참고로 교지군은 지금의 하노이를 포함한 베트남 북부 지역에 해당한다. 이때는 장강 이남만 해도 중원에서 멀리 떨어져 있다고 생각하던 시절이다. 때문에 별다른 설명 없이 교주 혹은 교지군이라고 언급하면 '유배지'라는 의미로 쓰이는 경우가 많다.

사섭이 사망한 직후 오의 조정에서는 교주 일대의 행정 구역 개편을 단행하였다. 먼저 합포(合浦)군 이북을 분할하여 광주(廣州)자사부를 설치하여 여대(呂岱)를 광주자사에 임명하였다. 그리고 교지군 이남을 교주자사부로 개편하여 대량(戴良)을 교주자사에 임명하였다. 또한 사섭의 후임으로 진시(陳時)를 교지태수에 임명하였다. 이때 여대는 남해(南海)군에 주둔하고 있었다. 그런데 대량과 진시가 함께 출발하여 합포군에 당도할 즈음 문제가 생겼다. 사섭의 아들 사휘(士徽)가 대량과 진시의 부임을 거부하며 스스로 교지태수를 칭한 것이다. 연의에서는 존재감이 거의 없지만 후한 말 베트남 지역과 중국 왕조와의 관계를 알기 위해서는 사섭이라는 인물을 알 필요가 있다.

사섭은 교지군 인근 창오(蒼梧)군에서 태어났다. 사섭의 선조들은 중원 출신으로 왕망 시대의 혼란을 피해 교주로 피난 왔다고 기록은 전하고 있다. 사섭은 중원의 학문에 조예가 깊었다고 하며 그 능력을 인정받아 남군 무현(巫縣) 현령을 거쳐 교지군 태수에 임명되었다. 동생 사일(士壹)은 한때 조정에도 초빙되었다가 동탁 농권 이후 관직을 버리고 귀향했다. 당시 교주자사 주부(朱符)가 만이들에게 살해되는 등 교주 일대는 매우 혼란스러운 상태였다. 사섭은 표문을 올려 사일을 합포태수에 임명하게 하였다. 아울러 자신의 다른 동생들도 각각 근방의 태수직을 맡게 하였다. 이렇게 사섭 형제들이 여러 군의 태수직을 겸하면서 교주 일대 1만 리에 걸쳐 위엄을 떨쳤다.[22] 이후 중원 전체가 혼란에 빠지면서 교주 지역으로 많은 이들이 피난을 오게 되면서 사섭 형제들의 세력은 자연스럽게 커졌다.

••••

22. 《삼국지》〈오서〉 유요태사자사섭전(劉繇太史慈士燮傳) '燮兄弟並爲列郡 雄長一州 偏在萬里 威尊無上'

조정에서는 피살된 교주자사 주부의 후임으로 장진(張津)을 파견하였다. 그런데 얼마 지나지 않아 장진도 피살되고 만다. 그러자 이번에는 형주목 유표가 장진의 후임으로 뇌공(賴恭)을 교주자사로 임명하여 보냈다. 그리고 이 무렵 창오(蒼梧)군의 태수도 사망하였는데 유표는 후임 태수로 오거(吳巨)를 임명하여 파견하였다. 그런데 조정에서는 피살된 장진의 후임으로 사섭에게 '교주 7군을 감독하며 교지태수를 겸임하라'는 조서를 내렸다. 이후 사섭은 조정에 계속해서 토산물을 헌상하며 연락을 이어갔다. 그런데 유표가 보낸 교주자사 뇌공과 창오태수 오거가 서로 다투게 되었고 급기야 오거가 뇌공을 축출해버리는 일이 일어났다. 그리고 210년에는 손권이 보즐(步騭)을 교주자사로 파견하였다. 주부가 살해된 이후 교주는 여러 세력이 얽힌 것이다.

그러나 손권의 부하 보즐이 부임한 후 질서가 잡혔는데 보즐은 순응하는 사섭 형제들과는 협조를 하고 저항하는 오거는 참수한 것이다. 이로써 교주는 손권의 세력 아래에 편입되었다. 즉 사섭이 손권에게 귀의한 것이다. 220년 무렵 사섭은 아들 사흠(士廞)을 손권에게 인질로 보냈고 손권은 사흠을 무창(武昌)태수에 임명하였다. 또한 사섭은 익주 남부의 옹개를 손권과 연결하는 역할도 하였다. 촉의 익주군 태수 장예가 생포되어 멀리 오에 끌려간 것도 사섭이 있었기에 가능했던 일이었다. 이후 사섭과 손권은 서로 헌상(獻上)과 하사(下賜)를 계속하면서 평화로운 관계를 유지했다. 이렇게 교지군을 다스려 오던 사섭이 226년 사망하자 그 아들 중 사휘(士徽)가 손권에 반기를 들고 아버지의 직위를 이어받겠다고 일어선 것이다.

교지군 관리 환린(桓鄰)이 사휘에게 손권의 명을 따르라고 간하였다가 처형되었다. 이에 환린의 조카 환발(桓發)이 가병들을 이끌고 사휘를 공격하였다. 사휘는 성문을 폐쇄하고 굳게 지키는 통에 환발은 함락하지 못하였다. 이후 광주자사 여대에게 '사휘를 처벌하라'는 조서가 내려오니, 여대는 광주자사부의 군사들을 이끌고 출병한다. 그리고 아직 부임조차 하지 못하고 합포군에 머물러 있던 대량(戴良)과 진시(陳時)도 합세하여 함께 진격하였다. 그런데 여대는 사일의 아들 사광(士匡)과 전부터 친분이 있었다. 사일은 사섭의 동생이므로 사광과 사휘는 서로 사촌간이다. 이에 여대는 사광에게 서신을 보내며 사휘를 설득해달라고 부탁하였다. 사광의 설득에 사휘의 형제들이 여대에게 투항해왔다. 하지만 여대는 이들 형제들을 모두 주살해버렸다. 사일이 속은 것이었다. 사일과 사광 부자는 사휘의 진압에 협조하여 사면되었으나 한때 무창태수였던 사섭의 아들 사흠은 서민으로 강등되었다.

3

제갈량의 기산 출병

227~228년

227년 겨울 드디어 제갈량이 북쪽으로 출병하려 한다. 서기 227년은 위(魏)의 연호로는 태화(太和) 원년이다. 226년 조비가 사망하고 아들 조예가 즉위하며 이듬해인 227년부터 새로운 연호를 사용한 것이다. 그런데 그 다음 해인 태화 2년(228년)에도, 태화 3년(229년)에도, 태화 4년(230년)에도 그리고 태화 5년(231년)에도 촉(蜀)과의 대규모 전투는 계속해서 이어졌다. 그리고 두 해 쉰 234년까지 총 6차례에 걸쳐 기산 일대에서 교전이 벌어졌다. 대개 육출기산(六出祁山)이라고 한다. 제갈량이 총 여섯 번 기산으로 출병했다는 말이다. 그러나 엄밀히 말하면 제갈량의 출병은 다섯 번이다. 태화 4년(230년)에는 위의 조진과 사마의가 먼저 촉을 공격하였기 때문이다. 태화 4년(230년)의 대결을 셀 것이냐 말 것이냐의 판단

문제이다.

정리하자면 태화 원년부터 태화 5년까지 내리 다섯 해 동안 기산 일대에서는 대규모 전투가 있었다. 그중에 네 번은 제갈량의 선공으로 시작되었고, 한번은 조진과 사마의의 선공이었다. 이후 234년까지 기산 일대에서 8년간에 걸친 대결이 펼쳐진다.

제갈량은 수년간에 걸쳐 촉의 내부를 정비하며 위를 칠 준비를 하였다. 군제를 정비하고 장졸들을 훈련하며 출병할 때만을 노리고 있었다.[23] 227년 겨울 마침내 제갈량은 그 유명한 '출사표(出師表)'를 올리고 출병했다. 그는 군사를 거느리고 북으로 진격하기 위해 우선 한중(漢中)군에 주둔하였다.

출병에 앞서 제갈량은 전력 외 카드 두 장을 준비해두었는데 바로 맹달(孟達)과 선비족이었다. 제갈량은 기산 출병을 준비하던 중 맹달에 관한 첩보를 입수하였다. 맹달이 누구던가. 형주가 함락되고 관우가 처형될 때 위에 투항했던 장수로서 소위 배신자(背信者)였다. 투항한 이후 상용군, 서성군, 방릉군을 통합한 신성군(新城郡)의 태수가 되었던 맹달이 비밀리에 제갈량에게 서신을 보내왔던 것이다. 당시 제갈량을 수행하던 비시(費詩)는 맹달을 믿을 수 없다고 하였지만 제갈량은 묵묵히 말이 없었다.[24] 이후 제갈량과 맹달은 서신을 주고받으며 연락을 취하였다. 촉과 위의 접경 요충지에 자리한 맹달을 끌어들일 수만 있다면 든든한 후원 세력이 될 것이기 때문이다.

다른 한 장의 카드는 선비족 가비능(軻比能)이다. 제갈량은 오래전부터 멀리 북쪽에 위치한 선비족을 끌어들여 위를 위아래에서 협공하고자 하였다. 당시 위에서 이를 예상한 자는 안문(雁門)태수 견초(牽招) 밖에 없었다. 안문(雁門)군은 양주(凉州)도 옹주도 아닌 병주의 최북단에 위치한 변방 군(郡)이다. 때문에 견초가 이를 알리고 방비가 필요함을 말해도 믿는 이가 없었다.[25] 227년 12월 제갈량이 이끄는 대군은 면수(沔水) 북쪽 양평관(陽平關)에 군영을 설치하였다. 그리고 위연(魏延)을 전부(前部) 감독에 임명하여 승상부 사마와 양주자사를 겸임하게 하였다. 그런데 이때 제갈량에게 좋지 않은 소식이 들려왔다. 바로 맹달의 반역을 눈치 챈 사마의가 신성군을 급습하여 맹달을 참수해버린 것이었다. 어떻게 된 것일까?

평소 신중하고 조심성 많은 제갈량이다. 그런 그가 맹달을 전적으로 신뢰하였을 가능성은 낮아 보인다. 그래서인지 제갈량은 곽모(郭模)라는 자를 위에 거짓 항복하게 하여 침투시켜 놓았었다. 간자(間者)를 이용한 것이다. 당시 맹달과 위흥(魏興)태수 신의(申儀)의 사이가 좋지 않았다. 그간 신의와 신탐 형제는 늘 맹달과 행동을 함께해 왔었는데 말이다. 이에 곽모가 신의를 방문하여 맹달의 거사 계획을 누설하였다. 맹달이 거병할 수밖에 없도록 제갈량이 손을 쓴 것이다. 자신의 계획이 누설되었다는 말을 들은 맹달은 등 떠밀리듯 위에 반기를 들고 거병하게 된 상황이

••••

23. 《삼국지》〈촉서〉 제갈량전(諸葛亮傳) '乃治戎講武 以俟大擧'

24. 《삼국지》〈촉서〉 곽왕상장양비전(霍王向張楊費傳) '詩進曰 孟達小子 昔事振威不忠 後又背叛先主 反覆之人 何足與書邪! 亮默然不答.'

25. 《삼국지》〈위서〉 만전견곽전(滿田牽郭傳) '表爲防備 議者以爲縣遠 未之信也'

었다. 그러자 이번에는 사마의가 제갈량에게 응수하였다. 맹달에게 이렇게 서신을 보낸 것이다.

"장군이 지난 날 유비를 버리고 위에 의탁하자 조정에서는 장군에게 중임을 맡겨 촉을 도모하도록 하였던 것은 해를 꿰뚫듯 명백한 일이오. 이후 촉인들 모두가 장군이라 하면 이를 갈게 되었소. 평소 제갈량은 우리가 서로 다투게 하고 싶었으나 그간 방법이 없어 고심하고 있었소. 이번에 곽모가 한 말이, 결코 작은 일이 아니거늘 제갈량이 어찌 그리 가볍게 누설되게 일을 처리했겠소. 이는 너무나도 쉽게 알 수 있는 일이오."[26]

서신을 받은 맹달은 기뻐하면서도 군사행동을 망설였다.[27] 맹달이 기뻐한 것은 사마의가 자신을 꿰뚫어 보면서도 믿고 있다고 생각했기 때문이고, 군사행동을 망설인 것은 모두 들통 난 상태에서 반기를 결행하기가 쉽지 않았기 때문이다. 다만 맹달은 다소나마 생각할 여유가 있다고 생각했다. 반면 사마의는 재빨리 병력을 일으켜 진군하려고 하였다. 이때 사마의의 부장들은 '맹달이 촉과 오 두 적국과 결탁되어 있으므로 일단 관망한 뒤에 움직여야 한다.'고 건의하였다. 하지만 사마의는 "맹달은 신의가 없고 지금은 그들이 서로 의심하고 있으니 결단하지 못하는 이때를 틈타 속히 해결해야 한다."[28]며 신속하게 행군할 것을 명하였다. 맹달을 제대로 파악한 것이다. 그리하여 위군은 단 8일 만에 맹달이 있는 상용성 아래에 당도해버렸다.

당초 맹달은 제갈량에게 서신을 보내 말하길 "완현(宛縣)은 낙양과 800리 떨어져 있고 이곳과는 1,200리 떨어져 있습니다. 제가 거사했다는 말을 들으면 응당 천자에게 표를 올리며 서로 왕복해야 하니 족히 한 달은 걸릴 것입니다. 그때쯤이면 성은 점점 견고해지고 병사들은 충분히 대비되어 있을 것입니다. 또한 이곳은 깊고 험한 곳이라 사마의가 직접 오지는 않을 것이므로 그 부장들이 온다면 별로 걱정할 게 없습니다."[29] 라고 말한 바 있다. 그런데 순식간에 사마의의 군대가 도착하니 황급히 다시 제갈량에게 고하길 "거사한 지 8일 만에 군대가 성 아래에 도착하였으니 어찌 이토록 귀신같이 빠를 수가 있단 말입니까!"[30]라며 놀라움을 금치 못하였다.

맹달이 머물고 있는 상용성은 삼면이 물에 의지하는 요새였다. 맹달은 성 바깥에 목책을 세워 방비하였다. 그러나 사마의는 물을 건너 목책을 깨뜨리고 곧바로 성 아래에 이른 후 여덟 갈래 길로 성을 맹렬히 공격하였다. 그리고 16일 만에 맹달의 생질 등현(鄧賢)과 부장 이보(李輔) 등이 성문을 열고 항복하고 말았다. 성을 깨뜨린 사마의는 맹달을 참수하고 그 수급을 낙양으로 보내고 포로들을 거느리고 완현으로 개선하였다. 제갈량의 카드 한 장은 이렇게 사라졌다.

••••

26. 《진서(晉書)》 선제기(宣帝紀) '將軍昔棄劉備 託身國家 國家委將軍以疆場之任 任將軍以圖蜀之事 可謂心貫白日. 蜀人愚智 莫不切齒於將軍. 諸葛亮欲相破 惟苦無路耳. 模之所言 非小事也 亮豈輕之而令宣露. 此殆易知耳'
27. 《진서》 선제기(宣帝紀) '達得書大喜 猶與不決'
28. 《진서》 선제기(宣帝紀) '達無信義 此其相疑之時也 當及其未定促決之'
29. 《진서》 선제기(宣帝紀) '宛去洛八百里 去吾一千二百里 聞吾舉事 當表上天子 比相反覆 一月間也. 則吾城已固 諸軍足辦. 則吾所在深險 司馬公必不自來 諸將來 吾無患矣'
30. 《진서》 선제기(宣帝紀) '吾舉事 八日而兵至城下 何其神速也'

맹달이 위기에 처했을 때 제갈량은 어떤 조치를 취하였는가에 대해서는 논란이 있다. 왜냐면 원군을 보냈다는 기록[31]도 있고, 보내지 않았다는 기록[32]도 있기 때문이다. 연의의 작자는 둘 중 하나를 선택해야 하지 않았을까. 작자는 후자를 택해 맹달이 위험에 처했을 때 제갈량은 구원군을 보내지 않은 것으로 스토리를 전개했다.[33] 정사의 기록이 엇갈리기에 선택은 개인의 판단이지만 연의의 선택에 개연성을 부여할 수 있겠다. 제갈량은 원군을 보냈어도 사마의가 길목에서 막았을 가능성이 크다. 이는 사마의가 원군을 저지했다는《진서》의 기록으로도 증명된다. 그리고 사마의의 전격적인 이동과 공격으로 인해 시간을 맞출 수 없었을 가능성이 크다. 당시 제갈량의 주둔지 또한 만만찮게 멀고 험했기 때문이다. 그리고 제갈량에게 맹달은 있으면 좋지만 없어도 그만인 번외 전력으로 보는 것도 무리는 아니다. 연의는 여기에 더해 이런 맹달의 상황에 사마의의 파직과 복직이라는 또다른 허구를 가미하였고 맹달이 거병한 시점도 제갈량의 기산 출병과 맞추어 극적인 재미를 배가시키고 있다.

이듬해인 228년 1월, 제갈량은 사곡도(斜谷道)를 경유하여 진격하면서 미현(郿縣)을 공략한다고 선언하였다. 이때 조운과 등지는 소수의 병력만을 이끌고 기곡(箕谷)에서 싸우다 철군하고 말았다. 이에 조진은 전군을 이끌고 미현에 주둔하였고 제갈량 또한 전군을 동원하여 기산(祁山)을 공격하였다. 촉군의 진출로 근방의 남안(南安), 천수(天水), 안정(安定) 3개 군이 위에 반기를 들었고 제갈량에 호응하여 관중 일대가 진동하였다.[34] 이 무렵 선비족 가비능은 북지(北地)군 석성(石城)까지 진격해와 마치 제갈량과 머리와 꼬리처럼 연결되었다.[35] 이에 장안에 행차해 있던 조예는 장합에게 출진을 명하였고 멀리 안문태수 견초에게 선비족 토벌을 명하였다. 앞서 선비족의 공격을 예상했던 견초이다.

제갈량은 요충지인 가정(街亭)에 마속(馬謖)을 보내고 유성(柳城)에는 고상(高詳)을 보냈다. 이때 촉의 군영에는 위연, 오의 등의 장수가 있었고 이들 중 하나로 가정을 지키게 해야 한다는 것이 중론이었다. 하지만 제갈량은 마속에 명하여 선봉에서 각 부대를 통솔하게 하였다. 마속의 선봉부대에 소속된 장수 중에는 왕평(王平)이 있었다. 가정에 도착한 마속이 물가를 버려두고 산 위에 진을 펴자 걱정하는 말들이 나왔다.[36] 왕평도 마속에게 연이어 건의하였으나 듣지 않았다. 연의에서는 제갈량이 직접 내린 계책을 마속이 듣지 않은 것으로 나온다. 이에 장합은 물길부터 차단하고 공격하여 마속의 부대를 대파하였다.[37] 마속은 이렇게 대패하여 군사들이 모두 흩어졌지만 왕평이 따로 거느린 1천 군사들은 북을 치

••••

31. 《진서》 선제기(宣帝紀) '吳蜀各遣其將向西城安橋 木闌塞以救達 帝分諸將距之'

32. 《삼국지》 〈촉서〉 곽왕상장양비전(霍王向張楊費傳) '達得亮書 數相交通 辭欲叛魏. 魏遣司馬宣王征之 即斬滅達. 亮亦以達無款誠之心 故不救助也.'

33. 《삼국연의(三國演義)》 95회 '卻說孔明在祁山寨中 忽報新城探細人來到. 孔明急喚入問之 細作告曰 司馬懿倍道而行 八日已到新城 孟達措手不及. 又被申耽 申儀 李輔 鄧賢為內應 孟達被亂軍所殺. 今司馬懿撤兵到長安 見了魏主 同張郃引兵出關 來拒我師也. 孔明大驚曰 孟達作事不密 死固當然. 今司馬懿出關 必取街亭 斷吾咽喉之路. 便問 誰敢引兵去守街亭?'

34. 《삼국지》 〈촉서〉 제갈량전(諸葛亮傳) '南安天水安定 三郡叛魏應亮 關中響震'

35. 《삼국지》 〈촉서〉 제갈량전(諸葛亮傳) '比能至故北地石城 與相首尾'

36. 《삼국지》 〈촉서〉 황이여마왕장전(黃李呂馬王張傳) 왕평편 '謖舍水上山 擧措煩擾'

37. 《삼국지》 〈위서〉 장악우장서전(張樂于張徐傳) '郃絶其汲道 擊大破之'

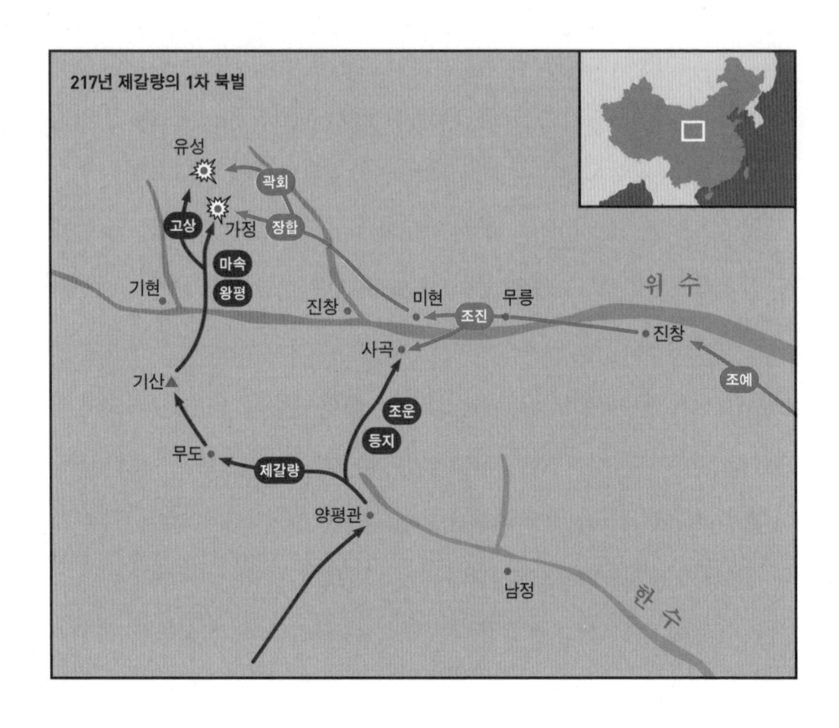

며 방어 태세를 이어갔다. 왕평의 대처에 장합은 복병이 있을까 의심하여 더 이상 진격하지 못했다. 왕평은 여러 군영과 병사들을 모아 서서히 철수하여 촉군은 전멸을 모면하였다.

한편 유성에서는 옹주자사 곽회(郭淮)가 고상(高詳)을 격파하였고 선비족 가비능은 이미 사막 남쪽으로 회군하고 있었다. 또한 양주(凉州)자사 서막(徐邈)이 금성태수 등과 함께 남안(南安)군을 공격하여 격파하였다. 또 안정군에서는 양조(楊條) 등이 월지성(月支城)을 점거하고 있었지만 조진이 군사를 이끌고 포위하자 스스로 몸을 결박하고 투항하고 말았다. 이렇게 근거지를 잃은 제갈량은 결국 한중으로 철군하게 되었다. 마속으로 인해 가정을 잃으면서 전체적인 작전이 붕괴되어버린 것이다. 마속은 패전의 책임으로 하옥되어 처형되었고 제갈량은 눈물을 흘렸다.[38] 이때 마속의 나이 39세. 읍참마속(泣斬馬謖)은 이 상황을 묘사한 고사이다.

유비는 임종 직전에 제갈량에게 이렇게 말한 적 있었다. "마속은 말이 실제보다 지나쳐 크게 쓸 수 없으니 승상은 잘 살피기 바라오!"[39] 자신의 불찰로 대병력을 날려버린 유비였지만 마속을 보는 눈만은 정확했다. 제갈량은 선전한 왕평에게는 표창을 내렸고 이후 일대 1천여 호를 한중으로 이주시켰다. 아울러 부하들에게 자신의 실수를 사과하고 스스로 자신의 관등을 강등시켰다. 하지만 직무는 예전과 마찬가지였다. 형식적인 관리책임에 대한 처벌이었다.

그런데 이 무렵 천수(天水)군에서는 주목할 만한 일이 벌어졌다. 바로 강유(姜維)라는 인물의 등장이다. 강유는 천수군 기현(冀縣) 출신으로 부친을 여의고 모친과 지냈는데 이 무렵에는 천수군에서 군사 업무를 담당하고 있었다. 제갈량이 기산으로 출병할 당시 천수군 태수는 관내를 순시 중이었고 강유, 양서(梁緒), 윤상(尹賞), 양건(梁虔) 등이 태수를 수행하고 있었다. 그런데 천수태수는 여러 군현이 제갈량에 협조한다는 사실을 알게 되면서, 강유 등 여러 관리들이 딴 마음을 품었을 것이라 지레 짐작하여 밤에 혼자 상규(上邽)현으로 도주해버렸다.[40] 태수가 없는 상황

••••

38. 《삼국지》〈촉서〉 동유마진동여전(董劉馬陳董呂傳) '亮進無所據 退軍還漢中. 謖下獄物故 亮爲之流涕'
39. 《삼국지》〈촉서〉 동유마진동여전(董劉馬陳董呂傳) '馬謖言過其實 不可大用 君其察之

에서 관리들은 처신을 결정해야 했다. 강유 등 천수의 관리들은 처음에 반역할 마음이 전혀 없었다. 그래서 그들은 뒤늦게 태수가 도주한 상규현으로 갔다. 하지만 받아주지 않았다. 이들은 다 함께 기현(冀縣)으로 갔으나 그곳에서도 받아주지 않아 들어갈 수가 없었다. 그들은 어쩔 수 없이 모조리 제갈량의 군영으로 투항하게 된 것이다.

연의에서는 강유를 얻기 위해 제갈량이 계책을 내어 투항하게 만들었지만 실제로 강유는 거저 굴러들어온 인물이다. 이 무렵 마속이 가정에서 패하였고 제갈량은 1천여 호의 백성들과 회군할 때 강유 등 천수의 인재들을 같이 데리고 온 것이다. 이렇게 강유는 모친과 헤어지게 되었다. 이때 강유의 나이 27세였다.

제갈량은 장예와 장완에게 서신을 보내 "강백약(伯約)[41]은 성실하게 직분을 수행하며 사려가 정밀하다.[42] 그 사람의 재능을 보면 계상(季常)[43] 등도 따라갈 수 없으니 백약이야말로 양주의 으뜸가는 인물이다. 우선 보병 5, 6천을 훈련시키게 하라. (중략) 군사 훈련이 끝나면 바로 조정에 데리고 들어가 주상을 알현할 것이다."라고 하였다. 비록 실패한 출병이었고 마속 등 여러 장수들을 잃었지만 제갈량에게 있어 강유를 얻은 것은 그나마 작은 위안거리였을 것이다.

••••

40. 《삼국지》〈촉서〉 장완비의강유전(蔣琬費禕姜維傳) '疑維等皆有異心 於是夜亡保上邽'

41. 백약(伯約)은 강유의 자이다.

42. 《삼국지》〈촉서〉 장완비의강유전(蔣琬費禕姜維傳) '姜伯約忠勤時事 思慮精密'

43. 계상(季常)은 마량의 자이다.

한 발 더 나가볼까

맹달(孟達)열전을 써보다

기전체의 특징 중 하나가 동일한 사건을 다양한 관점에서 살펴볼 수 있다는 점이다. 가령 어떤 전투가 있었다면 양측 군주의 본기에 각각 실리고 거기에 참전한 장수들의 열전에도 실리게 된다.[44] 그러므로 한 사건을 입체적으로 파악하려면 취재기자가 된 기분으로 관계자들을 인터뷰한 후 그 자료들을 재구성해야 하는 것이다. 즉 1인칭의 조각들이 하나하나 모여 하나의 물줄기가 되는 것처럼 말이다. 그런데 의당 〈촉서(蜀書)〉에 열전이 있을 것 같으나 누락된 인물들이 있는데 그 중 하나가 바로 맹달(孟達)이다.

맹달은 촉에서 위로 귀순하였기 때문에 〈위서(魏書)〉에 입전될 수도 있었겠지만 그러지 못했다. 한 번도 아니고 두 나라를 상대로 여러 번 배신한 인물은 양쪽 어디에도 자리가 없다는 의미일까. 아니면 진수가 깜빡하여 빼먹은 단순 누락이었을까. 두 번 배신의 대가라고 생각할 수 있는 이유는 이릉대전 직후 위에 투항한 황권은 〈촉서〉에 입전되어 있고, 위에 반기를 들고 오에 투항한 관구검과 문흠, 제갈탄도 〈위서〉에 입전되어 있는 등 한 번 배신자들은 입전에 아무런 문제가 없었기 때문이다. 본서에서는 〈촉서〉와 〈위서〉 그리고 《진서(晉書)》 선제기(宣帝紀) 등에 산재된 기록들을 바탕으로 맹달의 행적을 정리해보았다.

맹달의 자는 자도(子度)이다. 본래 자는 자경(子敬)이었는데 유비의 숙부 중에 경(敬)이란 이름이 있어 바꿨다고 한다. 피휘(避諱)[45]의 일종이겠지만 군주의 친인척까지 고려해야 한다면 피해야 할 글자가 참 많을 것 같다. 맹달의 고향은 법정과 같은 우부풍군 미현(郿縣)이다. 동탁이 미오(郿塢)를 만든 곳으로 유명하다. 맹달과 법정은 196년 유장에게 의탁할 때에도 함께 했고 211년 무렵 유비를 익주로 끌어들일 때도 함께 했다. 유장 입장에서는 법정, 맹달 그리고 장송 이렇게 세 명이 '배신 3인방'이라고 할 수 있겠다. 이후 유장이 수천의 병력을 유비에게 보낼 때 법정과 맹달이 함께 병력을 인솔해간다.

212년, 유비와 유장이 본격적으로 격돌한다. 가맹현에서 유비가 창끝을 성도로 돌린 것이다. 당시 맹달은 강릉(江陵)에 머물러 있었다. 이러한 공들로 214년 익주를 평정한 유비는 맹달을 의도(宜都)군 태수에 임명한다. 의도군은 강릉 서쪽에 위치한 이도(夷道), 이릉(夷陵) 등의 현을 통합해 신설한 군(郡)이다.

몇 년 후인 219년 유비가 조조와 한중을 놓고 다툴 때, 한편으로 맹달에게 명을 내려 북쪽 방릉(房陵)군을 공격하게 한다. 이어 인근 상용(上庸)군까지 진격하게 한다. 이곳은 지도상으로 장안과 양양 사이에 위치한 산악 지역들이다. 이때 유비는 자신의 양아들 유봉을 지원군으로 파견한다. 이후 상용태수 신탐(申耽)이 투항해오자 유비는 신탐을 상용태수에 재임명하며 계속 다스리게 한다. 아울러 신탐의 동생 신의(申儀)도 인근 서성(西城) 태수로 임명한다. 이렇게 상용 일대를 차지하게 된 것은 촉으로서는 매우 의미 있는 사건이었다. 조조의 심복 중 하나인 하후연을 꺾어 한중을 손에 넣음과 동시에 상용, 방릉, 서성까지 편입함으로써 형주와 익주가 북쪽으로도 연결된 것이다.

또한 같은 해인 219년 관우가 번성과 양양을 공격하여 우금을 사로잡는 등 크게 기세를 올린다. 하지만 손권이 조조와 손을 잡으면서 여몽에게 강릉을 빼앗기고 만다. 관우가 순식간에 고립되는 상황이 된 것이다. 위급해진 관우는 상용군에 있는 맹달과 유봉에게 원군을 요청한다. 그러나 이들은 관우의 요청에 응하지 않는다. 이유는 산간 지역의 성들을 차지한 지 얼마 되지 않아 함부로 움직일 수 없다는 것이다. 결국 관우는 여몽에게 생포되어 목숨을 잃고 유비는 유봉과 맹달을 원망하게 된다. 하지만 유비는 이들을 당장 소환하여 문책하지는 않고 내버려둔다.

그런데 얼마 지나지 않아 유봉과 맹달이 서로 반목하게 된다. 이듬해인

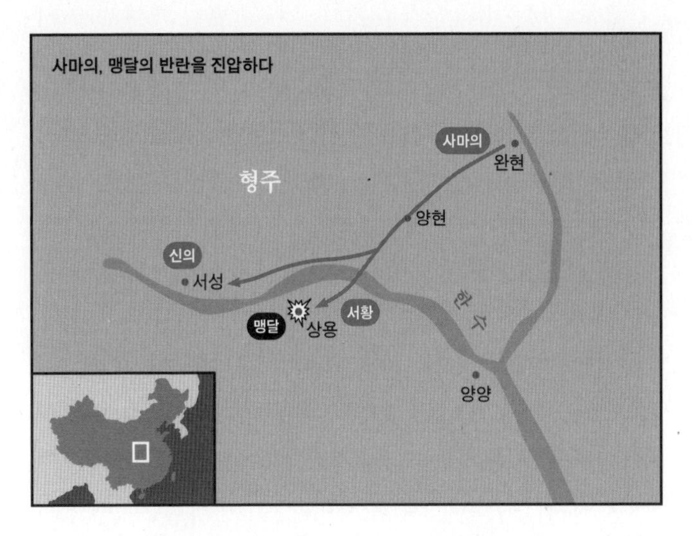

220년 7월 마침내 맹달은 군사를 거느리고 위에 투항해버린다. 그동안 쌓인 유봉에 대한 불만과 더불어 유비가 자신을 문책할 것에 대한 두려움 등이 복합적으로 작용했던 것이다. 위는 조조가 사망하고 조비가 뒤를 이은 상태였다. 조비는 맹달을 좋게 보았는지 크게 칭찬하며 상용, 방릉, 서성 일대를 통합해 신성(新城)군을 신설한 뒤 맹달을 태수에 임명한다. 허나 유엽과 사마의의 생각은 달랐다. 유엽은 "맹달은 구차한 욕심이 많고 재주를 믿고 술수를 좋아하며 은덕과 인의를 모르는 자입니다. 신성군은 오와 촉에 접한 요지로 만약 맹달이 변심한다면 나라에 큰 우환거리가 될 것입니다."라고 간한다. 사마의도 '맹달의 언행이 간교하다'며 유엽과 같은 의견을 낸다. 하지만 조비는 이들의 간언을 받아들이지 않는다. 오히려 서황과 하후상 등 장수들을 출진시키며 맹달과 합세해 유봉을 공격하게 한다. 이때 신탐, 신의 형제까지도 촉을 배신하여 맹달에 동조한다. 신씨 형제는 맹달과 더불어 두 번 배신한 인물들이다.

맹달은 유봉을 공격하기에 앞서 서신을 보낸다. 관우를 구원하지 않았던 책임을 유비가 물을 것이니 차라리 위에 투항하는 편이 낫다고 회유하는 내용이다. 배신을 부추기는 내용이지만 구구절절 이치에 맞으며 문장 또한 준수하다.[46] 맹달이 배신자임은 틀림이 없으나 서신을 통해 나름의 논리를 알 수 있다. 삼국지 독자라면 전문을 읽어보아도 괜찮을 것이다. 하지만 유봉은 이를 묵살하고 맞서다 결국 성도로 패주하게 된다. 그렇게 힘겹게 성도로 돌아온 유봉이건만 그를 맞이한 건 싸늘한 시선뿐이었다. 문책에 문책을 거듭한 유비는 자신의 양아들 유봉에게 자결을 명한다. 이에 유봉은 "맹자도(子度)의 말을 듣지 않은 것이 한이로다!"[47] 탄식하고 명을 받든다. 유봉의 어중간한 충성이 명을 재촉한 것이다.

이로부터 수년이 흐른 227년, 제갈량이 기산으로 출병하려 할 무렵이다. 출병 전 제갈량은 위의 신하인 맹달과 수차례에 걸쳐 서신을 주고받으며 연락을 취한다. 위의 입장에선 7년 전 유엽과 사마의의 우려가 현실이 된 것이다. 그러던 227년 12월 맹달이 위에 반기를 들고 거병한다. 그런데 〈진서(晉書)〉 선제기(宣帝紀)는 맹달의 반란에 제갈량의 계교가 작용한 것으로 전하고 있다. 이 무렵 맹달과 신의의 사이가 좋지 않았는데, 제갈량이 곽모(郭模)라는 자를 보내 거짓으로 항복하게 한다. 그러고는 신의를 방문하여 맹달의 계획을 일부러 누설한다. 맹달로서는 기회를 살필 틈도 없이 급하게 거병할 수밖에 없는 처지가 되어버렸다.

이때 사마의의 맞대응이 빛을 발한다. 사마의는 맹달에게 급히 서신을 보내 "제갈량은 우리가 서로 다투게 하고 싶었으나 그간 방법이 없어 고심하고 있었소. 이번에 곽모가 한 말이 사소한 일이 아니거늘, 제갈량이 어찌 그리 경솔하게 누설되게 했겠소. 이는 너무나 뻔히 눈에 보이는 일이오."라며 맹달을 안심시키려 한 것이다. 이를 본 맹달이 어떻게 움직여야 할지 다시 망설인다. 이 틈을 타 사마의는 맹달을 향해 급히 병력을 움직여 진군한다.

이런 사마의에 대한 맹달의 대처는 상당히 안일했다. 맹달은 자신이 거사를 하면 '사마의가 천자에게 표를 올려 재가를 받아 병력을 움직일 테니 최소 한 달의 시간은 걸릴 것'이라 생각하고 있었다. 게다가 '사마의가 직접 오지 않고 부하들을 보낼 것'이라는 예상까지 하고 있었다. 모두 틀렸다. 경적필패(輕敵必敗)라 했던가. 맹달의 이런 낙관적인 예측과 달리 사마의는 이 모든 과정을 건너뛴 채 8일 만에 직접 대군을 이끌고 진격해온다. 이에 맹달이 제갈량에게 급전을 보내 "거사한 지 8일 만에 성 아래에 군대가 도착하니 어찌 이토록 귀신같이 빠를 수가 있습니까!"라며 놀라움을 금치 못한다. 그러고는 16일간의 농성 끝에 사마의에게 참수되어 이듬해인 228년 1월, 맹달의 수급이 조예에게 전해진다. 두 번의 배신에도 일신의 영달을 이루었던 맹달이었지만 세 번째는 뜻대로 되지 않았던 것이다.

••••

44. 이를 동양사에서는 호견(互見)이라고 한다.
45. 말과 기록에서 군주나 선대의 이름에 사용된 글자를 피하는 것을 말한다. 혹은 사람을 부를 때 본명을 직접 부르지 않는다는 뜻도 있다.
46. 맹달의 서신은 권미(卷尾)에 실었다.
47. 《삼국지》〈촉서〉 유팽요이유위양전(劉彭廖李劉魏楊傳) '恨不用孟子度之言'

4

연이은 기산 공방

228~233년

228년 봄, 제갈량이 기산(祁山)에서 패한 이후 '다음에는 틀림없이 진창(陳倉)을 공격할 것'이라고 조진은 예상하였다. 조진은 학소(郝昭)와 왕생(王生) 등에게 진창을 맡기며 성곽을 보수하게 하였다. 228년 12월, 제갈량은 조진의 예상대로 산관(散關)에서 출병하여 진창(陳倉)을 포위하고 맹공을 퍼부었다. 조진은 비요(費瑤) 등을 보내 방어하였는데 제갈량은 군량 공급이 여의치 않아 회군하였다. 이때 위의 장군 왕쌍(王雙)이 기병으로 추격하여 제갈량군과 교전을 벌였으나 전사하고 말았다.

진창에서 전투가 한창일 무렵 조예는 장합을 원군으로 파병하였다. 출병 직전 조예가 "장군이 도착하기 전에 제갈량이 진창을 차지하지 않겠는가!"라고 물으니 장합은 "신이 도착하기 전에 제갈량은 도주할 것입

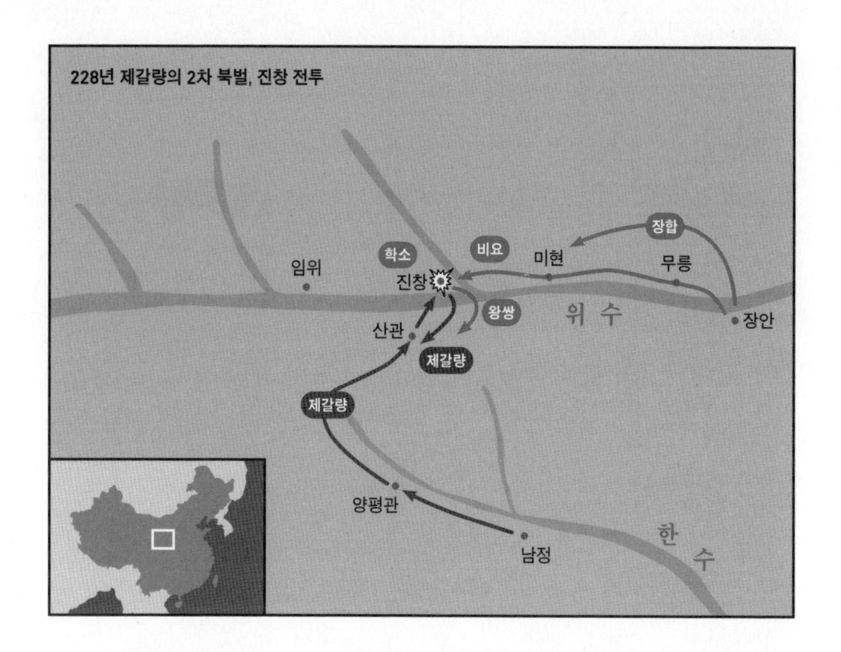

니다. 제갈량의 군량은 10일을 버티지 못할 것입니다."라고 대답하였다. 그 말대로 장합이 당도하였을 때 제갈량은 이미 철군하였다.

229년 봄, 제갈량은 진식을 보내 이번에는 무도(武都)군과 음평(陰平)군을 공격하게 한다. 이에 옹주자사 곽회가 진식을 공격하려 하였다. 하지만 제갈량이 직접 건위(建威)[48]에 출병하자 곽회는 철군하였다. 이로써 무도와 음평 2개 군을 평정하였고 유선은 이 공로로 제갈량에게 책서를 내려 승상의 직위를 회복시켰다. 그리고 그해 겨울 제갈량은 한중군에 한성(漢城)과 낙성(樂城)을 축조하였다.

····

48. 건위(建威)는 무도군 서북쪽에 설치한 군영이다.

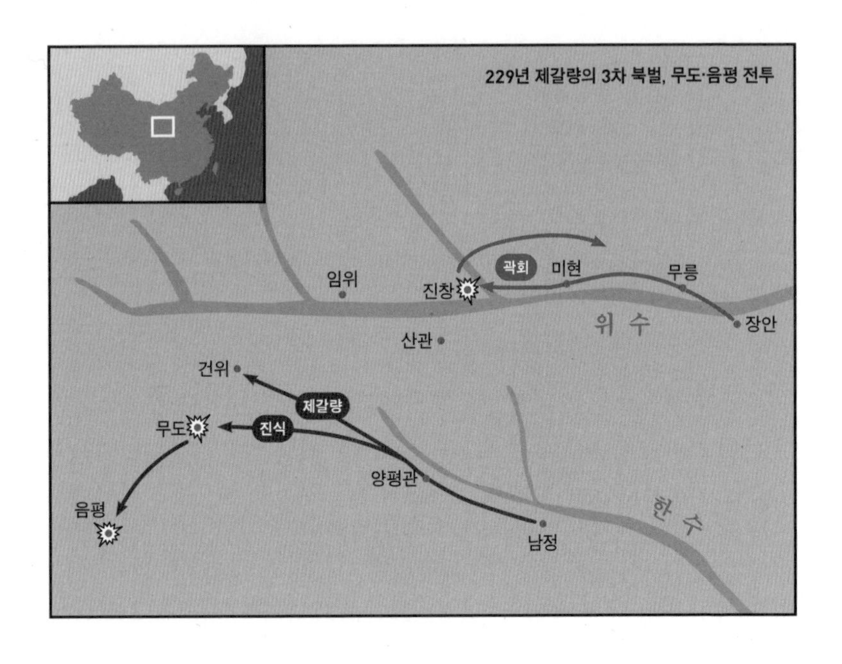

230년, 대사마(大司馬) 조진은 "촉이 연이어 침략하는데 그때마다 싸워야 합니다. 우리가 여러 갈래 길로 나누어 먼저 진격하면 이길 수 있습니다."고 주장하였다. 조예가 이 출병을 허락하여 8월에 조진은 사곡(斜谷)에서, 장합은 자오곡(子午谷)에서 각각 출발하였다. 사마의는 상용 인근 서성에서 한수를 거슬러 올라가 남정(南鄭)에서 이들과 합세하기로 하였다. 이에 제갈량은 이엄에게 명하여 2만 군사를 거느리고 한중군으로 출병하게 하고 이엄의 아들 이풍(李豐)을 강주(江州)도독으로 임명하여 이엄의 후방 업무를 관장하게 하였다. 이후 제갈량은 이엄을 중도호(中都護)에 임명해 승상부의 업무를 대행하게 하였다.[49]

이때는 날씨의 변수가 크게 작용했다. 9월 큰 장마가 한 달 이상 지속되어 낙수(洛水), 하수(河水), 한수 등이 범람하고 잔도가 끊어진 곳도 많아 진군에 어려움을 겪었다. 이에 왕랑의 아들 왕숙(王肅)이 상소를 올렸다. "험한 적진에 깊이 들어가고 길을 뚫어가며 전진해야 한다면 그 고생은 백 배가 될 것입니다. 지금 또 장마가 계속되어 산비탈이 험준하고 미끄러워 행군이 막히고 전진하기도 어려우며 군량 조달 또한 곤란하니 이 모두는 행군에서 가장 꺼리는 것입니다."[50] 이 외 양부(楊阜) 등도 철군을 요청하는 상소를 올렸다. 결국 상소가 받아들여져 원정은 중지되었다. 이 해에 위연과 오의(吳懿)는 남안군 일대로 진격하여 양계(陽溪)에서 옹주자사 곽회와 후장군 비요를 대파하였다.

231년 2월, 제갈량은 다시 출병하여 기산을 포위하며 목우(木牛)를 이용해 군량을 운반하였다. 이 무렵 위에서는 대사마(大司馬) 조진이 사망하였다. 조예는 조진의 뒤를 이어 사마의와 장합에게 명하여 기산을 구원하게 하였다. 이때 제갈량의 본대는 기산을 포위하고 있었고 왕평이 이끄는 부대는 남쪽 군영을 지키고 있었다. 위군은 둘로 나뉘어 사마의가 제갈량을 공격하고 장합이 왕평을 공격하였다. 하지만 왕평이 굳게 방어하며 출병하지 않아 장합은 이기지 못하고 물러갔다.[51]

6월 무렵 장마철을 맞아 촉군은 군량 공급에 어려움을 겪고 있었다.

••••

49. 《삼국지》〈촉서〉 유팽요이유위양전(劉彭廖李劉魏楊傳) 이엄편 '命嚴以中都護署府事'

50. 《삼국지》〈위서〉 종요화흠왕랑전(鍾繇華歆王朗傳) '於深入阻險 鑿路而前 則其爲勞必相百也. 今又加之以霖雨 山阪峻滑 衆逼而不展. 糧縣而難繼 實行軍者之大忌也'

51. 《삼국지》〈촉서〉 황이여마왕장전(黃李呂馬王張傳) 왕평편 '張郃攻平 平堅守不動 郃不能克'

당시 군량 수송을 담당하고 있던 이엄이 제갈량에게 마충과 성번(成藩)을 보내 상황을 설명하고 군사를 회군하게 하였다. 결국 제갈량은 철군을 결정하였다. 촉군이 철수하자 장합이 제갈량을 추격하여 목문(木門)[52]에서 교전이 벌어졌다. 치열한 전투 중에 날아온 화살이 장합의 오른쪽 무릎에 명중하였는데 이 부상으로 장합이 전사하고 말았다. 삼국지 초반부터 활약했던 명장이 또 세상을 떠난 것이다.

그런데 촉군에서는 재미있는 일이 벌어졌다. 치중의 어려움으로 회군을 주장했던 이엄이 엉뚱한 짓을 한 것이다. 막상 철군이 결정되자 이엄은 거짓으로 놀라는 척하면서 반문했다. "군량이 풍족한데 왜 바로 회군하십니까!" 그러면서 이엄은 자신이 군량 조달을 제대로 하지 못한 책임은 벗어나면서 제갈량이 진격하지 않은 허물을 드러내려 하였다. 더욱이 표문까지 올려 "군사가 거짓으로 철수하여 적을 유인해 싸우려 한다"[53]고 무고하였다. 이에 제갈량이 그간 직접 기록해둔 사건의 본말을 모두 제출하여 이엄의 과오가 드러나게 되었다. 이엄은 그제야 죄를 자백하고 사죄하였지만 이미 엎질러진 물이었다. 제갈량이 얼마나 빈틈없는 사람인지 몰랐던 것일까. 8월에 이엄은 평민으로 강등되어 재동(宰棟)군으로 유배되었다. 과거 진진(陳震)이 사신으로 오에 가기 전 제갈량에게 이런 말을 한 적이 있었다. "이엄은 뱃속에 비늘갑옷(鱗甲)이 들어 있기에 가까이 할 수 없습니다."

232년, 제갈량은 군사들을 쉬게 하였다. 227년부터 내리 5년간 계속된 대규모 출병을 멈추고 모처럼만에 갖는 휴식이었다. 이 동안 제갈량

은 그간 드러난 유마(流馬)와 목우(木牛)의 문제점들을 보완하였다.[54]

233년에는 남만의 한 우두머리인 유주(劉冑)가 반기를 들었다. 이에 마충이 출병하여 유주를 잡아 처형하고 남방 일대를 평정하였다. 마충은 230년에 장완과 함께 승상부 업무를 보았고 231년 기산 출병 때에는 제갈량 휘하에서 부대 경영을 담당하였다. 그리고 그해에 문산(汶山)에서 반란을 일으킨 강족(羌族)들을 장억(張嶷) 등과 함께 토벌하기도 하였다. 그야말로 마충은 문무겸비라 할 만한 인물로 이후에도 꾸준히 활약한다.

233년에는 위의 북방에서도 이민족과 교전이 벌어졌다. 삼국은 경쟁을 하면서도 각각의 이민족과 끊임없는 전쟁을 병행했다. 선비족 족장 보도근과 가비능이 비밀리에 왕래하자 병주자사 필궤(畢軌)가 이를 보고하고 진압하겠다는 표문을 올렸다. 이때 조예는 출병하더라도 구주산(句注山)을 넘지 말 것을 명령하지만 조서가 도착할 무렵 이미 필궤는 진격하여 음관(陰官)에 주둔하고 있었다. 그리고 소상(蘇尙)과 동필(董弼)을 보내 선비족을 추격하였지만 이어 벌어진 교전에서 소상과 동필이 전사하고 말았다. 이후 보도근과 가비능이 합세하여 변경을 노략질하였다. 그러자 조정에서는 장군 진랑(秦朗)을 파견해 대대적으로 공격하니 선비족

····

52. 목문(木門)은 기산 동쪽, 상규현 남서쪽에 위치한 협곡을 가리킨다.

53. 《삼국지》〈촉서〉 유팽요이유위양전(劉彭廖李劉魏楊傳) 이엄편 '乃更陽驚 說軍糧饒足 何以便歸! 欲以解己不辦之責 顯亮不進之愆也. 又表後主 說軍僞退 欲以誘賊與戰'

54. 유마(流馬)와 목우(木牛)에 대해서는 그 실체가 무엇인지 밝혀진 것이 없다. 이를 설명한 사료의 부족으로 추정만 있을 뿐이다.

은 북쪽 사막으로 밀려났다. 이후 보도근 부락의 대호아랑니(戴胡阿狼泥) 등이 병주에 와서 투항하였고 그제야 진랑은 회군하였다. 또 9월에는 안정군에서 흉노 호박거자직(胡薄居姿職)이 반기를 들었다. 이에 사마의는 호준(胡遵)을 보내 토벌하고 투항하게 하였다.[55]

••••

55. 기산 전투 이후로 보도근, 가비능, 필궤, 소상, 동필, 대호아랑니, 호박거자직 등 대중적 인지도가 거의 없는 인물들이 대거 등장하여 독자의 피로감을 급격히 상승시킨다. 그러나 《삼국지연의》의 후반부는 이런 친근하지 못한 이름을 극복하지 못하면 가뜩이나 떨어지는 흥미에 가속도를 더할 것이다. 물론 다행히 정사의 인명이 모조리 연의에 등장하지는 않는다.

5

오(吳)와 위(魏)의 다툼

223~234년

232년과 233년에는 위(魏)와 촉(蜀)은 큰 교전이 없었다. 227년부터 231년까지 내리 다섯 해 동안 치열하게 싸운 양국이 숨고르기에 들어간 것이다. 하지만 위는 촉과 싸우는 동안에도 오(吳)를 상대해야 했다.[56] 제갈량이 익주 각지에서 일어나는 반란들을 평정하고 기산에서 위와 혈투를 벌였던 223년부터 233년까지 약 10년간 오와 위 사이에서는 어떤 일들이 일어났을까.

오의 장수 중에는 주방(周魴)이라는 인물이 있다. 자는 자어(子魚). 오의 입장에서 222년 이릉대전 이후 10년간을 결산한다면 주방을 MVP로 선

····

56. 삼국 모두 이민족과의 전투는 덤이었다.

정해도 괜찮을 듯하다. 주방은 단 한 번의 임팩트 있는 활약으로 정사에 본인의 이름을 각인시켰다. 그렇다면 주방의 도마에 오른 생선(魚)은 과연 누구였을까.

226년 7월 문제(文帝) 조비가 사망하였다. 이에 손권은 강하(江夏)군까지 직접 출병하여 석양(石陽)현을 포위하였다. 더불어 강하태수 손환(孫奐)은 선우단(鮮于丹)에게 5천 군사를 주어 회남(淮南)으로 연결되는 길을 막게 하고 또 오석(吳碩), 장량(張梁) 등과 5천 군사를 거느리고 고성(高城)을 점령하며 위의 장수 3명을 생포하는 전공을 올렸다. 손환은 손권과 사촌형제 간으로 손환의 활약에 손권이 크게 기뻐하였다. 위의 정권교체를 틈타 무력시위를 한 손권은 회군하면서 반장(潘璋)을 후방에 남겨두어 추격을 차단하게 하였다. 하지만 야간의 작전에 차질이 생기면서 위군이 반장을 향해 공격해왔다. 반장은 이를 잘 막아내지 못하고 고전하였는데 주연이 즉각 군사를 돌려 위군을 물리쳤다. 그리고 손권을 태운 배가 멀리 나간 것을 확인하고 천천히 회군하였다.

위도 가만히 있지 않았다. 227년, 오의 장군 심덕(審德)이 환현(皖縣)에 주둔해 있을 때 조휴가 공격하여 격파하고 심덕을 참수하였다. 이어 한당(韓當)의 아들 한종(韓綜)과 적단(翟丹) 등의 장수들이 조휴를 찾아와 투항하였다. 조휴는 대사마(大司馬)로 승진하며 양주목의 직위를 유지하였다.

조비에 이어 황제로 즉위한 조예는 228년 5월, 육로와 수로를 이용해 대대적으로 오를 정벌할 계획을 세웠다. 사마의는 형주에서 한수(漢水)

를 따라 장강을 타고 강릉으로 진격하였다. 육로로는 조휴가 여강군 환현으로 진군하고, 가규(賈逵)가 만총(滿寵), 호질(胡質) 등과 함께 손권이 주둔해 있는 동관(東關)으로 진격하였다. 그런데 이 무렵 파양태수 주방이 일곱 차례나 서신을 보내 대사마 조휴에게 투항하겠다는 의사를 밝혔다. 이때 조정의 낭관(郎官)이 내려와 주방을 자주 힐난하고 이에 주방이 머리를 삭발한 후 사과했다는 사실이 알려졌다. 이를 들은 조휴는 주방을 의심하지 않고 믿었다.[57]

명을 받고 동관으로 진격하던 가규의 부대가 오장산(五將山) 인근에 당도했을 무렵 조휴는 '적군 중에 투항을 요청하는 자가 있어 적지에 깊이 들어가 구원하겠다.'는 표문을 올렸다. 이에 조정에서는 사마의의 진군을 멈추게 하고 가규에게 동쪽으로 가서 조휴와 합세하여 진격하게 하였다. 그런데 장제, 만총 등이 '조휴가 깊이 진격하면 위험할 것'이라는 상소를 올렸다. 진군 중이던 가규 또한 이런 우려를 하였다. 그래서 가규는 부대를 재편한 후 수륙으로 병진하여 2백여 리를 급히 행군하였다.

한편 손권은 조휴의 대군에 맞서 육손에게 황월(黃鉞)을 내주고 대도독으로 삼아 출병하게 하였다. 조휴는 10만 명의 보병과 기병을 거느리고 환성(皖城)에 들어섰다. 그제야 조휴는 주방에게 속은 것을 알았다. 항복이 아니라 유인이었던 것이다. 하지만 조휴는 거느린 병력이 적지 않았기에 후퇴하지 않고 교전을 벌였다. 육손은 주환과 전종을 좌우익으

••••

57. 《삼국지》〈오서〉 하전여주종리전(賀全呂周鍾離傳) '因下髮謝 故休聞之 不復疑慮'

로 삼아 맹공을 퍼부었다. 조휴의 부대는 그야말로 비단이 찢어지고 기왓장이 무너지듯 패하여 죽거나 생포된 자가 수만 명에 이르렀다.[58] 조휴의 남은 군사들은 치중과 무기를 모두 버리고 퇴각하였다. 육손은 여세를 몰아 조휴를 협석(夾石)과 석정(石亭) 인근까지 추격하였고 퇴각하던 조휴는 길목을 지키던 주령(朱靈)과 다시 교전을 벌였다.

이 무렵 진군 중이던 가규는 '조휴가 이미 대패하였고, 손권이 군사를 보내 협석을 차단했다'는 소식을 전해 듣는다. 부하들은 어찌할 바를 몰라 하며 후군을 기다린 후 움직이려 하였다. 하지만 가규는 오히려 더 빠른 속도로 행군하며 곳곳에 깃발과 북을 설치해 의병(疑兵)을 꾸몄다. 이

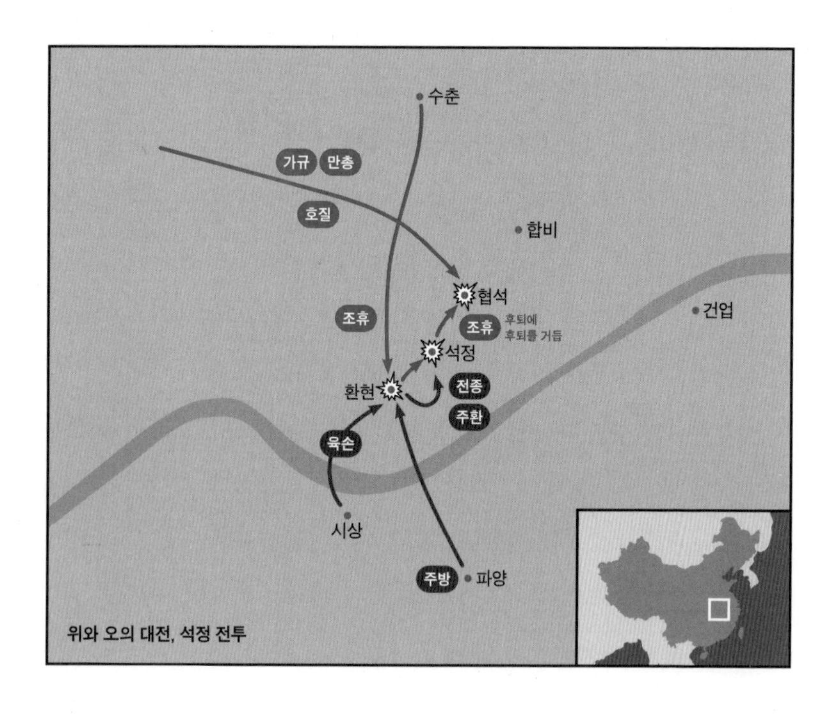

위와 오의 대전, 석정 전투

를 본 주령과 추격 부대가 철군하여 조휴는 겨우 전멸을 면하였다. 협석을 확실하게 점거한 가규는 조휴의 패잔병들에게 군량을 보내주었다. 사실 이전에 조휴와 가규는 사이가 그리 좋지 않았다. 하지만 이번에 협석에서 가규마저 돕지 않았다면 조휴의 부대는 아무런 구원도 받지 못할 뻔했다.[59] 이때가 228년 8월이다.

승전 직후 손권은 큰 잔치를 열어 주방을 향해 "군이 대의를 위하여 삭발하며 큰일을 이루었으니, 군의 이름은 역사에 꼭 기록되어야 한다."[60]고 큰소리로 치하했다. 주방의 생선은 조휴였던 것이다. 조휴는 가규의 도움으로 천신만고 끝에 목숨을 건졌지만 해를 넘기지 못하고 병사하고 말았다. 이후 만총이 전장군으로서 양주(揚州) 일대의 군사를 감독하게 되었다.

229년 손권은 공식적으로 황제를 칭하였다. 이미 222년 가을부터 독자적인 연호인 황무(黃武)를 사용하였지만 공식적으로 칭제(稱帝)를 한 것은 이때부터였다. 연호 또한 황무에서 황룡(黃龍)으로 바꾸고 맏아들 손등(孫登)을 황태자에 책봉하였다. 6월에는 촉에서 진진(陳震)이 축하사절로 내방했다.[61] 이때 손권과 진진은 '천하를 양분하자'는 데에 동의하고 맹약했다. 내용인 즉 '예주, 청주, 서주, 유주는 오의 소속으로 하고 연

••••

58. 《삼국지》〈오서〉 하전여주종리전(賀全呂周鍾離傳) '休幅裂瓦解 斬獲萬計'

59. 《삼국지》〈위서〉 유사마양장온가전(劉司馬梁張溫賈傳) '及夾石之敗 微逵 休軍幾無救也'

60. 《삼국지》〈오서〉 하전여주종리전(賀全呂周鍾離傳) '君下髮載義 成孤大事 君之功名 當書之竹帛'

61. 위의 입장에서는 반역에 해당되니 축하할 리가 없었다.

주, 기주, 병주, 양주(凉州)는 촉의 소속으로 하며 사례(司隷)는 함곡관을 경계로 나눈다.'[62]는 것이었다. 위에서 들으면 콧방귀 뀔 일이지만 어쨌든 오와 촉은 그렇게 맹약했다. 그리고 9월에 손권은 도읍을 다시 건업으로 옮겼다.

이듬해인 230년에 위는 양주(揚州) 일대를 감독하는 정동장군(征東將軍)에 만총을 임명하였다. 겨울에 손권이 직접 합비를 공격한다는 소식이 전해져 만총은 연주와 예주의 군사를 소집하였다. 하지만 웬일인지 오군은 금방 퇴각해버렸다. 이에 조정에서는 조서를 내려 군사를 해산하려 했는데 만총은 표문을 올려 해산을 보류해달라고 요청한다. 과연 10여 일 뒤 손권이 다시 합비성을 공격해왔다. 손권은 만총이 대비하고 있었기에 아무 성과도 얻지 못하고 철군하였다.

그런데 평소 만총과 양주자사 왕릉(王淩)은 사이가 좋지 못했다. 왕릉은 '만총이 나이도 많고 쇠약해 일을 제대로 처리하지 못한다.'고 참소(讒訴)하였다. 그리하여 조정에서는 이를 확인하고자 만총을 소환하였다. 공교롭게도 이 무렵 오의 장군 손포(孫布)가 서신으로 투항 의사를 밝혀 왔다. 왕릉은 손포를 받아들이려 하였는데 만총은 손포가 거짓이라 생각하였다. 그래서 입조하기 직전에 부하들에게 서신을 보내 '왕릉에

••••

62. 《삼국지》〈오서〉 오주전(吳主傳) '權乃參分天下. 豫靑徐幽屬吳 兗冀幷涼屬蜀 其司州之土 以函谷關爲界'

《삼국지》〈촉서〉 동유마진동여전(董劉馬陳董呂傳) '震到武昌 孫權與震升壇歃盟 交分天下. 以徐豫幽靑屬吳 幷涼冀兗屬蜀 其司州之土 以函谷關爲界'

게 군사를 내주지 말 것'을 당부해 놓았다. 왕릉은 군사를 요청했으나 지원해주지 않자 휘하의 보병 7백 명만을 데리고 나갔다. 만총의 생각대로 손포의 투항은 거짓이었고 마중 나온 왕릉을 야간에 기습하여 큰 피해를 입혔다. 위의 조정에서는 만총이 건강한 것을 보고 귀임하게 하였다. 하지만 만총은 낙양에 잔류하게 해달라고 표문을 올렸다. 뭔가에 염증을 느꼈던 것일까. 그러나 만총의 바람은 이루어지지 않았고 다시 양주(揚州)로 돌아오게 되었다.

232년, 육손이 여강군을 공격하였다. 이에 만총은 "적군이 배를 버리고 2백여 리를 걸어와야 하기에 그 후미에 공백이 생기니 오히려 적을 유인할 만합니다."라고 의견을 낸다. 그리고 군사를 정비해 양의구(楊宜口)로 진격했다. 육손은 위의 대군이 동남쪽으로 남하한다는 소식을 듣고 야간에 퇴각하였다. 이후에도 이 일대에서는 거의 해마다 크고 작은 교전이 벌어졌다. 그리하여 233년에 만총은 상소를 올려 '합비성에서 서쪽 30리 험지에 성채를 다시 조성한 뒤 수비하면 적을 평지로 유인하고 귀로를 차단하기에 유리할 것'이라고 건의하였다. 그러나 호군장군 장제(蔣濟)가 반대 의견을 제시하고 조예 또한 허락하지 않았다. 만총은 작정한 듯 거듭 상소를 올렸고 이후 상서(尙書) 조자(趙咨)가 찬성 의견을 내자 조예는 조서를 내려 만총의 계책을 수락하였다.

신성(新城). 말 그대로 '새로운 성'이 축조된 후 시험이라도 하듯 손권이 직접 출병해왔다. 이에 만총이 곧바로 신성을 구원하려 하자 전예(田豫)는 "이는 우리의 대군을 유인하려는 뜻입니다. 그들이 신성을 공격하게 하여 그 예기를 꺾되 승부를 다툴 필요는 없습니다."라며 만류하였다. 애초에 손권은 신성을 포위하려 하였으나 장강과 멀어 20일 째 하선하지 않은 채 주둔하고 있었다. 만총은 합비성 인근에 보병과 기병 6천을 매복하고 손권을 기다렸다. 역시 자신이 예상한 대로 손권은 상륙하여 군사 훈련을 하였는데 이때 일제히 공격케 하여 손권의 대군을 격파하였다. 병사를 거느리면 손해만 끼치는 손권의 징크스는 깨질 생각을 하지 않았다.

오군은 이와 별도로 전종이 5만 병력을 거느리고 여강군 육안(六安)현을 공격하였지만 이미 백성들이 모두 도주해버린 상태였다. 위는 촉의 공세도, 오의 무력시위도 모두 잘 막아낸 것이다. 오·촉의 천하양분의 약조는 언제 이루어지려나.

6

제갈량의 마지막 출병

234년

2년여의 준비 끝에 234년 봄, 제갈량은 또다시 대규모 출병을 한다. 231년의 실패 이후 갖가지 원인들을 분석하며 참으로 절치부심(切齒腐心)했을 터이다. 사실 전체적인 국력 면에서 촉(蜀)이 위(魏)에 한참 뒤지는 것은 누구나 아는 사실이다. 따라서 더 이상의 실패는 용납되지 않는다는 것 또한 스스로 잘 알고 있었을 것이다. 그래서 이번에는 성공률을 높이기 위해 오와 동시에 공격하기로 사전에 밀약까지 맺어둔 상태였다. 이전의 출병에서 양국이 어느 정도 사전 교감이 있었을지는 알 수 없지만 234년에는 확실하게 오가 촉의 진군에 맞춰 적극적으로 움직였다. 손권은 제갈량이 기산으로 출병했다는 소식이 들리자마자 곧바로 육손과 제갈근 등에게 출진 명령을 내렸다. 그리고 자신도 친히 병력을 거느리고 출병했다. 걱정된다.

사실 위의 입장에서는 부담스러운 상황이다. 사마의가 이끄는 최정예 병력은 제갈량의 촉군을 막는 데 투입할 수밖에 없었다. 나머지 병력을 나누어 각지를 방어해야 하는데 이번에는 황제 조예까지 움직였다. 조예가 출병한 곳은 손권이 공격 목표로 정한 회수(淮水) 일대였다. 서쪽에서는 촉과 위 양국의 최고 지략가들끼리 맞붙었고 동쪽에서는 오와 위 황제 간의 대결이 성사된 셈이었다.

233년 겨울 제갈량은 이미 모든 군사를 동원해 사곡(斜谷) 어귀로 군량을 운반하고 대규모 군량 창고(邸閣)도 지었다. 고질적인 병참 문제를 조금이라도 해결하고자 했던 것이다. 이듬해인 234년 4월, 제갈량은 대군을 이끌고 사곡으로 출병하였다. 유마(流馬)를 이용해 군량을 운반하며 오장원(五丈原)에 주둔하였는데 선봉 위연은 본영에서 10리를 더 나아가 군영을 설치했다. 제갈량은 이번에도 군량 공급이 원활하지 못해 뜻한 바를 이루지 못할까봐 우려가 컸다. 그래서 군사를 나눠 둔전을 운영하며 오래 주둔할 기지로 삼으려 하였다.[63] 이때 둔전을 경작하는 군사들은 주변 백성들과 함께 지내게 되었지만 백성들을 수탈하지 않아 백성들은 편안하였다.

제갈량에 맞선 사마의는 전군을 지휘하여 위수(渭水) 남쪽에 주둔하였다. 이때 조예는 조서를 내려 "견고한 성벽에 의지하여 방어하며 적의 예봉을 꺾을 것"[64]을 지시한다. 곽회가 사마의에게 "만약 제갈량이 위수를 건너 북원(北原)을 차지한다면 아군은 농우(隴右)의 연결로가 끊기고

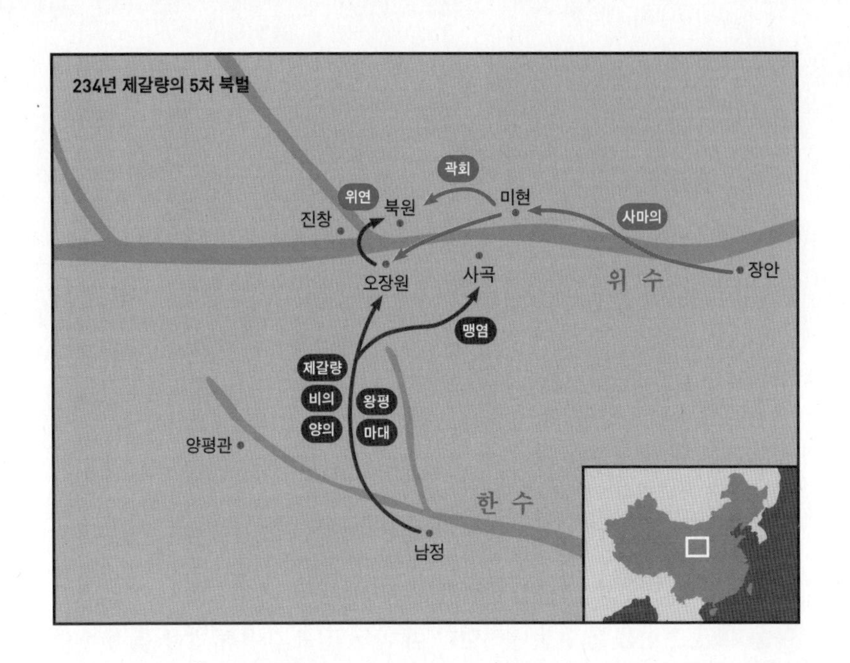

우리 백성이나 이민족들을 소란케 하여 나라에 불리할 것입니다."라고 건의하였다. 북원은 위수를 사이에 두고 오장원과 바로 마주보고 있는 지역이다. 이에 사마의는 곽회를 북원으로 보냈다. 곽회가 북원에 주둔해 있을 때 예상대로 촉군이 공격해왔고 곽회는 이를 격파하였다. 며칠 뒤 제갈량이 서쪽 군영을 공격하려 하자 곽회는 '서쪽으로 가는 형세만 취할 뿐 틀림없이 양수(陽遂)를 공격할 것'이라 예상했다. 역시 예상대로 그날 밤 제갈량은 양수를 공격하였지만 소득 없이 회군하고 말았다. 대

····

63. 《삼국지》〈촉서〉 제갈량전(諸葛亮傳) '亮每患糧不繼 使己志不申. 是以分兵屯田 爲久駐之基'

64. 《삼국지》〈위서〉 명제기(明帝紀) '但堅壁拒守以挫其鋒'

개 판세를 손바닥 보듯이 하는 쪽은 제갈량이었으나 이때의 제갈량은 그냥 보통 사람이 된 듯하다.

제갈량의 출병에 맞춰 군사를 일으켰던 오도 대대적인 공세를 취하였다. 손권은 주연과 전종을 좌우 도독에 임명하여 합비의 신성으로 나아갔다. 더불어 육손과 제갈근을 강하와 면구(沔口)로 출진시키고 손소(孫韶)와 장승(張承)을 보내 광릉(廣陵)군과 회양(淮陽)군 일대를 공격하게 하였다.

손권에 맞선 만총은 신성의 수비군을 이용하여 오군을 수춘현으로 유인하려는 계획을 세웠다. 그런데 조예가 이를 불허하며 "여러 장수들에게 굳건히 방어하도록 지시할 것이며 내가 직접 원정에 나서 그 지역에 이를 때면 손권은 도주할 것이다."[65]라고 명했다. 그러자 만총과 장영(張穎) 등은 농성 태세를 갖추고 화공(火攻)으로 공성기구를 불태우며 조예가 올 때까지 버텼다. 여기에 오의 군영에 환자가 다수 발생하여 손권은 공격에 어려움을 겪었다.

7월 조예의 대군이 신성(新城) 북서쪽 수백 리 지점에 왔을 때 손권은 철군하였다. 아울러 육손, 제갈근, 손소 등도 모두 물러났다. 이때 조예는 직접 배를 타고 수군을 지휘하였다. 오군이 물러나자 위의 신료들은 '대장군 사마의가 제갈량과 대치중이니 어서 서쪽 장안으로 행차할 것'을 청하였다. 그러나 조예는 "손권이 도주하여 제갈량은 전의를 잃을 것이며 대장군이 적을 제압할 것이니 나는 걱정하지 않는다."[66]며 수춘성에 행차하여 논공행상을 하였다. 제갈량은 보통 사람이 되고 조예가 제갈량이 된 듯한 시기였다.

당시 사마의와 제갈량은 여전히 대치중이었다. 제갈량이 수시로 도발하였지만 사마의는 보루 안에 있으면서 응전하지 않고 있었다. 제갈량이 계속해서 싸움을 걸어 보지만 사마의는 출전하지 않는다. 이에 제갈량이 부녀자들이 쓰던 두건과 머리장식(巾幗) 그리고 부인들이 사용하는 장신구들(婦人之飾)을 사마의에게 보냈다. 이를 본 사마의는 노하여 조정에 표를 올려 결전할 것을 청하였지만 불허한다는 명만 하달되었다. 사마의의 출전을 막은 조예는 강직하기로 이름난 신하인 신비(辛毗)에게 부절을 하사하여 군영에 파견하였다. 얼마 지나지 않아 제갈량이 다시 와서 싸움을 걸자 사마의가 응하려 하였다. 그러나 신비가 부절을 지니고 군문에 서서 이를 제지하였기에 사마의는 참을 수밖에 없었다. 전장의 군사들은 전의를 불태우는데 멀리 있는 황제가 그것을 말리는 모양새였다.

한편 신비가 와 있다는 말을 들은 강유(姜維)가 제갈량에게 “신비가 부절을 지니고 당도했으니 적군이 다시는 출전하지 않을 것입니다.”라고 말했다. 이에 제갈량이 “사마의는 본래부터 싸우려는 마음이 없었소. 그런데도 굳이 천자에게 결전을 청한 것은 군사들에게 용맹함을 과시하려는 것이오. 자고로 장수가 군중에 있으면 임금의 명도 받들지 않을 때가 있는데, 만약 그가 능히 우리를 제압할 수 있다면 굳이 천리 길을 가서

••••

65. 《삼국지》 〈위서〉 명제기(明帝紀) ‘敕諸將堅守 吾將自往征之 比至 恐權走也’

66. 《삼국지》 〈위서〉 명제기(明帝紀) ‘權走 亮膽破 大將軍以制之 吾無憂矣’

결전을 청하겠는가!"[67]라고 대답했다. 그렇다. 수년 전 사마의가 맹달을 급습할 때의 상황과 비교해보면 너무나 빤한 퍼포먼스이다. 사마의도 제갈량도 서로가 아는 고수들의 수 싸움을 하고 있는 중이었는데 다만 애가 타는 쪽은 촉군이었다.

이 무렵 사마의의 동생 사마부(司馬孚)가 서신을 보내 현 상황에 관해 물었다. 이에 사마의가 답장을 보내 말하길 "제갈량은 뜻이 크나 기회를 살피지 못하고 꾀가 많으나 결단력이 부족하며, 용병을 좋아하나 임기응변이 없으니, 비록 10만 병력을 거느리고 있다 한들 내 계획안에 빠져들 뿐이라 반드시 격파될 것이다."[68]라고 큰소리쳤다. 평소 제갈량을 지지하는 사람이라면 결코 용납할 수 없는 내용이다.

이 대목의 〈배송지주〉에는 이런 내용이 있다. 하루는 사마의의 군영에 제갈량의 사자가 왔다. 그런데 사마의는 군사에 대해서는 언급하지 않고 제갈량이 먹고 자는 것과 업무량이 어느 정도인지를 물었다. 이에 사자가 "승상께서는 새벽에 일어나 밤늦게 잠자리에 드시고 장 20대 이상의 형벌은 전부 직접 챙기며, 드시는 음식은 몇 되 밖에 되지 않습니다."라고 대답한다. 일찍 일어나고 늦게 잔다는 숙흥야매(夙興夜寐)가 여기서도 인용되었다.[69] 이를 들은 사마의가 "제갈량이 곧 죽겠구나."라고 말했다.[70]

그리고 8월, 제갈량이 군영에서 병사하고 말았다. 이때 제갈량의 나이 54세. 사마의의 예측대로였다. 제갈량이 보낸 사자는 지휘관의 생활 습관이 일급 군사기밀임을 전혀 몰랐던 것이다. 아마도 제갈량의 총기(聰

氣)가 다했기 때문에 이런 인물을 사마의와 만나게 했던 것인지도 모른다. 제갈량의 죽음으로 촉군은 퇴각했고 사마의는 제갈량이 머물렀던 군영과 보루 등을 살펴보고 "천하의 기재로다!"[71]라며 감탄했다. 제갈량은 자신을 정군산에 묻어달라고 유언하였다.

제갈량이 병사하기 얼마 전 선봉장 위연은 밤에 '머리에 뿔(角)이 난 꿈'을 꾸었다. 위연이 조직(趙直)에게 해몽을 부탁하니 조직은 "기린은 뿔이 있으나 쓸모가 없으니 이번은 싸우지 않고 적군이 스스로 물러날 것"이라 풀이했다. 그러나 조직은 물러나서 다른 사람에게 "角(뿔)이란 글자는 칼(刀) 아래 쓰는(用)으로, 머리 위에 칼이 있으니 아주 흉한 일이다."라고 앞서와는 사뭇 다르게 말했다.

사실 위연은 제갈량을 따라 출병할 때마다 1만여 군사를 요청하여 제갈량과는 다른 길로 진군할 것을 건의하곤 했다. 전한의 공신 한신(韓信)이 옛날에 했던 것처럼 진격해 동관(潼關)에서 합류하는 계획을 설명하였으나 제갈량은 번번이 불허하였다. 위연은 늘 제갈량이 겁이 많다고

••••

67. 《진서(晉書)》 선제기(宣帝紀) '彼本無戰心 所以固請者 以示武於其衆耳. 將在軍 君命有所不受 苟能制吾 豈千里而請戰邪'

68. 《진서(晉書)》 선제기(宣帝紀) '亮志大而不見機 多謀而少決 好兵而無權 雖提卒十萬 已墮吾畫中 破之必矣'

69. 이 말은《시경(詩經)》과 사마천의《사기(史記)》에도 등장한다.

70. 《삼국지》 〈촉서〉 제갈량전(諸葛亮傳) 배송지주 위씨춘추(魏氏春秋) 인용 '亮使至 問其寢食及其事之煩簡 不問戎事. 使對曰 諸葛公夙興夜寐 罰二十以上 皆親攬焉 所噉食不至數升. 宣王曰 亮將死矣'

71. 《삼국지》 〈촉서〉 제갈량전(諸葛亮傳) '天下奇才也'

하면서 자신의 재능을 다 발휘하지 못함을 한탄했다.[72] 그리고 촉의 또 다른 축이었던 양의는 위연에게 조금도 양보하지 않았기에 위연이 성을 내었고 둘은 마치 물과 불처럼 사이가 좋지 않았다.[73] 양의는 제갈량이 출병할 때마다 늘 부대 편성과 배치, 군량 조달과 분배를 맡았다. 평소 제갈량은 양의의 재주를 매우 아끼면서 한편으로 위연의 용맹에도 의지하였다. 때문에 두 사람 사이의 불화를 안타까워하면서도 어느 한쪽을 편들지 않았다.[74]

제갈량은 자신의 병이 위독해지자 강유 등을 불러 자신의 사후 철군 방안을 논의하였다. 그 자리에서 '위연을 맨 뒤에 남겨 후방을 차단하게 하되 만약 위연이 철군 명령을 거부하더라도 그대로 출발하라'[75]고 지시하였다. 이에 승상부 장사(長史) 양의는 제갈량이 사망한 후 발상(發喪)하지 않고 비의(費禕)를 위연의 군영에 보내 속셈을 알아보게 하였다. 위연은 "비록 승상이 죽었더라도 나는 이렇게 건재합니다. 우리는 군사를 거느리고 적들을 공격해야지 어찌 한 사람 죽었다하여 나라의 큰일을 그만둘 수 있겠습니까? 그리고 왜 내가 양의의 지휘를 받아 뒤에 남아 적을 차단해야 합니까!"라며 비의와 함께 공격할 부대를 분류하고 서명한 뒤 장수들에게 알리게 하였다. 이에 비의는 위연을 속이고 말을 달려 군영을 빠져나갔다. 위연은 부하를 보내 양의를 엿보게 하였는데 모든 군영이 순차적으로 철군한다는 사실을 알게 되었다. 철군할 마음이 없었던 위연은 지름길로 군사를 인솔해 양의의 군사가 통과할 잔도를 태워버렸다.

이후 위연과 양의가 반역했다는 완전히 상반된 내용의 표문이 각각 조정에 올라왔다. 유선은 동윤과 장완에게 의견을 물었고 둘은 모두 양의를 지지하였다. 양의와 위연은 자신의 군사를 이끌고 대치하게 된다. 내분이 일어난 것이다. 양의는 왕평을 시켜 위연을 막게 하며 "승상이 돌아가시어 몸이 아직 식지도 않았거늘 너희들이 어찌 감히 이럴 수 있느냐!"[76]고 질책했다. 그러자 위연의 군사들이 흩어지기 시작했고 마침내 군대가 와해되어버렸다. 어쩔 수 없이 위연은 한중으로 도주하였는데 마대가 위연을 참수하면서 내분이 정리되었다. 사실 위연은 양의와 뜻이 달랐을 뿐 위에 항복할 생각이 없었다. 평소 여러 장수들과도 생각이 달랐던 위연은 제갈량의 후임으로 자신이 적합하다는 여론을 기대했던 것이지 처음부터 촉을 배반한 것이 아니었다.[77]

내분을 잠재운 양의 등이 대군을 이끌고 성도로 회군하였다. 이후 오의(吳懿)가 거기장군(車騎將軍)에 옹주자사를 겸임하여 한중군 군사를 감독하게 되었다. 여기에 왕평이 오의의 부직(副職)으로 한중태수를 겸임

••••

72. 《삼국지》〈촉서〉 유팽요이유위양전(劉彭廖李劉魏楊傳) 위연편 '歎恨己才用之不盡'

73. 《삼국지》〈촉서〉 유팽요이유위양전(劉彭廖李劉魏楊傳) 위연편 '唯楊儀不假借延 延以爲至忿 有如水火'

74. 《삼국지》〈촉서〉 유팽요이유위양전(劉彭廖李劉魏楊傳) 양의편 '常恨二人之不平 不忍有所偏廢也'

75. 《삼국지》〈촉서〉 유팽요이유위양전(劉彭廖李劉魏楊傳) 위연편 '若延或不從命 軍便自發'

76. 《삼국지》〈촉서〉 유팽요이유위양전(劉彭廖李劉魏楊傳) 위연편 '公亡 身尙未寒 汝輩何敢乃爾'

77. 《삼국지》〈촉서〉 유팽요이유위양전(劉彭廖李劉魏楊傳) 위연편 '冀時論 必當以代亮. 本指如此 不便背叛'

하며 한중에 머물렀다. 또한 장완이 상서령(尙書令)이 되어 국사를 총괄하고 군사 업무는 성도로 귀환한 강유가 통제하였다.

양의는 자신의 공적이 지대하므로 제갈량의 후임으로서 자신이 군사와 내정을 겸해야 한다고 생각하였다.[78] 그러나 제갈량은 평소에 '양의는 그 성질이 외골수이면서 좁다'[79]하여 조용히 장완을 상서령(尙書令) 겸 익주자사에 임명해두었다. 하지만 양의는 늘 자신이 장완보다 나이나 재능면에서 낫다고 생각하고 있었다. 때문에 노골적으로 분노를 얼굴에 나타내며 탄식과 노여움이 뱃속 오장에서 튀어나오곤 했고 이 무렵 양의의 말이 무절제하여 감히 따르려는 사람이 없었다.[80] 위연의 경우와 다른 듯 비슷한 모양이었다.

그래도 비의는 수시로 양의를 만나 위로하며 살펴주었다. 이에 양의가 비의에게 자신의 불만을 여과 없이 토로하였다. 그런데 비의는 양의의 말을 그대로 조정에 보고해버렸다. 결국 이듬해인 235년, 양의는 서민으로 강등되고 이후에 자결로 생을 마감하였다. 인재가 부족한 촉에서 헛된 죽음이 거듭되었다. 제갈량이 세상을 떠나면서도 후임들의 부족함에 제대로 눈을 감기가 어려웠을 것 같다.

제갈량이 병사했다는 소식이 전해지자 오는 파구(巴丘)를 지키는 군사를 1만 명 증원하였다. 상황에 따라 촉을 구원하거나 영토를 분할하려 한 것이다. 그러자 촉에서도 영안(永安)의 수비 군사를 늘여 비상 상황에 대비했다. 이때 종예(宗預)가 오에 사신으로 파견되어 서로의 입장을 조율하였다. 그런데 제갈량의 사망 직후 덩달아 병사한 이가 있으니 바로 이엄(李嚴)이다. 이엄은 231년 기산 출병에서 군량 수송 업무를 맡았다가 파직된 인물임을 기억할 것이다. 그는 평민으로 강등되어 재동(梓潼)군에 머물고 있었는데 이때까지도 제갈량이 자신을 다시 불러주기를 바라고 있었다. 하지만 제갈량의 후임자는 자신을 부르지 않을 것이라 여겨 울분으로 병사하고 말았다.[81]

제갈량은 꽤 오래전 손권에게 "방통과 요립(廖立)이 장강 일대의 인재로 후세까지 이어갈 대업을 보좌하고 흥하게 할 사람들이다."[82]라고 말한 적이 있었다. 하지만 요립은 자신의 재주를 믿고 오만하여 다른 사람을 비방하는 말을 함부로 하곤 하다 파직되어 서쪽 변방인 문산(汶山)으로 귀양 가야 했다. 그는 거기서 가족들과 농사지으며 지내던 중 제갈량이 사망했다는 소식을 듣게 되었다. 그러자 "나는 끝내 이민족으로 살아야 하는구나!"[83]라며 탄식하였다.

••••

78. 《삼국지》〈촉서〉 유팽요이유위양전(劉彭廖李劉魏楊傳) 양의편 '自以爲功勳至大 宜當代亮秉政'
79. 《삼국지》〈촉서〉 유팽요이유위양전(劉彭廖李劉魏楊傳) 양의편 '以儀性狷狹'
80. 《삼국지》〈촉서〉 유팽요이유위양전(劉彭廖李劉魏楊傳) 양의편 '自惟年宦先琬 才能踰之. 於是怨憤形於聲色 歎咤之音發於五內. 時人畏其言語不節 莫敢從也'
81. 《삼국지》〈촉서〉 유팽요이유위양전(劉彭廖李劉魏楊傳) 이엄편 '平常冀亮當自補復. 策後人不能 故以激憤也'
82. 《삼국지》〈촉서〉 유팽요이유위양전(劉彭廖李劉魏楊傳) 요립편 '龐統廖立 楚之良才 當贊興世業者也'
83. 《삼국지》〈촉서〉 유팽요이유위양전(劉彭廖李劉魏楊傳) 요립편 '吾終爲左衽矣'

한 발 더 나가볼까

하평(何平)이란 장수는 누구인가?

혹시 촉(蜀)의 장수 중에 하평(何平)이란 인물을 알고 있는지. 하평은 대중적 인지도가 높은 인물 아니다. 연의에서는 제갈량이 병사한 후 위연과 양의가 반목하는 대목에서 그의 이름을 찾을 수 있다. 위연과 양의가 각각 군사를 거느리고 교전하는 상황에서 양의가 내보내는 장수가 바로 하평이다. 뜬금없이 웬 '듣보잡'을 거론했나 생각할 수 있겠지만 간혹 사서에서는 동일인물이 다른 이름을 사용함으로써 혼란을 야기하는 경우가 있다. 하평이 바로 그러한 경우이다.

양의와 위연의 대치는 촉의 운명을 좌우할 수 있는 중요한 상황이었다. 더욱이 양의로서는 맹장 위연과 맞붙게 된 어려움과 더불어 자칫 패퇴하게 되면 역적으로 몰릴 수도 있었다. 여기에 양의가 선봉으로 내세운 장수가 바로 하평이었던 것이다. 제갈량 사후에 촉에서 중요한 비중을 차지한다고 볼 수 있다. 그런데 하평은 이 전투 이후 이름을 찾을 수 없다. 왜 그는 이 전투 이전에도, 이후에도 등장하지 않는 것일까?

대답은 《정사삼국지》 중 왕평(王平)에 관한 부분에서 얻을 수 있다. 정사에는 '제갈량이 오장원에서 병사하고 병력이 퇴각할 때, 위연이 반란을 일으켰지만 단 한 번의 싸움으로 패망하였으니 이는 왕평의 공이다.'[84]라는 기록이 있다. 하지만 필자가 확인한 어떤 연의 번역서에도 위연이 반란을 일으킨 대목에 왕평이 활약하는 모습은 등장하지 않는다. 오직 하평만이 활약할 뿐이다. 뭔가 어색하지 않은가?

《정사삼국지》 〈촉서〉에 이런 내용이 있다. '왕평은 어려서 외가에서 자랐는데 외가가 하(何)씨였다. 그리고 나중에 본래 성씨인 왕(王)을 다시 사용했다.'[85] 그러니까 하평(何平)은 왕평(王平)과 동일인물인 것이다.[86] 왕평은 마속이 가정에서 대패할 때 부장으로 참전했던 장수이다. 마속이 산 위에 진치는 것을 말렸었고 제갈량 사후 북방을 충직하게 지킨 장수로 촉의 인재였다. 그런데 연의와 정사에서 왕평과 하평이란 이름은 이렇게 혼용된다. 때문에 번역하는 이가 눈여겨보지 않으면 별개의 인물이라고 착각할 수밖에 없다.

그런데 공교롭게도 왕평의 동료 장수 중에 이와 유사한 경우가 있으니, 바로 마충(馬忠)이다. 마충도 어렸을 때 외가에서 자랐는데 외가의 성이 狐(호)씨였다. 본명은 독(篤). 그래서 유비가 마충을 부를 때 호독(狐篤)이라고 부르는 장면도 있다.[87] 나중에 본성인 마(馬)씨를 다시 쓰면서 이름도 충(忠)으로 개명하였다. 그래서 마충은 호독(狐篤)이라고도 불렸고, 두 이름이 혼용되어 호충(狐忠)이라고도 불렸다. 둘은 이름이 헷갈렸지만 업적은 명확했다. 마충은 촉의 남쪽, 왕평은 북쪽 국경을 지키는데 모두 뚜렷한 공적을 남긴 것이다.[88] 제갈량의 인재 중 몇 안 되는 생존자들이었다.

••••

84. 《삼국지》〈촉서〉 황이여마왕장전(黃李呂馬王張傳) 왕평편 '亮卒於武功 軍退還 魏延作亂 一戰而敗 平之功也'

85. 《삼국지》〈촉서〉 황이여마왕장전(黃李呂馬王張傳) 왕평편 '本養外家何氏 後復姓王'

86. 《자치통감(資治通鑑)》을 완역한 권중달(權重達) 교수의 의견 또한 동일하다.

87. 《삼국지》〈촉서〉 황이여마왕장전(黃李呂馬王張傳) 마충편 '雖亡黃權 復得狐篤 此爲世不乏賢也'

88. 《삼국지》〈촉서〉 황이여마왕장전(黃李呂馬王張傳) 왕평편 '馬忠在南 平在北境 咸著名跡'

9장

삼국의 내우외환(內憂外患)

1

공손연의 좌충우돌

228~238년

228년, 요동태수 공손공(公孫恭)이 조카에게 쫓겨나는 사건이 발생하였다. 공손공이 병에 걸려 쇠약해지자 조카인 공손연(公孫淵)이 겁박하여 내쫓고 요동태수 지위를 차지해버린 것이었다. 살벌하다. 그런데 이때 위(魏)의 조정에서는 공손연을 인정하고 일단 요동태수 직을 수행하게 했다. 전후 사정을 이해하기 위해서는 관도대전 이후 조조가 원소의 아들들을 추격하던 시절로 잠시 돌아갈 필요가 있다.

관도대전의 여운이 사라지기 전 207년, 그러니까 원소 사망 이후의 잔존 원씨 세력이 생존을 위해 안간힘을 쓰고 있을 때였다. 원소의 둘째 아들 원희와 셋째 원상은 요동군으로 도주했다. 당시 요동태수는 공손강(公孫康). 이때 조조는 공격하지 않고 기다리는 전술로 공손강으로 하여금 원희와 원상을 죽이게 만든 바가 있다. 아울러 그전까지 중앙의 힘이 미치지 않았던 요동 일대가 이때부터 중원 조정에 복속하게 된다.

이후 공손강이 사망하였을 때 그의 아들들은 나이가 어렸다. 그래서 동생인 공손공이 공손강의 후임으로 요동태수 직을 맡게 되었다. 공손강의 첫째 아들은 공손황(公孫晃), 둘째 아들이 공손연(公孫淵)이다. 공손공이 태수로 있을 때 공손황은 시자(侍子)가 되어 조정에 들어가고 공손연은 요동에 남아 있었다. 그 공손연이 어느새 장성하여 삼촌을 내쫓은 것이다. 가끔 세월은 금방 간다. 이런 이유로 위의 조정에서도 이를 하극상으로 규정하지 않고 인정해주었다고 볼 수 있다. 데뷔부터 범상치 않았던 공손연이다. 연의에서는 단역으로 그쳤지만 정사의 공손연은 무시할 수 없는 지방정권의 강자였다.

공손연은 요동태수가 된 지 4년 만인 232년에 멀리 손권과 통교를 시도했다. 그해 3월 손권은 바닷길로 장군 주하(周賀)와 배잠(裴潛)을 요동군에 파견하여 공손연과 동맹하기로 하였다. 그러자 위 조정에서는 장군 전예(田豫)를 파견했다. 하지만 곧 '적이 강성하고 또 바다를 건너야 한다.'는 이유로 전예에게 조서를 보내 군사의 해산을 명했다. 그런데 전예는 곧바로 회군하지 않고 성산(成山)[1]에 주둔하였다. 전예는 틀림없이 오의 배가 풍랑에 표류할 것으로 예상했고 그렇게 됐을 경우 정박할 곳은 성산뿐이라고 보았기 때문이다. 이때 장수들은 모두 빈 땅에서 적을 기다

••••

1. 산동반도 끝자락에 위치한 지역이다.

린다며 비웃었는데[2] 실제로 오의 배들이 암초에 부딪쳐 침몰하는 일이 벌어졌다. 전예가 예상한 대로였는데 그의 능력이 범상치 않음을 제대로 보여준 사건이었다. 여기서 오의 주하(周賀)가 전사하고 많은 수가 전예에게 생포되었다. 232년 9월의 일이었다.

다음 달인 232년 10월 공손연은 숙서(宿舒)와 손종(孫綜)을 사자로 보내 손권에게 번신을 자청하며 담비 가죽과 말을 헌상하였다.[3] 손권은 기뻐하며 공손연에게 작위를 하사하였다. 그리고 다음해인 233년 3월 숙서와 손종이 요동으로 돌아갈 때 장미(張彌), 허안(許晏) 등이 바닷길을 통해 1만 군사를 거느리고 동행해 공손연에게 금은보화 등을 잔뜩 보냈다. 이때 승상 고옹(顧雍) 이하 모든 대신들은 손권에게 '공손연을 믿을 수 없고, 베푸는 은총이 지나치다'고 반대하였고 특히 장소는 수차례 말리는 간언을 올렸다. 신하들의 계속된 반대로 분위기는 점차 험악해졌고 급기야 손권이 칼을 잡은 채 대노하기에 이르렀다. 그러나 장소는 "신의 말이 받아들여지지 않을 줄 알면서도 어리석은 충성을 다하는 것은 태후께서 붕어하시기 전에 침상 아래로 분부하신 유조가 아직도 귀에 맴돌기 때문입니다."[4]라며 눈물을 흘렸다. 이에 손권도 손에 쥐었던 칼을 집어 던지고 마주보며 흐느껴 울었다. 물론 고집을 꺾은 것은 아니었다. 이때 손권과 장소가 서로 참으며 틈이 벌어지지 않은 것은 편장군 호종(胡綜)의 노력도 있었다.[5] 이후 장소는 병을 핑계로 입조하지 않았다.

그러나 오의 신하들이 우려했던 일이 터지고 말았다. 뱃길로 장미와 허안 등이 요동에 도착하자 공손연은 이들을 참수하여 수급을 위에 보내고 군사들과 무기 등을 차지해버린 것이다. 도무지 예측할 수 없는 공손연의 행보였다. 손권은 대노하여 직접 공손연을 치겠다고 난리를 피웠는데 이에 설종(薛綜), 육모(陸瑁) 등이 간절히 간언하여 겨우 진정되었다. 모든 일이 자신의 고집에서 비롯되었기에 손권은 장소를 찾아가 사과했다. 장소는 손권의 사과를 받았음에도 한동안 입조하지 않다가 손권이 수차례 요청한 이후에야 겨우 입조하였다. 공손연 때문에 여러모로 손권의 체면이 말이 아니었다.

한편 공손연이 참수했던 장미와 허안의 수급이 233년 12월 낙양에 도착했다. 이에 조예는 공손연을 대사마(大司馬)에 제수하고 낙랑공(樂浪公)에 봉하여 요동군을 전처럼 다스리게 하였다. 분이 가라앉지 않은 손권은 고구려에까지 사자를 보내 요동군 지역을 공격하려는 시도를 계속했다.[6] 당시 요동군 일대에서는 고구려 외에도 오환족, 선비족 등과 크고 작은 충돌이 계속되고 있었다.

237년, 관구검이 요동군 일대를 평정할 방책을 건의하였다. 이는 위

••••

2. 《삼국지》〈위서〉 만전견곽전(滿田牽郭傳) '諸將皆笑於空地待賊'
3. 《삼국지》〈오서〉 오주전(吳主傳) '稱藩於權 并獻貂馬'
4. 《삼국지》〈오서〉 장고제갈보전(張顧諸葛步傳) '臣雖知言不用 每竭愚忠者 誠以太后臨崩 呼老臣於床下 遺詔顧命之言故在耳'
5. 《삼국지》〈오서〉 시의호종전(是儀胡綜傳) '其和協彼此 使之無隙 綜有力焉'
6. 《삼국지》〈위서〉 명제기(明帝紀) '青龍四年 秋七月 高句麗王宮斬送孫權使胡衛等首, 詣幽州' 청룡4년(236년) 손권은 고구려에도 사신을 보냈으나 뜻한 바를 얻지 못했다. 고구려가 사신의 머리를 베어 버린 것이다.

또한 공손연을 제대로 통제하지 못하고 있음을 보여준다. 조예는 관구검을 유주자사에 임명하고 출병을 허락했다. 관구검은 유주의 모든 군사를 통솔하여 양평현을 점거하고 요수(遼遂)에 주둔했다. 그러자 우북평(右北平)군 오환족 선우(單于) 구루돈(寇婁敦)과 요서군 오환족 도독(都督) 왕호류(王護留) 등이 부족의 군사들을 거느리고 투항해왔다. 관구검은 요동태수 공손연을 소환했다. 하지만 공손연은 여기에 응하지 않았다. 공손연은 애초부터 누구에게도 종속될 마음이 없었는데, 위 조정에 혼란을 주고 손권의 뒤통수를 때린 것은 독자적인 세력이 되고자 했던 줄타기의 일환이었던 것이다.

결국 양측은 무력충돌을 할 수밖에 없었다. 관구검과 공손연은 요수에서 교전을 벌였는데 그때 10여 일이나 큰 비가 내려 요하(遼河)가 범람해 결국 관구검이 회군하게 된다. 위 조정에서는 조서를 내려 요동군의 장졸, 관리, 백성들 중에 공손연의 협박에 의해 투항한 자들에게 사면령을 내렸다. 공손연을 반란군으로 규정하면서 세력 와해를 노린 것이다. 그런데 공손연의 반란으로 입장이 난처해진 이가 있었다. 바로 공손연의 형 공손황이었다. 공손연이 반역하자 공손황은 곧바로 하옥되었는데 시자(侍子)로 조정에 머물고 있었던 공손황은 예전부터 동생이 반기를 들 것이라고 여러 차례 말한 바 있었다. 이에 법조연(法曹掾) 고유가 "공손황과 그 처자는 반역자의 일족이니 응당 효수하여 매달아야 하며 후손을 남겨서도 안 됩니다. 그러나 신이 알기로 공손황은 미리 조정에 귀부 의사를 밝혔고 공손연 반역의 조짐을 보고하였으니 비록 반역자의 가족이

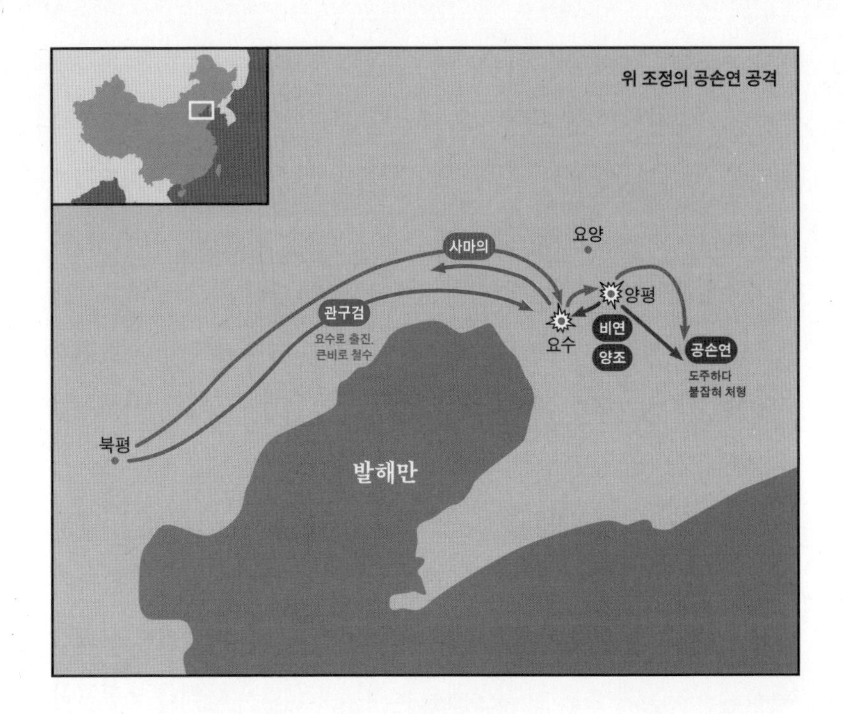

지만 그 본심을 용서해야 합니다."라고 상소하였다. 하지만 조예는 공손황과 처자들에게 사약을 내려 처형해버렸다. 대신 관과 수의를 보내주고 집에서 염(殮)할 수 있게 예우해주었다. 죽이고 난 뒤에 무슨 소용인지.

위와 단절한 공손연은 스스로 연왕(燕王)으로 칭하며 자립하였고 독자적 연호를 사용하기 시작했다.[7] 아울러 선비족 선우에게 인수를 내리고 회유하여 위의 북방을 공격하게 하기도 했다.

위 조정은 공손연의 이러한 행보를 끝까지 봐주지는 않았다. 이듬해

••••

7. 《삼국지》〈위서〉 명제기(明帝紀) '淵自儉還 遂自立爲燕王 置百官 稱紹漢元年'

인 238년 봄, 태위(太尉) 사마의가 4만 병력을 거느리고 요동으로 출병한 것이다.[8] 어디까지나 만약이지만 이때 제갈량이 촉에 건재해 있었다면 어떻게 되었을까? 아마도 사마의가 직접 저 멀리 요동까지 출정하기는 어려웠을 것이다. 지하에 있는 제갈량 또한 자신이 살아서 북벌하는 동안 공손연이 진작 이렇게 행동했더라면 하면서 안타까워하지 않았을까.

사마의가 이끄는 대군이 요동 인근에 다다르자 공손연은 장군 비연(卑衍)과 양조(楊祚)에게 보병과 기병 수만을 주어 맞서게 했다. 비연과 양조는 요수에 주둔하며 주변 20여 리에 참호를 팠다. 사마의의 부대가 진격해오자 비연이 출진하였는데 사마의의 부장 호준(胡遵)이 비연을 격파했다. 사마의는 병사들에게 참호를 파게 한 뒤 자신은 나머지 병력을 이끌고 동남쪽으로 진군하였다. 그러다 갑자기 동북쪽으로 선회하여 양평(襄平)현을 급습했다. 이때 양평에 주둔하던 비연은 야간에 도주하였고 이후 사마의의 부대가 양평 서남쪽 수산(首山)에 이르자 공손연은 다시 비연을 내보냈다. 사마의는 또 비연을 대파하고 양평성 부근에 참호를 팠다. 그리고 이번에야말로 뿌리를 뽑으려는 듯 차근차근 진격해 갔다.

이후 약 한달 간의 장마로 요하가 범람했다. 장마가 그친 후 사마의는 토산을 쌓아 성안으로 무수히 많은 쇠뇌를 발사했다. 양평성은 군량이 떨어지자 저항하던 양조 등이 투항했다. 8월이 되자 공손연과 아들 공손수(公孫脩)는 수백 기만 거느리고 포위를 뚫고 동남쪽으로 도주하였다.

····

8. 《삼국지》〈위서〉 명제기(明帝紀) '詔太尉司馬宣王帥衆討遼東'

사마의의 군사들이 추격하여 공손연 부자를 붙잡아 참수했다. 위와 오를 뒤흔들며 강력한 독자정권을 세웠던 인물의 최후였다. 하지만 사마의라는 우수한 전략가가 아니었다면 공손연의 요동 세력은 결코 쉽게 해결되지 않았을 것이다. 공손씨들 또한 그것을 알았기에 고분고분하지 않았던 것이고.

이렇게 요동성이 함락되면서 수천 명이 처형되고 공손연의 수급은 낙양으로 보내졌다. 그런데 해도 넘기지 않은 12월, 조예가 갑작스레 병석에 누워 버렸다. 이듬해인 239년 1월, 회군한 사마의가 조예를 알현하였다. 여기서 조예는 조상(曹爽)과 사마의에게 후사를 부탁하고 사망했다. 당시 35세였고 재위 13년만이었다. 조비에 이은 조예의 요절은 신생 왕조 위로서는 매우 뼈아픈 일이었다.

2

촉(蜀)과 위(魏)의 다툼

234~252년

234년, 제갈량이 오장원에서 병사하였다. 촉(蜀)으로서는 대들보가 무너진 것이고 위(魏)로서는 큰 고민거리 하나가 없어진 셈이다. 사실 연의에서는 제갈량이 퇴장하면서부터 파장(罷場) 분위기라고 해도 과언이 아니다. 심지어 어떤 번역본은 여기서 끝나버리기도 한다. 하지만 정사에서는 이후에도 강물 흐르듯 이야기가 계속 이어지고 흥미로운 장면도 매우 많다. 184년 황건적의 난으로 이야기가 시작된 이래 정확히 50년이 흐른 시점이고 280년 오가 멸망하기까지 46년이 남았다. 야구경기에 비유하자면 이제 5회 말이 끝났을 뿐이다.

제갈량 사망 직후 촉에서는 신하들 간의 후계 다툼이 있었다. 한 사람에게 집중되었던 권력이 여러 사람에게 부드럽게 분산되어 전해지는 것이 더 이상한 일인지도 모른다. 당시 촉의 황제 유선은 20대 후반으로 더 이상 어린애가 아니었지만 이때까지도 그리 큰 존재감을 보이지 못했다. 신하들의 권한과 서열 조정이 일사분란하게 이루어지지 못한 것 또한 황제의 능력을 보여주는 단면이라 하겠다. 이 과정에서 위연이 반역의 굴레를 쓰고 처형되었고 양의도 자리에서 밀려나 얼마 후 자결하였다. 이후 촉의 권력은 일단 장완과 비의, 강유로 분산되었다.

촉은 234년 이후에도 위와의 전쟁을 이어갔다. 다행히 제갈량의 공백으로 흔들리던 촉은 장완을 중심으로 점차 안정을 찾아갔다. 장완은 235년 4월에 대장군에 임명되었고, 238년 유선으로부터 "전군을 거느리고 한중에 주둔하며 오(吳)가 거병하기를 기다려 동서로 호응하라."[9]는 조서를 받았다. 그러나 어찌된 일인지 오는 어떠한 군사행동도 취하지 않았다. 그리고 이듬해인 239년에 장완은 대사마(大司馬)로, 강유는 사마(司馬)로 각각 승진하였다.

삼국지연의를 읽은 독자들은 제갈량의 후계자로 거의 강유를 가장 먼저 떠올릴 것이다. 제갈량이 못 다 이룬 목표를 바로 이어받아 도모했기 때문이다. 하지만 실제 제갈량과 강유, 두 인물의 주된 활동 사이에는 무려 19년이라는 시차가 존재한다. 그것도 그럴 것이 강유는 장완과 비의가 살아 있을 때는 마음대로 활동하기가 어려웠기 때문이다. 대부분의 연의가 제갈량 사후부터는 간략하게 진행되고, 장완과 비의의 활동

••••

9. 《삼국지》〈촉서〉 장완비의강유전(蔣琬費禕姜維傳) '總帥諸軍 屯住漢中 須吳擧動 東西掎角'

에 그다지 주목하지 않다 보니 체감시간과 제법 큰 차이가 생겼다.

연의에서 이런 정사와의 체감시차가 발생하는 경우는 매우 흔하다. 제갈량 사후 10여 년 간은 장완이 촉의 정사를 주도하였고 이후에는 비의가 주도하였다고 볼 수 있다. 강유는 서열상 그 아래에 있었기에 시차가 20여 년쯤 된다. 이러한 이유들로 이 시기에는 촉이 위에 대해 적극적인 공세를 취하지 못했다.

장완이 촉의 정사를 주도하던 240년, 강유가 농서(隴西) 지역을 공격하였고 위에서는 곽회가 맞섰다. 촉의 공격은 성공하지 못해 강유는 퇴각하고 곽회는 강유를 강중(彊中)까지 추격하였다. 촉의 패퇴로 일대 저

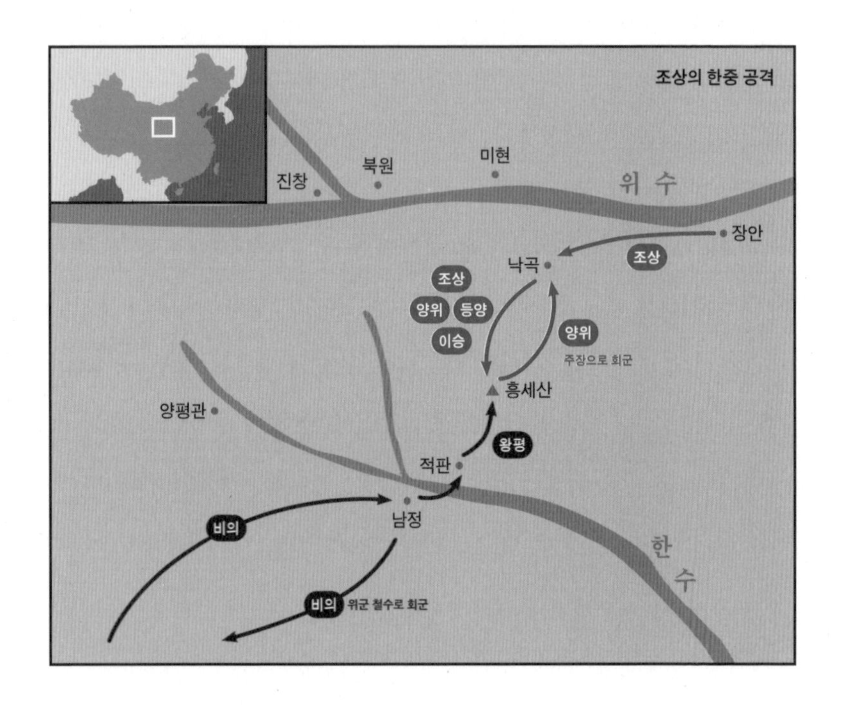

족(氐族) 3천여 호가 관중(關中)으로 이주하였고 양주(涼州)의 호인(胡人) 양원벽(梁元碧) 등 2천여 호가 옹주에 귀부하여 안정군 고평(高平)으로 이주했다.

243년, 장완은 '북쪽 지역은 길이 험하고 군량 운송이 어려워 이기지 못했으니, 차라리 강을 따라 동쪽으로 내려가는 것이 나을 것'이라고 생각하여 한수를 이용해 위흥(魏興)군이나 상용(上庸)군을 공격하는 계획을 세웠다. 하지만 이 계획은 많은 반대를 불렀다. 승리하지 못했을 경우 귀로가 너무 험난하다는 것이다. 이에 장완은 비의(費禕)와 강유를 유선에게 보내 자신의 의도를 설명하였는데 부현(涪縣)은 수륙으로 통한 곳인 만큼 서둘러 대응해야 함[10]을 주장했다. 장완의 주장은 관철되어 그 해 10월 대사마 장완이 부현에 주둔하고 한중군은 진북대장군 왕평이 군사들을 지휘하게 되었다.

그런데 244년 봄, 위 대장군 조상(曹爽)과 하후현(夏侯玄)이 7만 혹은 10만 가량의 병력을 거느리고 한중군을 목표로 출병하였다. 얼마 지나지 않아 선봉 곽회가 낙곡(駱谷)에 도착하였다. 참고로 위수 아래 침령산에서 흥세산으로 이르는 길을 낙곡도(駱谷道)라고 한다. 당시 한중을 지키는 병사는 3만이 채 안 되는 상황이었기에 촉의 장수들은 크게 놀랐다. 어떤 장수가 "지금 우리가 적을 막기에는 역부족이니 한성(漢城)과 낙성(樂城)만 방어하고 적을 끌어들인다면 그 사이 부성(涪城)의 군사가 관

••••

10. 《삼국지》 〈촉서〉 장완비의강유전(蔣琬費禕姜維傳) '今涪水陸四通 惟急是應'

문을 구원하러 올 것입니다."라는 의견을 냈다. 하지만 왕평의 생각은 달랐다. "그렇지 않다. 한중에서 부성은 거의 천 리나 되는데 적군이 관문을 지나면 곧바로 화가 닥치게 될 것이다. 먼저 병력을 보내 흥세산에서 적을 저지하고 나는 후방을 지원할 것이다. 그리고 만약 적이 군사를 나눠 황금(黃金)이란 곳으로 향한다면 내가 1천 명을 거느리고 직접 출병할 것이다. 그때 쯤에는 부성의 군사가 이를 것이니 이것이 최선이다."[11]

하지만 반대 의견이 중론이었다. 이때 좌호군 유민(劉敏)만이 '백성들이 한창 농사지을 때라 만약 적의 침입을 버려두면 한중을 방어하기도 어려울 것'이라며 찬성 의견을 냈다. 이에 왕평과 유민은 흥세산에 군영을 설치하고 1백 리에 걸쳐 많은 깃발을 세워두고 방어 태세에 돌입하였다.

당시 공격하는 위군 사정이 좋지 않았다. 조상이 이끄는 대군은 진군에 큰 어려움을 겪고 있었는데 우선 저족과 강족의 군량 공급이 원활하지 않았고, 계곡을 지나는 수백 리에서 산적이 출몰하였다. 이에 참군(參軍) 양위(楊偉)가 빨리 회군할 것을 건의하였다. 조상의 심복인 등양(鄧颺)과 이승(李勝) 등이 반대하였지만 결국 조상은 철군을 결정하게 되었다. 유선은 대장군 비의에게 부절을 내려 한중을 방어하게 하였는데 비의가 도착했을 때는 위군이 이미 퇴각한 뒤였다. 9월에 비의는 성도로 회군하였고 장완이 사양한 익주자사 직까지 겸임하게 되었다. 2년 후인 246년 장완이 병사하였다.

247년, 양주(凉州) 일대 호인(胡人) 우두머리 백호문(白虎文)과 치무대

(治無戴) 등이 무리를 거느리고 촉에 투항하였다. 강유는 이들을 위무하고 번현(繁縣)에 거주하게 하였다. 이 해에 문산(汶山)군 일대 만이(蠻夷)들이 반기를 들자 토벌하여 평정하였다. 같은 해에 농서, 남안(南安), 금성(金城) 일대의 강족인 아하(餓何), 소과(燒戈), 벌동(伐同), 아차새(蛾遮塞) 등이 위에 반기를 들며 촉군을 불러들였다. 아울러 양주의 유명한 호인 치무대도 이에 호응하였다. 좋은 기회라고 판단한 강유가 그 일대로 출병하였다.

당시 토촉호군(討蜀護軍) 하후패(夏侯霸)는 위시(爲翅)에 주둔하고 있었다. 이와 별도로 옹주자사 곽회가 적도(狄道)현에 도착했을 때 많은 이들이 포한(枹罕)부터 평정할 것을 주장하였다. 하지만 곽회는 강유가 하후패를 공격할 것이라 예상하고 말머리를 남쪽으로 돌려 위시를 향해 진군하였다. 곽회의 예상대로 강유는 위시를 공격하였는데 곽회가 진격하여 이를 격파해버렸다. 강유는 퇴각할 수밖에 없었고 이후 곽회는 반기를 들었던 강족을 공격하여 아하(餓何), 소과(燒戈) 등이 전사하였다.

248년, 아차새 등의 강족이 황하에 의거하여 다시 저항하자 곽회는 백토성(白土城)에서 아차새 등을 대파하였다. 다른 곳에서는 치무대가 무위(武威)군을 포위 공격하고 있었다. 이때 치무대의 가족들은 서해(西海)군에 있었는데 첩보를 입수한 곽회가 서해군으로 진격하였다. 그러자 치

••••

11. 《삼국지》 〈촉서〉 황이여마왕장전(黃李呂馬王張傳) '不然. 漢中去涪垂千里. 賊若得關 便爲禍也. 今宜先遣劉護軍杜參軍據興勢 平爲後拒. 若賊分向黃金 平率千人下自臨之. 比爾間 涪軍行至 此計之上也'

무대는 급히 회군하여 곽회와 교전을 벌였으나 곽회에게 격파되었다. 아울러 석두산에 웅거하던 영거(令居)라는 이민족[12] 또한 격파되었다.

강유는 서쪽으로 진격하여 패퇴한 치무대와 합세하였고 음평(陰平) 태수 요화는 성중산(成重山)에 축성하며 패한 강족들을 인질로 잡아두고 있었다. 이때 곽회의 진영에서는 '전력을 모아 강유와 치무대의 합세를 막자'는 의견도 있었다. 하지만 곽회는 "지금 우리가 요화를 공격하면 이는 적이 예상하지 못한 것이라서 강유는 구원하지 않을 수 없다. 강유가 되돌아 올 때쯤엔 요화를 평정할 수 있고 강유는 지쳐 달아날 것이다. (중략) 이는 일거양득의 방책일 것이다."[13]라고 하였다. 곽회는 하후패를 보내 답중(沓中)에서 강유를 추격하게 하고 자신은 요화를 공격하였다. 역시 강유는 요화를 구원하려 출병하였고 결국 곽회의 예상대로 전투가 전개되었다.

247년에서 249년 무렵 이렇게 강유는 주변 이민족들의 움직임을 기회로 여겨 수시로 출병하지만 이렇다 할 전과를 올리지 못했다. 그래도 강유는 '자신이 서방의 풍속을 잘 알고, 또 자신의 재능에 자부심이 있어 여러 강족과 호인들을 달래 우익(羽翼)으로 삼을 수 있다'고 생각하여, 농서 일대를 차지할 수 있다고 말하곤 하였다. 그래서 여러 번 대군을 출병하고자 하였으나 생각대로 되지 않았다. 비의가 기껏해야 1만여 명 정도의 군사 밖에 내주지 않았던 것이다. 때문에 강유는 위나 주변 이민족들을 상대로 소소한 전투 밖에 치르지 못하였다.

그러던 249년 1월, 위에서 큰 변란이 일어난다. 이른바 '고평릉의 변

(高平陵之變)'[14], 위의 대장군 조상이 사마의에 의해 주살되면서 사마씨가 실권을 잡은 사건이었다. 그로 인해 위의 우장군(右將軍) 하후패가 도망쳐 촉에 투항해왔다. 이 무렵 곽회는 양주(凉州)와 옹주의 모든 군사를 총괄하게 되었다. 후임 옹주자사에는 진군(陳群)의 아들 진태(陳泰)가 임명되었다.

강유는 위의 변란을 틈타 국산(麴山)에 두 개의 성을 축조한 후 구안(句安)과 이흠(李歆)을 보내 각각 지키게 하였다. 그러면서 강족의 인질들을 붙잡고 근처 여러 군을 공격하였다. 이에 곽회와 진태가 대책을 논의하였다. 진태가 "국산의 성곽이 견고하지만 촉에서 멀리 떨어져 있고 길은 험하며 군량을 운반해야 합니다. 게다가 아직까지 강족들은 진심으로 귀부하지 않았습니다. (중략) 비록 구원병이 있다 해도 산길이 험해 마음껏 작전을 펴기 어려울 것입니다."라고 건의하였다. 이에 곽회는 진태와 서질 그리고 남안태수 등애에게 명하여 성을 포위한 뒤 군량 운반 도로와 성 밖 냇물을 막아버렸다. 국산을 구원하기 위해 구안과 이흠이 도착하였으나 진태는 응전하지 않았다.

촉군은 곤경한 상태에서 겨우 버텼다. 강유까지 구원병을 거느리고 백수(白水)[15] 상류 북편에 위치한 우두산(牛頭山)을 나와 진태와 대치하게 되었다. 하지만 진태는 보루를 굳게 지키며 싸우지 않으면서 한편으로 곽

····

12. 호로(胡虜)로 기록되어 있다. 역시 오랑캐라는 의미이다.

13. 《삼국지》〈위서〉 만전견곽전(滿田牽郭傳) '此一擧而兩全之策也'

14. 고평릉의 변에 대해서는 '6. 위(魏) 고평릉(高平陵)의 변'에서 다룬다.

회에게 사람을 보내 남쪽으로 백수를 건너 동쪽으로 진격해 우두산을 공격하자고 건의하였다. 이를 받아들인 곽회가 조수(洮水) 근처로 이동하여 주둔하자 강유는 도주하였고 구하러 왔다가 고립된 구안과 이흠은 투항하고 말았다. 성을 아니 쌓은 것만 못하였고, 구원병을 보내지 않은 것만도 못하였다.

곽회는 곧바로 서쪽에 있는 강족을 원정하려 하였다. 하지만 등애는 강유를 경계해야 함을 주장하며 곽회의 출병을 제지하였다. 역시 사흘 뒤 강유는 백수 남쪽에 군영을 설치하였다. 등애는 강유가 조성(洮城)[16]을 공격하리라 예상하고 대비하였다. 예상대로 강유가 공격하였으나 곧 철군하였다. 전력상 전체적으로 열세였던 강유는 우수한 위군 장수들의 예상을 벗어난 전략을 구사하지 못했다.[17]

••••

15. 조수(洮水)와 백수(白水)는 위와 촉의 접전에서 미리 알아두면 매우 요긴한 하천이다. 위수(渭水)는 장안 부근에서 동서로 흐르는 황하의 지류이다. 조수(洮水)는 위수의 북서쪽에 위치한 물길로 남북으로 길게 뻗어 있다. 즉 양주(凉州)의 동편과 옹주(雍州)의 서편을 세로로 가른다고 할 수 있다. 백수(白水)는 위수 남쪽에 위치하는 물줄기로서 답중(沓中)에서 음평(陰平) 북쪽을 지나 가맹관(葭萌關)까지 남동향으로 흐른다. 눈에 띄는 점은 백수의 상류는 위수와 그리 멀지 않은데, 위수는 황하의 지류이고 백수는 장강의 지류라는 점이다.

16. 백수 상류 북쪽에 위치한 성이다.

17. 제갈량도 강유도 북벌에서 위 장수들의 예상을 벗어나는 전략을 펴지 못했다. 이때만은 둘 다 그저 그런 전략가에 지나지 않았다. 그러나 이는 지리적인 한계가 크게 작용했던 것으로 보인다. 따라서 쓸 수 있는 계책의 경우의 수가 적었기에 예상이 어렵지 않았던 것이다.

3

오(吳)와 위(魏)의 다툼

234~252년

234년, 손권이 의욕적으로 추진했던 촉(蜀)과의 협공은 허무하게 끝나고 말았다. 하지만 이후에도 오(吳)와 위(魏)의 전투는 계속되었다. 크게 보았을 때 오와 위의 접경은 두 영역으로 나눌 수 있다. 서쪽으로 형주(荊州) 영역, 동쪽으로 양주(揚州) 영역이다. 두 영역 모두 장강 이북인데, 오의 입장에서 장강은 최종 방어선이라 할 수 있었다. 반면 오가 공세를 취할 때는 서쪽으로 한수(漢水) 이북, 동쪽으로 회수(淮水) 이북을 노렸다. 이 중에서 특히 양주 쪽에서 교전이 자주 일어났다.

233년, 만총의 건의로 축조된 신성(新城)은 오의 입장에서는 그야말로 거대한 장벽이었다. 사실 황건적의 난 이후 삼국시대라고 말하는 96년 동안을 통틀어 가장 교착됐던 전선을 꼽으라면 회수와 장강 사이의 합비(合肥) 일대라 할 것이다. 솔직히 백성에겐 누가 주인이 되든 어느 한 쪽이 확실하게 점령해서 안정되는 게 좋을 테지만 합비 일대의 백성들은 그런 생활이 언제였는지 기억조차 희미할 정도였다. 그래서 230~240년대에는 '서주(徐州)와 사수(泗水) 일대, 장강과 회수 일대는 사람이 살지 않는 땅이 수백 리에 달했다'[18]고 한다.

거슬러 살펴보면 208년 적벽대전에서 대승한 오의 손권이 승세를 타고 직접 출진해 공격했던 곳이 바로 합비성이었다. 보통 '합비대전'이라고 하면 215년 위의 장수 장료가 오군을 대파했던 전투를 가리키는 경우가 많다. 혹 208년을 1차 합비대전, 215년을 2차, 222년에서 223년에 걸친 전투를 3차 합비대전이라고 순번을 매기는 자료도 있다. 하지만 이는 큰 의미가 없다. 왜냐면 이 일대에서의 크고 작은 전투는 무려 70년간이나 지속되기 때문이다. 오가 공격할 때는 합비성과 신성으로 진격하고, 위가 공격할 때는 유수(濡須) 지역으로 진격하는 것이 대체적인 패턴이었다.

신성 축조 이후 위·오 전투의 주된 무대는 바로 그 신성이 되었다. 양양 서쪽 한수 유역에 상용군 등이 통합되어 신설된 신성(新城)군과 명칭이 같아 간혹 혼동하는 경우가 있다. 동명이역(同名異域)이다. 233년과 234년에 있었던 오의 신성 공격이 모두 실패하고, 235년 봄 손권은 군사를 보내 장강 이북에서 농사를 짓게 하였다. 그런데 8월에 곡식이 익을

••••

18. 《삼국지》〈오서〉 종실전(宗室傳) '淮南濱江屯候皆徹兵遠徙 徐泗江淮之地 不居者各數百里'

무렵, 만총이 장강을 타고 하류로 내려가면서 곳곳에 있는 둔병들을 공격하고 그간 농사지은 곡식들을 소각해버렸다. 손권으로서는 여간 화가 날 일이 아니었다. 물론 만총은 짜릿하지 않았을까. 하지만 손권은 공략을 멈추지 않았다.

이듬해인 236년에도 이 일대를 계속 공략하면서 한편으로 육손과 제갈근에게 표문을 내려 양양을 공격하게 하였다. 그런데 표문을 전달하는 자가 위의 초병에 잡혀버리는 일이 발생했다. 오의 작전기밀이 위에게 넘어간 것이다. 하지만 육손은 동요하지 않고 평상시처럼 여유롭게 행동했다. 그러면서 육손은 제갈근에게 "주군께서 이미 환궁한 것을 적군이 알았으니 이제 우리에게만 전력을 쏟을 것입니다. 그들은 이미 요충지를 막고 있고, 우리 군사들은 동요할 수 있으니 일단 우리를 안정시킨 뒤 방책을 강구하여 출동해야 합니다."라고 말했다. 그러고는 제갈근은 수군을 감독하고 육손은 모든 보병과 기병들을 거느리고 양양성으로 일제히 진격했다.

육손의 공격에 위군은 양양성 안으로 물러나 방어태세를 갖춘다. 육손은 한편으로 주준(周峻)과 장량(張梁)을 보내 강하(江夏)군의 여러 현을 공격하게 했다. 이 중 석양(石陽)에서는 한창 시장이 열려 있었는데 느닷없이 주준 등이 공격해오자 백성들은 물건을 버리고 성문으로 들어가려 하였다. 위군은 성문을 닫을 수 없자 병사들이 백성을 죽이며 못 들어오게 하고 성문을 닫아버렸다. 이때 오군이 생포한 백성들이 1천여 명이었는데 육손은 이들을 보호하며 물건을 빼앗지도 않고 모욕하지도 않았다. 이에 감동해 가족을 이끌고 귀부하는 자들도 제법 있었다.

이렇게 오는 조금씩 세력을 넓히게 되는데 강하군에서 조탁(趙濯)이, 또 익양군에서 배생(裵生) 및 만이(蠻夷) 우두머리 왕매이(王梅頤) 등이 육손에게 귀부해 왔다. 아울러 육손은 이듬해에 양주(揚州) 남서쪽 파양군, 예장군, 여릉군에서 일어난 반란도 진압하고 반란에 참여했던 이들 중 8천여 명을 선발하여 군사로 편성하였다. 역시 오는 손권이 빠져야 일이 된다.

237년 7월, 오의 주연이 군사 2만을 이끌고 강하군을 포위하였다.[19] 하지만 형주자사 호질(胡質)이 반격하여 주연은 퇴각하고 만다. 적벽대전 당시 유비와 유기가 머물던 강하는 장강 동편에 있었지만, 이때는 오가 다스리는 강하와 위가 다스리는 강하가 장강을 사이에 두고 각각 존재해

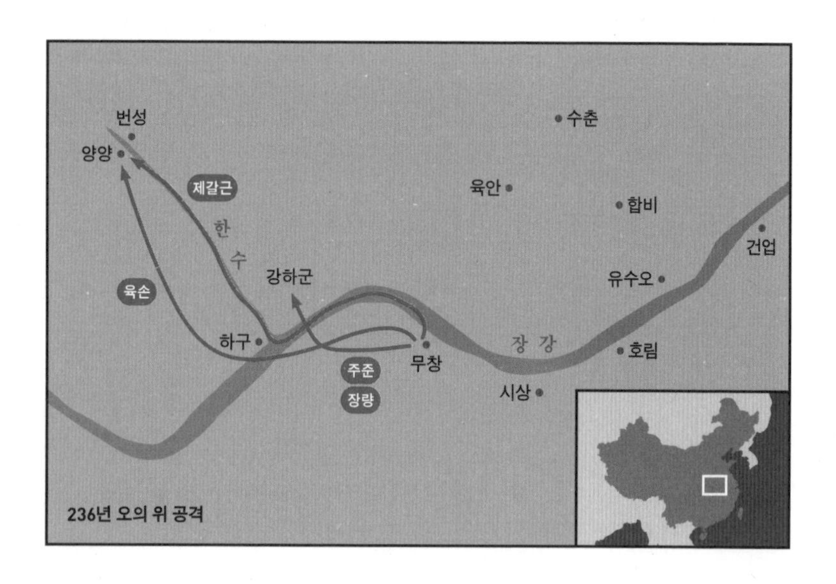

236년 오의 위 공격

가끔 혼동을 유발한다. 237년 10월 무렵에는 여강을 놓고 다시 분쟁이 일어난다. 위의 여강군 주부(主簿) 여습(呂習)이 오에 투항하겠다는 의사를 밝히며 성문을 열어 내응하겠다고 자청해온 것이다. 이에 주환과 전종이 여강군의 육안(六安)으로 출병했다. 그런데 진군 도중 기밀이 누설되어 어쩔 수 없이 회군해야 했다. 이때 성 밖 1리쯤에 하천이 있었는데 여강태수 이응(李膺)이 추격하여 공격하려다가 주환이 후방을 방어하는 것을 보고 중단하였다. 이때 제갈근의 아들 제갈각은 여강군 환현에 주둔 중이었는데 북쪽에 위치한 서현(舒縣)을 공략하여 백성들을 데리고 귀환했다. 의기양양해진 제갈각은 수춘을 공격하겠다고 요청하였지만 손권이 허락하지 않았다.

이 무렵 위에는 등애(鄧艾)라는 인물이 상서랑(尙書郎)에 임명되었다. 등애는 나중에 촉을 공격하여 패망시키는 명장이지만 아직은 새싹 단계라 할 수 있다. 그 등애가 회수 부근의 치수 사업을 건의하여 241년 광조거(廣漕渠)가 개통되었다. 거(渠)는 운하를 뜻하는데[20], 광조거가 완공됨으로써 선박을 이용하여 회수와 장강을 통할 수 있게 된다.

241년, 오는 적극적으로 공세를 취하였다. 먼저 4월 장군 전종이 회남군을 공격했다. 전종이 수만 군사를 거느리고 수춘성을 향해 진격하자 위에서는 왕릉(王凌)과 손례(孫禮)가 맞섰다. 수춘 남쪽에 위치한 작피(芍

····

19. 오는 전년의 공격으로도 장강 이북의 강하군을 빼앗지 못했다.

20. 조거(漕渠) 또한 운하나 인공 하천을 의미하는 말이다. 국어사전에서는 조거(漕渠)를 '짐을 싣거나 풀거나 할 때, 배를 들여대기 위해 파서 만든 깊은 개울'로 설명하고 있다.

陂)에서 양국은 종일토록 교전하여 진황(秦晃) 등 장수 10여명이 전사하였고, 양측 모두 다수의 사상자가 발생하였다. 이 전투에서 손례도 부상을 입었으나 북을 치며 진격하여 결국 오군이 물러났다. 이후 위 조정은 비단 7백 필을 하사하였는데 손례는 전사자의 가족들에게 전부 나눠주고 전사자들 위한 제사를 지내며 통곡하였다.[21]

5월에는 오의 장군 주연이 번성을 포위했다. 이에 형주자사 호질(胡質)이 맞섰고, 태부 사마의가 원군으로 출병하여 방어하였다. 오의 대장군 제갈근은 사중(柤中)을, 그 아들 제갈각은 여강군의 육안을 각각 공격하였다.

242년, 주연이 사중으로 출병했다. 이에 위의 장수 포충(蒲忠)은 험한 요로를 막아 주연의 후방을 차단하였고 호질이 포충을 지원하였다. 하지만 주연은 8백여 명의 군사로 역습해 포충과 호질을 물리쳤다. 243년 6월에 제갈각은 다시 육안을 공격하여 사순(謝順)의 군영을 격파하고 백성들을 데리고 왔다. 이후 제갈각은 주둔지를 환현에서 시상현으로 옮겼다. 245년 7월에는 회남에 있던 위의 장수 마무(馬茂)가 오에 투항해왔다. 손권은 마무를 구강(九江)태수 겸 정서장군(征西將軍)에 임명하여 중용했다. 그리고 이듬해 2월 주연이 4년 만에 사중을 다시 공격하여 위군 1천가량을 사상하거나 생포하는 전과를 올렸다. 이 공으로 주연은 좌대사마(左大司馬)에 임명되었고 전종이 우대사마(右大司馬), 여대가 상대장군

····

21. 《삼국지》〈위서〉 한최고손왕전(韓崔高孫王傳) '禮爲死事者設祀哭臨 哀號發心 皆以絹付亡者家'

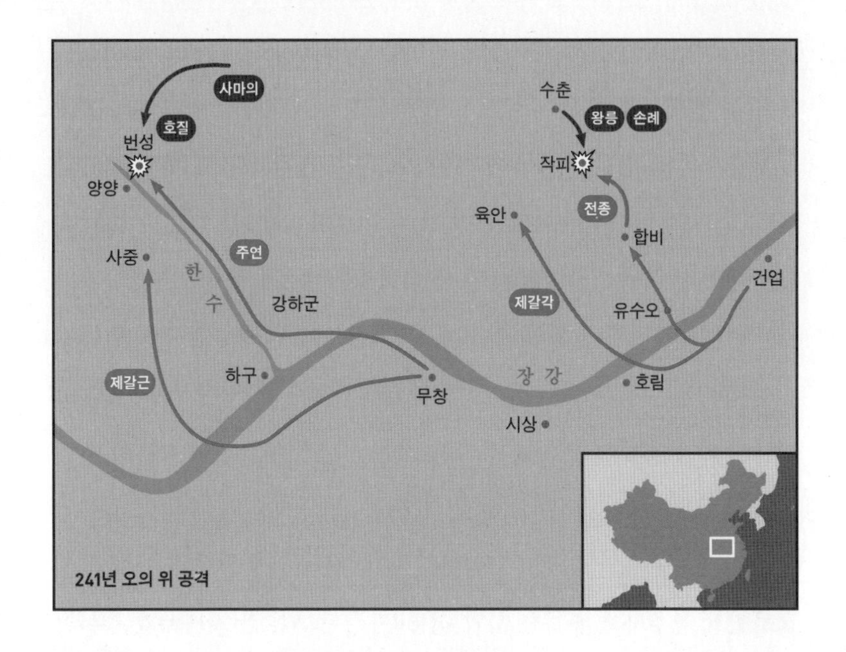

(上大將軍), 제갈각이 대장군에 각각 임명되었다.

그런데 불과 수개월 전에 투항했던 마무가 오에 반역하려다 발각되는 사건이 일어났다. 이에 손권이 크게 분노하였고 좌대사마 주연이 손권에게 상소를 올린 후 사중으로 출병했다. 이때 주연은 상당히 깊숙이 진격하였는데 그 정보를 접한 위장 이흥(李興)이 보병과 기병 6천으로 주연의 퇴로를 차단하였다. 하지만 주연은 야간에 역습하여 이흥을 물리치고 귀환하였다. 손권은 잔치를 열어 풍악을 즐기며 주연이 출병 직전 올렸던 상소를 공개했다. "마무가 대은을 배반하였습니다만, 신은 이번에 폐하의 권위를 빌려 승리할 것입니다. 전리품으로 모두를 놀라게 하고 큰 짐배가 강을 막는 볼거리를 만들어 상하 모든 분들의 분노를 풀어드리겠습니다."[22] 여러 차례 사람에게 속았던 손권에게 이보다 더 마음에 드는 말이 있었을까.

250년 10월, 위의 문흠이 '위에 반기를 들었다'는 거짓 밀서를 주환(朱桓)의 아들 주이(朱異)에게 보냈다. 거짓 정보가 수도 없이 오고가는, 치열한 정보전이었다. 이때 주이는 이를 거짓 투항이라 하였고 손권은 '거짓이 의심된다면 작전을 세워 잡을 것'을 지시했다. 사람 잘 믿는 손권도 이번에는 함부로 받아주지 않았다. 아울러 여범의 아들 여거에게 2만 병력을 주며 합세하여 북쪽을 경계하게 했다. 결국 문흠은 투항하지 않았고 주이와 여거의 대비가 철저해 섣불리 공격하지도 못했다. 12월에는 형주 전선에서 위의 공세가 펼쳐졌다. 위 대장군 왕창(王昶)이 강릉을 공격하였고 형주자사 왕기(王基)가 이릉을, 신성태수 주태(州泰)가 무현과 자귀현, 방릉현 일대를 공격했다.

왕창은 하천 양쪽에 교량을 설치하여 강을 건너 공격하였다. 이에 오군은 장강 남안으로 물러났고, 왕창이 여러 쇠뇌를 동시에 발사하며 공격하자 오의 대장 주적(朱績)은 강릉성으로 퇴각하였다. 그러자 왕창은 귀환하는 척하며 평지로 유인하여, 매복하고 있다가 주적의 부대를 격파했다. 이 전투에서 종리무(鍾離茂)와 허민(許旻)이 전사했다. 왕기(王基)는 이릉에서 오의 장군 보협(步協)을 공격했다. 보협이 성문을 닫고 농성전을 펼치자 왕기는 군사를 나눠 웅보(雄父)에 있는 창고를 공략하여 군량미 30만여 곡(斛)을 획득하는 전과를 올렸다.[23] 아울러 오의 장수 담정(譚正)을 생포하였다. 이후 표문을 올려 상창(上昶)에 축성하고, 강하군의 치소를 그곳으로 옮겨 하구(夏口)를 압박했다.[24] 알다시피 하구는 한수와 장강의 합류 지점으로 오군이 장강과 한수를 함부로 넘나들지 못하게 하려는 의도였다.

2년 뒤인 252년, 왕창이 다시 강릉성을 공격하였다. 하지만 함락시키지 못하고 퇴각하는데 이번에는 주적이 추격하여 2년 전 패배를 설욕했다. 참고로 주적은 명장 주연(朱然)의 아들이다. 그런데 주적은 시적(施績)이라는 이름으로도 자주 등장한다. 아버지 주연의 본래 성이 시(施)라서 혼용하는 것이다. 다만 주연을 '시연'이라 기록한 경우는 본 적이 없는데 반해 그 아들은 주적과 시적이라는 이름이 마구 뒤섞여 나오는 점이 이채롭다.

251년 11월, 오의 황제 손권이 병석에 누웠다. 손권은 황제라는 지위 이상으로 오를 지탱하는 기둥이었다. 군주임에도 리더답지 못한 자가 한둘이던가. 그리고 이듬해인 252년 4월 손권은 71세의 나이로 숨을 거두었다. 손권이 사망한 이후 오의 정세에 관해서는 뒤편에서 다시 얘기하겠다.

여기서 잠시 시계를 이전으로 돌려 여일(呂壹)이란 인물을 살펴보려 한다. 손권은 오래전부터 교사(校事) 여일을 신임하고 있었다. 교사는 관

••••

22. 《삼국지》〈오서〉 주치주연여범주환전(朱治朱然呂範朱桓傳) '臣今奉天威 事蒙克捷. 欲令所獲 震耀遠近 方舟塞江 使足可觀 以解上下之忿'

23. 《삼국지》〈위서〉 서호이왕전(徐胡二王傳) '收米三十餘萬斛'

24. 《삼국지》〈위서〉 서호이왕전(徐胡二王傳) '徙江夏治之 以偪夏口'

리와 장군들의 비리나 수사 정보를 수집하는 관직으로서 조조가 처음 설치해 운영하였다. 조조가 살아 있을 때 노홍(盧洪), 조달(趙達) 등을 교사로 임명하여 여러 관리들을 사찰하게 한 적이 있었다. 당시 승상부 법조연 고유(高柔)가 "부서마다 업무분장하여 각각 담당자가 있습니다. 지금 교사를 두는 것은 윗사람이 아랫사람을 신임한다는 취지에 맞지 않습니다.[25] 더구나 조달 등은 애증에 따라 위세를 부리며 이득을 추구하고 있으니 응당 조사하여 벌해야 합니다."라고 간언했다. 하지만 조조는 "경은 조달 등에 대해 나만큼은 모를 것이다. 비리를 도려내고 판별하는 일은 어진 군자에게 맡겨서는 할 수 없는 일이다."[26]라며 듣지 않았다. 하지만 나중에 조달 등이 간악하게 사익을 추구한 것이 드러나고서야 조달을 처형하고 고유에게 사과하게 된다.

손권 재위 시절에 여일은 관아의 문서를 검열하면서 많은 관리들을 규찰했다. 이에 보즐(步騭)이 "신이 알기로 여일이 아주 미세한 잘못까지 규찰하는데 이는 터럭을 불어가며 하자(瑕疵)를 찾는 것이며 거듭되고 세밀한 조사로 무고하는 것입니다."[27]라며 거듭하여 상소를 올린다. 또한 여일은 '전임 강하태수 조가(刁嘉)가 국정을 비방한다.'며 무고한 적도 있었다. 이에 손권은 조가를 하옥한 뒤 주변 사람들을 조사했다. 이때 많은 이들이 여일을 두려워하여 조가가 국정을 비방했다는 말을 들었다고 했지만, 시의(是儀)라는 관리만은 들은 바가 없다고 하였다. 손권의 계속된 질책에도 시의는 사실만을 말하고 그 말이 달라지지 않았다.[28] 결국 손권은 시의를 풀어주었고 조가 역시 방면되었다. 여일의 손을 들어주지 않았던 것이다.

여일은 점차 위세를 부리다가 나중에는 전매와 과세의 이권까지 조작하고 관여했다. 또 관리의 불법행위를 규탄 고발하면서 세밀한 사항까지 보고하게 하고 무고한 사람도 직책에서 함부로 몰아냈다. 고옹(顧雍)과 같은 중신도 예외가 없어 고발당한 적이 있었다. 그런데 후에 여일의 부정이 드러나 고옹이 판결을 담당하게 되는 상황이 벌어졌다. 조사를 다 마친 뒤 여일에게 "자네 생각에 더 할 말은 없는가?"라고 묻자, 여일은 고개를 숙이고 아무 말도 없었다. 이때 어떤 신료가 여일에게 면박을 주며 욕설을 하자, 고옹은 "나라에 정법(正法)이 있거늘 어찌 이럴 수 있는가?"라며 오히려 그를 책망하였다.[29]

결국 손권은 한때 자신의 심복이었던 여일을 처형하며 스스로를 책망했다. 교사(校事)라는 직책은 굳이 비유하자면 국정원장과 감사원장을 합한 자리 쯤 된다. 막강한 권한을 가졌으며, 비리를 저지른 관리 입장에서는 저승사자가 따로 없었다. 제대로만 운영된다면 부정부패를 척결하는 데 기여할 수도 있으나 그런 권한을 가진 자가 사적인 감정으로 일

••••

25. 《삼국지》〈위서〉 한최고손왕전(韓崔高孫王傳) '設官分職 各有所司. 今置校事 既非居上信下之旨'
26. 《삼국지》〈위서〉 한최고손왕전(韓崔高孫王傳) '卿知達等 恐不如吾也. 要能刺擧而辨衆事 使賢人君子爲之 則不能也'
27. 《삼국지》〈오서〉 장고제갈보전(張顧諸葛步傳) '吹毛求瑕 重案深誣'
28. 《삼국지》〈오서〉 시의호종전(是儀胡綜傳) '據實答問 辭不傾移'
29. 《삼국지》〈오서〉 장고제갈보전(張顧諸葛步傳) '又謂壹曰 君意得無欲有所道? 壹叩頭無言. 時尙書郎懷敘面詈辱壹 雍責敘曰 官有正法 何至於此!'

을 하게 되면 그 폐해가 너무 컸던 것이다. 강직하고 청렴한 인물이면 그나마 다행이겠으나 그러지 못한 경우가 많았다. 하지만 군주에게는 분명 강력한 무기였다. 다만 이 무기는 위험한 요소를 가지고 있다. 중간 관리자들을 믿고 일을 맡기는 것이 아니라 항상 감시하는 모양새가 되기 때문이다. 고유의 간언은 현대에도 여전히 유효하다.

4

오(吳) 이궁지쟁(二宮之爭)

242~250년

252년 4월, 손권이 사망했을 때 나이는 71세이다. 오의 보위를 이은 인물은 태자 손량(孫亮)이다. 이때 손량의 나이 10세. 223년 유비가 사망하고 유선이 촉의 황제로 즉위할 때 그의 나이는 17세였다. 대통을 잇기에 유선도 어리다고 하였는데 손량에 비하면 양반이었던 셈. 손량은 손권이 환갑을 지나 얻은 아들이다. 그렇다면 그때까지 손권에겐 아들이 없었던 것일까? 아니면 아들들이 요절해 딸들만 남았던 것일까? 둘 다 아니다. 손권에게는 아들들이 있었다. 손량을 태자로 책봉할 당시 위로 형이 셋이나 있었다.

60대의 손권은 왜 굳이 많은 아들들 중에서 막내아들인 손량을 태자로 책봉한 것일까? 어린 태자가 제위에 올라 왕조가 불행에 빠졌던 역사를 수도 없이 보고 들었을 텐데 말이다. 이 의문을 풀기 위해서는 시간을 10년 전으로 돌려볼 필요가 있다. 이것이 이궁지쟁(二宮之爭) 혹은 남로당쟁(南魯黨爭)으로 불리는 사연이다. 그리고 여기에는 '큰 호랑이' 한 마리가 등장한다.

손권의 첫째부인인 사(謝)씨는 자식 없이 일찍 병사하였다. 다음으로 맞은 부인인 서(徐)씨는 서곤(徐琨)의 딸이다. 서곤은 일찍이 관직을 버리고 손견을 따라 전공을 세웠던 인물이다. 손권이 토로장군으로 오군(吳郡)에 있을 때 서곤의 딸을 아내로 맞이했고 아울러 자신의 맏아들인 손등을 양육하게 하였다.[30] 이는 손등이 서출(庶出)이었기 때문인데 손등은 서부인에게서 엄마의 따뜻한 정을 받지 못하였다.[31] 게다가 서부인은 투기가 심했다고 한다. 손권으로서는 자신의 아들에게도 냉랭하고 투기도 심한 서부인에게 계속 애정을 갖기 어려웠을 것이다. 결국 손권은 다른 곳으로 이동할 때 서부인을 오군에 버려두고 가버렸다. 서부인이 이렇게 폐출된 후 손권은 보부인(步夫人)을 총애하게 되었다.

보부인(步夫人)은 승상 보즐의 친척으로, 서부인이 총애를 잃은 이후에는 궁 안에서 황후로 대접을 받는다. 보부인은 딸만 둘을 낳았는데 큰딸은 손노반(孫魯班), 작은딸은 손노육(孫魯育)이다. 여성의 이름이 기록으로 남는 것이 흔하지 않던 시절이었다. 그러나 이들 자매는 이례적으로

••••

30. 《삼국지》〈오서〉 비빈전(妃嬪傳) '聘以爲妃 使母養子登'

31. 《삼국지》〈오서〉 오주오자전(吳主五子傳) '登所生庶賤 徐夫人少有母養之恩'

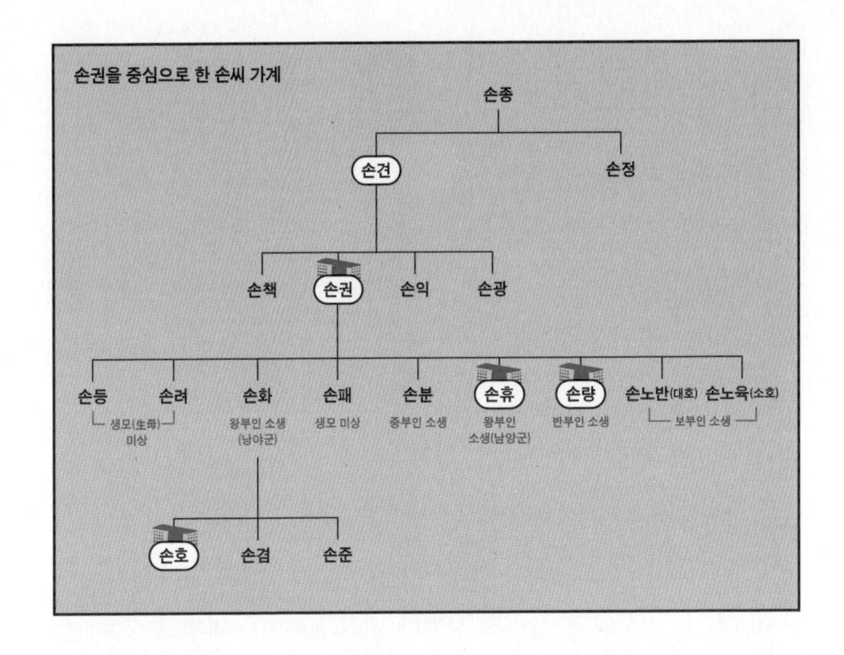

자(字)도 있었는데 손노반의 자는 대호(大虎), 손노육의 자는 소호(小虎)였다. 여성의 자에 호랑이(虎)를 넣은 것 또한 이례적이었다. 역시 강동의 호랑이라 불렸던 손견의 손녀들다운 자다. 손노반은 장군 전종과 혼인한 이후 전공주(全公主)로 불렸고 손노육은 장군 주거와 혼인한 이후 주공주(朱公主)로 불렸다.

221년에 장자 손등이 태자에 책봉되었다. 그리고 225년 주유의 딸을 태자비로 맞이했다. 그런데 232년 손권의 둘째 아들 손려(孫慮)가 20세의 나이로 병사했다. 효성이 지극했던 아들을 잃은 직후 손권은 음식에 손을 잘 대지 않을 정도로 충격이 컸다. 그러자 태자 손등이 손권의 건강을 걱정해 상소를 올리며 간언했다. 그런데 어이없게도 밥 거르던 아버지

보다 아버지 걱정하던 아들이 먼저 세상을 떠난다. 241년 손등이 33세의 나이로 병사, 오의 불행이었다. 임종 직전 손등은 이복동생 손화(孫和)를 태자에 천거하는 상소를 올렸다.

이듬해인 242년 셋째 아들 손화가 19세의 나이에 태자로 책봉되었다. 손화의 생모인 왕부인(王夫人)은 낭야(琅邪)군 출신이다. 그런데 손권의 부인 중에는 또 다른 왕부인(王夫人)이 있었는데 여섯째 아들 손휴(孫休)의 생모가 왕부인이다. 이 왕부인은 남양(南陽)군 출신이라 둘을 구별하기 위해 '낭야군 왕부인' '남양군 왕부인'이라 부르기도 한다.

문제의 씨앗은 낭야군 왕부인과 손권의 큰 딸 손노반의 사이가 몹시 나빴다는 것이다. 손노반은 손권에게 '(손권이) 병석에 눕자 왕부인이 얼굴에 희색을 띠었다'고 참소(讒訴)했다. 이에 손권이 노하였고 왕부인은 걱정으로 사망하고 말았다. 이후 손화는 손권의 총애도 줄어들어 점차 태자에서 폐출되는 것을 걱정하는 처지가 되어버렸다.[32] 그러자 이 틈을 넷째 아들 손패(魯王)가 파고들었다.

넷째 아들 손패는 생모가 누구인지도, 정확한 출생 연도도 정사에서 명확하지 않다.[33] 천출(賤出)인 것이다. 그런데 손패의 사부 시의(是儀)는 일찍이 두 궁궐(二宮)이 너무 가깝게 위치해 있다고 상소한 적이 있었다. 여기서 두 궁궐, 즉 이궁이란 남양왕궁(南陽王宮)과 노왕궁(魯王宮)을 가리킨다. 남양왕(南陽王)은 손화이고 노왕(魯王)은 손패이다. 아울러 시의는 손패의 재능을 칭찬하면서도 서열에 따른 차등을 분명히 할 것을 간언했다.[34]

사실 손권은 손패에 대한 총애와 태자 손화에 대한 총애가 별반 다르지 않았다. 그런데 손화와 손패가 불화한다는 말을 계속 듣게 되자 두 아들에게 주변 빈객들과 왕래를 금지시키며 학문에만 전념하라고 명령한다. 하지만 당시 전기(全寄), 오안(吳安), 손기(孫奇), 양축(楊竺) 등이 은밀히 손패에게 붙어 태자 손화를 비방하고 참소했다. 이에 고옹의 손자 고담(顧譚)이 "신이 알기로 한 나라를 소유한 자는 필히 적서(嫡庶)의 차이와 존비를 구분하는 예를 분명히 하고 고하(高下)에 따른 차이를 확연히 구분하여야 골육 간에 인의가 분명해지고 바랄 수 없는 자리를 넘겨다보지 않게 됩니다."[35]라고 상소를 올렸다. 그런데 고담은 이후에 벌어진 수춘 일대 전투의 논공행상에서 전기 등과 갈등을 빚는 바람에 모함을 받고 교주(交州)로 유배되었다.

전기(全寄)는 장군 전종과 손노반(大虎)의 아들이다. 손권의 외손자인 것이다. 전기가 손패에 아부하며 경박하게 처신하니 보다 못한 육손이 전종에게 서신을 보냈다. 육손은 서신으로 전종에게 아들 전기를 꾸짖

••••

32. 《삼국지》〈오서〉 오주오자전(吳主五子傳) '王夫人見上寢疾 有喜色. 權由是發怒 夫人憂死 而和寵稍損 懼於廢黜'

33. 《삼국지》〈오서〉 오주오자전(吳主五子傳) 손패편에 손패 자식들의 조모가 사희(謝姬)라는 기록이 있어 손패의 생모를 사씨로 규정하기도 하나 이는 옳지 않다. 부친 또는 모친, 조부나 조모 등 가족관계에는 생(生)·양(養)을 가리지 않기 때문에 그것으로 생모, 양모를 알 수는 없다.

34. 《삼국지》〈오서〉 시의호종전(是儀胡綜傳) '儀嫌二宮相近切 乃上疏曰 臣竊以魯王天挺懿德 兼資文武' (중략) '正上下之序 明教化之本'

35. 《삼국지》〈오서〉 장고제갈보전(張顧諸葛步傳) '臣聞有國有家者 必明嫡庶之端 異尊卑之禮 使高下有差 階級踰邈 如此則骨肉之恩生 覬覦之望絶'

으라고 당부하지만 공연히 전종, 손노반과의 사이만 벌어지게 되었다. 이후 태자 손화의 지위가 흔들릴 때 육손은 상소를 올려 "태자는 정통이니 의당 반석처럼 확고해야 하고 노왕는 번신이니 총애나 서열이 차이가 있어야 하며, 피차 제자리에 있어야 상하가 안정될 것입니다. 삼가 머리를 찧어 피를 흘리며 말씀드립니다."[36]라고 간하지만 받아들여지지 않았다. 오히려 태자태부인 오찬(吾粲)이 육손과 여러 차례 서신을 주고받았다 하여 하옥된 후 사망하는 사건이 일어나고 아울러 손권이 여러 번 사자를 보내 육손을 질책하자 육손은 결국 울분으로 사망하고 말았다.[37] 이때가 245년으로 육손의 나이 63세. 오를 지키고 지탱했던 영웅의 허무한 말로였다. 그리고 이듬해에는 교주로 유배되었던 고담도 42세의 나이로 병사했다.

그렇게 이궁은 서로에 대한 참소와 비방이 이어지기를 몇 년, 결국 250년 8월 손화가 태자에서 폐위된다. 그런데 손패는 태자가 되기는커녕 사약을 받았다.[38] 아울러 손화를 모함한 죄로 전기, 오안, 손기, 양축 등이 처형되었다. 차세대 권력을 잡기 위해 나름대로 고르고 골라서 줄을 잡았던 자들이 모조리 목이 날아간 것이다. 승자는 없고 모두가 패배한 다툼이었으나 이 사건의 파장은 여기서 그치지 않았다.

표기장군이자 손권의 둘째 사위인 주거(朱據)와 상서복야 굴황(屈晃)이 여러 장수와 관리들을 데리고 손화의 복위를 청원하였다. 그러나 손권은 허락하지 않았고 그해 11월 막내아들 손량(孫亮)을 태자로 세우려 하였다. 당시 손량의 나이는 고작 8세. 진정(陳正), 진상(陳象) 등이 만류하는 상소를 올리지만 손권은 강행했다. 하지만 상소가 계속 이어지자 결국 손권이 대노하여 진정과 진상을 처형하고 주거와 굴황에게는 태형(笞刑)을 명했다. 또한 주거는 좌천되었다가 중서령 손홍(孫弘)의 참소로 사약을 받게 되었다. 손화는 폐위된 직후 오흥(吳興)군 고장(故鄣)현으로 유배되었다. 이를 간쟁하다가 처형되거나 쫓겨난 자가 십여 명이었고 백성들도 그들이 억울하다고 생각하였다.[39]

역사는 이 사건을 이궁지쟁(二宮之爭)이라고 부른다. 오의 후계를 놓고 벌인 권력다툼의 결말은 폐허였다. 권력을 잡기 위해 불화를 일으킨 자들은 물론이고 오를 지탱하던 충신들까지 사라지게 만든 것이다. 거대한 투쟁이 휩쓸고 지나간 자리에 남은 것이라고는 여덟 살의 어린 태자. 이궁지쟁은 오의 운명을 바꾼 결정적인 사건이었고, 결과를 최악으로 이끈 자는 다름 아닌 아닌 손권 자신이었다.

그로부터 2년 뒤인 252년 1월, 폐위된 손화는 남양왕(南陽王)에 봉해져 장사(長沙)군에 머무른다. 그리고 다섯째 아들 손분(孫奮)은 제왕(齊王)에 봉해져 무창(武昌)에, 여섯째 아들 손휴(孫休)는 낭야(琅邪王)에 봉해져 호림(虎林)에 머물렀다. 아이러니하게도 낭야군 왕부인의 아들은 남양왕이 되었고, 남양군 왕부인의 아들은 낭야왕이 된 것이다. 그런데 손휴의

••••

36. 《삼국지》〈오서〉 육손전(陸遜傳) '當使寵秩有差 彼此得所 上下獲安. 謹叩頭流血以聞'

37. 《삼국지》〈오서〉 육손전(陸遜傳) '權累遣中使責讓遜 遜憤恚致卒'

38. 《삼국지》〈오서〉 오주오자전(吳主五子傳) '譖毁旣行 太子以敗 霸亦賜死'

39. 《삼국지》〈오서〉 오주오자전(吳主五子傳) '竟徙和於故鄣 群司坐諫誅放者十數 衆咸冤之'

부인 주(朱)씨는 주거와 손노육(小虎)의 딸이다. 예전에 언니 손노반(大虎)이 왕부인과 손화를 참소하고 손패를 태자로 세우려 할 때 손노육은 반대했었다. 이로 인해 자매 사이가 벌어졌다. 반면 손량의 생모인 반부인은 손노반과 사이가 좋았던 것으로 보인다. 그래서 전종의 족자(族子)인 전상(全尙)의 딸 전혜해(全惠解)를 손량의 태자비로 맞아들였다. 전혜해는 어릴 때부터 종조모(從祖母)인 손노반으로부터 그렇게나 귀여움을 받았다고 한다.

수년간에 걸친 이복형제들 간의 비방과 참소로 아버지 손권의 속이 많이 상했을 것이다. 아울러 다툼의 당사자인 손화와 손패 모두 쫓아낸 것까지도 이해할 수 있다. 하지만 다섯째 손분과 여섯째 손휴를 건너뛰고 어린 손량을 태자로 세운 부분은 이해하기 쉽지 않다. 추정컨대 태자를 책봉하는 데 큰딸 손노반이 적지 않은 영향을 미치지 않았을까 한다. 손화는 손노반이 왕부인(낭야군)과 더불어 참소를 할 정도로 미워했었고, 손휴는 손노반과 사이가 좋지 않은 동생 손노육의 사위이기 때문이다. 말하자면 손노육은 손휴의 이복 누나이면서 장모이다. 복잡하다. 다섯째 아들 손분은 이궁지쟁 시기의 기록이 거의 없는 것으로 보아 존재감이 적었던 것으로 추측된다. 결론은 손노반의 눈 밖에 나면 만회가 쉽지 않았다는 것이다.

끝으로 정사 삼국지의 편찬자 진수는 이궁지쟁에 대해 "손패가 서자(庶子)로서 적자(嫡子)에게 대들었다."[40]고 단적으로 규정하고 있다. 명분면에서 손패가 가해자, 손화가 피해자라고 확실하게 손화의 손을 들어준

셈이다. 아무튼 이궁지쟁은 곧 이궁동망(二宮同亡)을 넘어 이궁전망(二宮全亡)이라고 해도 지나치지 않을 것이다.

••••

40. 《삼국지》〈오서〉 오주오자전(吳主五子傳) 진수의 평 '霸以庶幹適'

5

촉(蜀) 황호의 농권

246년 무렵

삼국지연의를 읽다 보면 촉(蜀)은 제갈량이 죽은 이후 금방 망한 것처럼 느껴진다. 후주(後主) 유선은 환관 황호의 말만 듣고 정사를 제대로 돌보지 않았고, 강유만이 고군분투한 것 같은 느낌이 든다. 그러나 제갈량이 유비에 등용된 해가 207년, 유비가 익주를 차지한 해가 214년, 유비가 사망하고 유선이 제위에 오른 해가 223년, 제갈량이 사망한 해가 234년 그리고 촉이 패망한 해가 263년이다. 즉 제갈량이 유비와 유선을 모신 기간은 총 27년이고 유선이 제갈량 없이 제위에 머문 기간은 29년이다. 유선의 통치는 체감하기는 어렵겠지만 짧지 않았던 것이 사실(史實)이다.

유선이 뛰어난 명군(明君)이라고 하기는 어렵다. 하지만 마냥 암군(暗君)이라고 폄하하기도 어려운 면이 있다.[41] 후주 유선이 제위에 있었던 40년은 크게 세 시기로 나누어서 볼 수 있다. 17세에 즉위해서 28세까지 승상 제갈량이 정사를 전담했던 시기와 이후 40세까지 시중(侍中) 동윤(董允)이 붙잡아주던 시기, 그리고 57세에 촉이 망하기 전까지 환관 황호(黃皓)가 날뛰던 시기이다. 정확히 말하면 문제는 이 마지막 17년간이었다. 어느 왕조든 망국 군주가 제대로 된 평가를 받기는 어렵다. 아울러 삼국을 통일한 사마씨의 진(晉) 이후 5호 16국 시대에 활약했던 숱한 폭군과 암군, 혼군들을 생각해보면 유선은 다소 박한 평가를 받았다고 할 수 있다.

유선 재위 시기 첫 번째로 주목할 만한 인물이 있다면 동윤(董允)이다. 유비는 유선을 태자로 책립한 뒤 초주(譙周)에게 태자를 모시는 업무를 맡겼다. 아울러 동윤을 태자사인(太子舍人)[42]으로 선임했다. 유선이 제위에 오르자 동윤은 황문시랑(黃門侍郞)[43]으로 승진했다. 그리고 227년 말 승상 제갈량이 북방으로 출병하기 전 한중에 머물며 동윤에게 궁중과 조정의 일을 맡겼다. 제갈량은 동윤을 시중에 임명하면서 충언을 올리고 여러 의견에 대해 결정하는 것을 전담하게 하였다. 일례로 유선이 후궁을 더 많이 들이려 할 때 동윤은 고래(古來)의 선례를 들어 12명으로 제한했다.[44] 제한해서 부인 12명이라!

····

41. 촉 후주 유선에 대한 긍정적인 면을 부각시키려는, 일종의 변호는 다수 존재한다.
42. 태자의 측근으로 서무를 담당한 관리
43. 궁문 안에서 조서나 문서의 전달 등을 담당한 관리
44. 《삼국지》〈촉서〉 동유마진동여전(董劉馬陳董呂傳) '獻納之任 允皆專之矣' (중략) '古者天子 后妃之數 不過十二'

이후 유선이 나이가 들면서 점차 환관 황호를 총애하기 시작한다. 황호는 아첨을 잘하고 잔머리를 잘 써 유선을 기쁘게 하여 출세하려 하였다. 이에 동윤은 유선에 충언하며 황호를 문책하곤 했다. 황호는 동윤이 두려워 나쁜 짓을 하지 못했다.[45] 또한 동윤이 살아 있을 때는 황호의 지위도 그리 높지 않았다.

하지만 246년에 동윤이 사망하고 후임으로 진지(陳祗)가 시중이 되자 분위기가 달라졌다. 진지는 황호와 거의 한마음이었고 황호는 점차 정사에 간여하기 시작했다. 당시 대장군이었던 강유는 서열상으로 시중인 진지보다 위였지만 거의 변방에 나가 있었기 때문에 정사(政事)에 간여할 수 없었다. 그래서 진지는 위로 유선의 비위를 맞추고 아래로는 환관들과 접촉하였다. 그러면서 유선의 신임 또한 깊어져 그 권세가 강유보다 강했다. 258년에 진지가 사망한 이후 황호는 위세와 권력을 더욱 마음대로 휘두르게 되었다.[46] 유선의 배다른 동생 유영(劉永)은 국정을 농단하는 황호를 미워했다. 이를 눈치 챈 황호는 유선에게 유영을 참소하였고 그로 인해 유영은 10년 이상 유선을 알현하지 못하였다. 황호의 권세가 어느 정도였는지 짐작할 수 있는 대목이다. 이런 이유로 이 시절 촉의 백성 중 동윤을 떠올리지 않는 이가 없었다.[47]

훗날 위의 장군 등애에 의해 성도(成都)가 함락되었을 때 등애는 간신 황호를 처형하려 하였다. 하지만 이때에도 황호는 등애의 측근에게 뇌물을 써서 살아남았다. 동서고금을 막론하고 어느 시대에나 황호 같은 무리들은 존재했다. 음식을 바닥에 흘리고 방치했을 때 개미와 파리 떼가

모이듯이 말이다. 개미와 파리를 도덕적으로 지탄하는 것은 아무 의미가 없다. 중요한 것은 군주가 그런 벌레들을 가려낼 수 있느냐 없느냐이다. 또한 그와 버금가게 중요한 것이 동윤과 같은 견제자가 있느냐 하는 것이다.

한편으로《삼국지》의 편찬자 진수는 촉과 관련한 평(評)에서 '사면령 남발'을 큰 폐단으로 지적하고 있다. 위와 오에 비해 촉의 기록에서 사면령이 더 자주 눈에 띄는 것도 사실이다. 246년 가을 무슨 이유에선지 유선이 대사면령을 내렸다. 이에 의랑(儀郎) 맹광(孟光)이 "죄를 사면하는 일은 거의 말라죽은 나무와 같은 것으로 지금 같은 시대에는 맞지 않습니다. 이는 나라가 아주 쇠퇴하여 부득이할 경우 임시방편으로 시행하는 제도입니다. 지금 위기 상황도 아닌데 이런 은택을 자주 베풀어준다면, 이는 간악한 이들에게 혜택을 주는 것이 아닙니까?"[48]라고 말한다. 현대에도 한번쯤 곱씹어 봄직한 말이다.

••••

45. 《삼국지》〈촉서〉 동유마진동여전(董劉馬陳董呂傳) '皓便辟佞慧 欲自容入. 允常上則正色匡主 下則數責於皓. 皓畏允 不敢爲非'

46. 《삼국지》〈촉서〉 동유마진동여전(董劉馬陳董呂傳) '與黃皓互相表下 皓始預政事. 祗死後 皓從黃門令爲中常侍 奉車都尉 操弄威柄' (중략) '祗上承主指 下接閹豎 深見信愛 權重於維'

47. 《삼국지》〈촉서〉 동유마진동여전(董劉馬陳董呂傳) '蜀人無不追思允'

48. 《삼국지》〈촉서〉 두주두허맹내윤이초극전(杜周杜許孟來尹李譙郤傳) '夫赦者 偏枯之物 非明世所宜有也. 衰弊窮極 必不得已 然後乃可權而行之耳 以惠姦宄之惡乎'

6

위(魏) 고평릉(高平陵)의 변

249년

조상(曹爽)은 장군 조진(曹眞)의 장남으로 조예의 총애가 각별했다. 조예는 병석에 누워 조상을 대장군에 제수하여 중앙과 지방의 모든 군사를 지휘하게 하였다. 그리고 얼마 지나지 않아 239년 1월 명제 조예가 위독해지자 급히 조방을 황태자에 책립하고, 당일 황제로 즉위하였다.[49] 조방의 나이 8세였다. 이때 대장군 조상과 태위(太尉) 사마의가 함께 유조를 받았다. 조방은 조예의 양자이다. 그런데 그 구체적인 과정이 알려진 바가 없다고 한다.[50]

····

49. 《삼국지》 〈위서〉 삼소제기(三少帝紀) '景初三年正月丁亥朔 帝甚病 乃立爲皇太子. 是日 卽皇帝位'
50. 《삼국지》 〈위서〉 삼소제기(三少帝紀) '宮省事祕 莫有知其所由來者'

다음 달인 2월, 사마의가 태부(太傅)로 임명되었다. 이는 상서(尙書) 정밀(丁謐)이 건의한 것인데, 겉으로는 사마의의 관직을 높인 것이지만 실제는 정밀이 정사에 관해 먼저 상주할 수 있게 하여 정사를 장악하려는 의도였다. 이후 조상이 시중에 임명되었다. 조상은 칼을 차고 신발을 신은 채 전각에 오르며, 조정에서 종종걸음을 치지 않고 입조하여 배례하면서 이름을 아뢰지 않아도 되는 특권을 하사받았다. 그리고 조상의 동생들인 조희(曹羲), 조훈(曹訓), 조언(曹彦) 등이 모두 고위직에 제수되었다. 이 외 등양(鄧颺), 하안(何晏), 필궤(畢軌), 이승(李勝), 환범(桓範) 등 조상의 심복들도 중용되었다. 이들은 조예 시절에 모두 퇴출되었으나 조상이 정사를 총괄하면서 다시 등용된 자들이었다.

244년, 등양과 이승이 조상에게 촉을 정벌할 것을 권유하였다. 사마의는 이를 반대하였지만 정벌은 강행되었고 결국 실패하고 회군하였다. 이후에도 조상과 심복들이 국정을 마음대로 하자 이에 대한 반발 또한 점차 커졌다. 조방 즉위 초, 태위였던 장제(蔣濟)는 정밀, 등양 등이 멋대로 법도를 바꾸려 하자 반대 상소를 올렸다. 황문시랑 부하(傅嘏)는 조상의 부하 하안과 틀어져 파면되었고 장군 왕기(王基)는 시요론(時要論)을 지어 나라의 기풍과 교화가 무너짐을 비판하였다. 이후 왕기는 질병을 이유로 낙향하였다가 248년 말 하남윤(河南尹)에 제수되었다. 조상을 위시한 집권세력과 그 외의 세력 간에 권력다툼이 점차 심해졌던 것이다.

조상의 위세는 더욱 높아져 그의 음식과 수레, 복색 등은 천자와 거의 같을 지경에 이르렀다. 조상의 동생 조희가 이를 우려하며 제지하였지만 소용없었다.[51] 이때 사마의는 정사에서 거의 배제된 상태였는데 그는 병을 핑계로 조상을 회피하였다. 248년 겨울에 이승(李勝)이 형주자사로 부임하면서 사마의를 찾아갔다. 이승의 병문안은 실제 사마의의 동태를 살피기 위해 조상이 지시한 방문이었다. 이를 모를 리 없는 사마의는 연기력을 발휘했다. 병자(病者) 연기. 우선 두 명의 계집종에게 자신을 시중들게 하였는데 그의 옷자락이 땅에 질질 끌렸다. 그리고 입을 가리키며 목이 마르다 하니 계집종이 죽을 올렸고, 사마의는 죽 그릇을 잡고 마시려 하였지만 제대로 잡지 못해 죽이 줄줄 흐르며 가슴자락을 적셨다.[52]

이승이 말하길 "많은 이들이 명공(明公)께서 예전의 풍(風)이 재발했다고 하더니 존체가 이 지경일 줄 어찌 짐작이나 했겠습니까!" 이에 사마의가 숨을 헐떡거리며 "나는 이제 늙고 병들어 죽을 날이 코앞에 닥쳤소. 그대가 병주(并州)에 가게 되었구려. 병주는 흉노와 가까운 땅이니 잘 방비하도록 하시오. 그대를 다시 보지 못할 것 같으니 우리 아들 형제를 잘 부탁하오." 그러자 이승이 "송구하게도 병주가 아니라 제 고향인 형주로 돌아가게 된 것입니다." 그러자 사마의가 "이제 막 병주에 도착했다고?" 이승이 다시 "송구하게도 형주로 부임하게 되었습니다."라 하자 사마의가 "늙고 기운이 쇠해 그대의 말을 알아듣지 못했구려. 이제 고향으로 돌아간다니 성덕(盛德)을 장렬(壯烈)히 공훈을 세우도록 하시오!"라고 덕담을 하였다.

이승이 물러나와 조상에게 "사마공은 시체와 다름없어 기운이 겨우 남아 있고, 정신과 육신이 이미 분리되었으니 족히 걱정할 필요가 없습니다."라고 보고하였다. 아울러 "태부가 다시 회복되기 어려우니 참 애처로운 일입니다."라고 덧붙였다. 사마의의 연기에 완벽히 속아 넘어간 부하로 인해 이후 조상 등은 다시 사마의를 방비하지 않게 되었다.

이듬해인 249년 1월, 조방이 고평릉[53]에 참배할 때 조상 형제들 모두가 수행하였다. 이에 사마의는 병마를 지휘하여 무기고를 점거한 후 낙수(洛水)의 부교 주변에 진을 쳤다. 이때 장군 장제(蔣濟)도 사마의의 편이 되어 낙수의 부교에 함께 갔다. 사마의는 어린 황제 조방에게 '대장군 조상과 동생 조희, 조훈, 조언의 관직을 파면하고, 작위를 가지고 집에 머물러야 한다.'[54]고 상주했다. 아울러 곽황태후(郭皇太后)의 명이라 하며 조상 형제들의 관직과 군권을 모조리 박탈해버렸다. 연의에서는 이 대목에 황태후를 겁박하여 조서를 받아내는 장면이 등장한다. 곽황태후는 조예의 두 번째 부인으로서 조예가 위독해지자 황후에 책립되고, 조예가 사망한 이후 황태후가 되었다. 어린 조방이 즉위하면서 정사를 돌보는 것과 고관을 임명하는 대사 등은 모두 황태후에게 아뢴 뒤에 시행하는 것이 정례화되었다. 물론 이러한 관행은 과거에도 드물지 않게 있었다. 때문에 사마의는 자신의 정변에 명분을 더하기 위해 황태후의 명을 빌린

••••

51. 《삼국지》〈위서〉 제하후조전(諸夏侯曹傳) '羲深以爲大憂 數諫止之'

52. 《진서(晉書)》 선제기(宣帝紀) '帝詐疾篤 使兩婢侍 持衣衣落. 指口言渴 婢進粥 帝不持杯飲 粥皆流出霑胸'

53. 명제(明帝) 조예(曹叡)의 능을 말한다.

54. 《진서(晉書)》 선제기(宣帝紀) '可免官 以侯就第'

것인데 이후의 반란이나 봉기들도 모두 곽황태후의 명령을 빙자(憑藉)하게 된다.

사마의의 쿠데타로 궁 안에 있던 대사농(大司農) 환범(桓範)은 가짜 조서로 궁문을 열게 한 뒤 급히 궁을 빠져 나가 조상에게 달려갔다. 환범의 별명은 지낭(智囊), 즉 꾀주머니이다. 그런 환범이 빠져나갔다는 소식을 듣고 부하들이 우려하자 사마의는 "조상은 환범과 속으로 소원한 관계이고 지혜가 그에 미치지 못한다. 옛말에 굼뜬 말은 작은 콩에 연연한다 하였으니, 필시 그를 제대로 쓰지 못할 것이다."[55]라고 예견했다.

한편 조상은 궁 안에서 벌어진 소식을 듣고 어찌할 바를 몰랐다.[56] 궁을 빠져 나온 환범이 천자를 모시고 허창(許昌)으로 행차한 후에 격문을 돌려 천하의 군사를 부르도록 조상에게 권하였다. 하지만 조상은 이 계책을 쓰지 않았다. 사마의가 예상한 대로였다. 조상은 밤중에 시중 허윤(許允)과 상서 진태(陳泰)를 사마의에게 보냈는데, 사마의의 의중을 살피려는 속셈이었다. 이에 사마의가 조상의 과오를 하나하나 열거하며 그에 관한 처벌은 관직을 박탈하는 데에 그친다고 말했다. 진태가 돌아와 들은 바를 조상에게 보고하면서 천자에게 상주문을 올리도록 권했다. 하지만 조상은 어느 것 하나 과감하게 결정하지 못하며 시간을 보냈다.

사마의는 조상으로 하여금 저항하지 않게 하기 위해 조상이 신임하던 신하를 보내 안심시켰다. 목숨만은 살려주겠다는 것이었다. 사마의는 낙수(洛水)를 향해 맹세까지 하였고 조상은 이를 믿었다. 이에 환범(桓範) 등이 고금의 사례를 인용하며 백방으로 간언했다. 사마의가 반대파의 목숨을 살려둔 채로 끝내지 않을 것이라고. 하지만 조상은 끝내 따르지 않았다. "사마공은 그저 내 권력을 빼앗고자 할 뿐이오. 후(侯)가 되어 사저로 돌아간다면 부가옹(富家翁)의 자리를 잃지는 않을 것이오."[57]라는 한심한 말로 부하들의 억장을 무너지게 만들었다. 부가옹이란 말 그대로 '부잣집 늙은이'라는 말이다. 권력을 버릴 터이니 편안하게 여생을 살게만 해주면 족하다는 말이었다. 환범은 가슴을 치며 "경에 연루되어 내 일족이 멸할 지경에 처했소이다!"라며 탄식했다. 꾀주머니였으면서도 주군의 그릇의 크기는 알지 못한 인물들은 많다. 아니 알면서도 운명으로 여기고 섬겼던 것일까.

조상의 소박한 바람은 환범의 말대로 이뤄지지 못했다. 얼마 후 황문 장당(張當)이 연행되어 치죄하는 중 조상이 하안(何晏) 등과 함께 모반을 꾸몄다고 자백하는 일이 벌어졌다. 물론 이 자백이 진짜일 리는 없었다. 삼척동자라도 알만한 사마의의 계획이었던 것이다. 이에 조상 형제와 그 일당인 하안, 정밀, 등양, 필궤, 이승, 환범 등 조상을 따랐던 자들이 모조리 체포된 후 주살되었다. 이때 장제가 사마의에게 "조상의 부친인 조진(曹眞)의 공훈을 참작했을 때 그의 제사는 잇게 해야 합니다."라고 간했다. 하지만 사마의는 조상처럼 물렁한 인물이 아니었다. 제사 따위를 핑계로 정적을 살려 준다? 사마의는 웃었을 것이다.

····

55. 《진서(晉書)》 선제기(宣帝紀) '爽與範內疏而智不及 駑馬戀棧豆 必不能用也'

56. 《삼국지》 〈위서〉 제하후조전(諸夏侯曹傳) '迫窘不知所爲'

57. 《진서(晉書)》 선제기(宣帝紀) '司馬公正當欲奪吾權耳. 吾得以侯還第 不失為富家翁'

한편 하남윤(河南尹)에 제수되었던 왕기는 부임하기도 전에 조상이 주살되었다는 소식을 듣게 된다. 그런데도 왕기는 조상의 속관이었다는 이유로 전례에 따라 파직되었다.[58] 빈자리가 된 하남윤에는 하안 때문에 파면되었던 부하(傅嘏)가 임명되었다. 하지만 왕기는 목숨은 보전하여 이듬해 형주자사로 복직하였고 오와의 전투에서 전공을 세우게 된다.

그런데 이 무렵 사공 왕릉(王淩)은 엉뚱한 마음을 품고 있었다. 왕릉은 오와의 전투에서 전공이 많은 장군으로서 그의 생질인 영호우(令狐愚)가 연주자사로 회남군에 머물고 있었다. 그런데 왕릉과 영호우는 조방을 폐하고 초왕 조표(曹彪)를 옹립하여 허창에 도읍하게 할 계획을 세웠다. 하지만 아들 왕광(王廣)이 이 계획에 반대하고 11월에는 영호우가 병사했다. 그리고 12월 왕릉이 사공에서 태위로 승진하여 부절과 황월을 하사받았다. 약 1년여가 지난 251년 봄, 오에서 군사의 움직임이 있다는 소식이 들려왔다. 이에 왕릉은 이를 토벌하겠다는 표문을 올렸지만 조정에서는 허락하지 않았다.

이후 왕릉은 연주자사 황화(黃華)에게 장군 양홍(楊弘)을 보내 '조방을 폐하고 조표(曹彪)를 옹립한다.'는 계획을 알렸다. 허나 황화와 양홍은 이를 사마의에게 보고해버렸다. 사마의는 왕릉 토벌을 행하기 전에 왕릉에 대한 사면령부터 내리고 아들 왕광을 보내 왕릉을 설득하게 하였다. 그제야 왕릉은 자신이 궁지에 몰린 것을 알고 사람을 보내 부절과 황월 등을 반납했다. 이후 사마의의 군사가 항현 남동쪽에 위치한 구두(丘頭)에 당도하자 왕릉은 스스로 목에 밧줄을 감고 기다렸다. 이후 사마의는 왕릉을 압송하였는데 호송 중에 자결하였다.[59] 이때가 251년 5월로 부실하기 짝이 없는 쿠데타였다.

다음 달인 6월, 초왕(楚王) 조표에게 사약이 내려졌고 7월에는 사마의가 사망하였다. 이후 큰아들인 사마사가 무군대장군이 되어 상서 업무를 총괄하게 되었다. 사마사는 이듬해인 252년 1월 대장군으로 승진하였다.

명제 조예가 사망한 이후 조씨 황제들은 이렇다 할 능력을 보여주지 못했다. 사실 조비와 조예 또한 재위 기간이 짧아 제대로 보여준 것이 없다 해도 과언은 아니다. 위는 이런 무능한 황제들이 겨우겨우 대를 잇다가 결국 사마씨에게 제위를 선양하기에 이른다. 뭇 사람들은 조조가 헌제에게 했던 짓을 조조의 후손들이 똑같이 당했다고 하였는데 이는 연의에 잘 묘사되어 있다.

••••

58. 《삼국지》〈위서〉 서호이왕전(徐胡二王傳) '基嘗爲爽官屬 隨例罷'

59. 기록은 자결로 되어 있으나 정황상 곧이곧대로 믿기는 어렵다.

10장

물고 물리는 혼전

1

오(吳) 제갈각의 몰락

252~253년

정사 삼국지에서 제갈각(諸葛恪)에 대한 기술은 매우 상세한 편이다. 그의 대화나 행동에 대한 구체적 묘사가 여타 인물들과는 차이가 있다. 이는 정사를 편찬할 당시 제갈각에 대한 자료가 풍부했거나 기록자가 개인적으로 그 행적에 관심이 많았다는 의미일 것이다.

《삼국지연의》의 시간적 배경은 184년에서 280년까지로 대략 100년이라 할 수 있다. 여기서 제갈량이 사망한 234년은 한가운데에 해당된다. 하지만 연의의 독자 입장에서는 전반 50년과 후반 50년의 느낌은 사뭇 다르다. 인물과 사건 모두 후반부 50년에 있었던 것에는 관심이 적은 걸 넘어서 피로감마저 느끼는 게 사실이다. 제갈각은 이 후반부에 등장하는 인물 중에서 단연 주목 받는 캐릭터이다. 시중에는 《삼국지연의》의 등장인물을 다루는 서적들이 많다. 또한 삼국지 이야기에서 처세의 교훈을 뽑아내기도 하는데 여기서 제갈각은 유비나 조조 같은 주요인물이 아님에도 단골손님으로 등장한다. 제갈각에게는 어떤 면이 있었던 것일까.

252년 4월, 손권이 병석에 누웠다. 손권은 제갈각을 조정으로 불러 대장군과 태자태부(太子太傅)를 겸임하게 하였다. 아울러 중서령(中書令) 손홍(孫弘)에게는 소부(少傅)를 겸임하게 했다. 이후 손권은 병세가 위독해지자 제갈각과 손홍 그리고 태상(太常) 등윤(滕胤), 장군 여거(呂據), 시중(侍中) 손준(孫峻)에게 후사를 부탁하고 다음날 숨을 거두었다. 나이 71세. 시호는 대황제(大皇帝)이다.

그런데 손권 사후에 오(吳)는 손권의 바람과는 거리가 먼 상황을 맞았다. 손홍은 평소 제갈각과 사이가 좋지 않았다. 때문에 손권의 유지임에도 자신이 제갈각의 지시를 받는 지위가 된 것을 내심 못마땅해 했다. 그래서 그는 조서를 위조하고 제갈각을 제거하려 하였다. 하지만 손준이 이를 제갈각에게 알렸고 제갈각이 손홍을 업무상 이유로 부른 후 그 자리에서 주살해버렸다. 그 후 손권의 발상(發喪)을 거행하고 손권의 막내아들인 태자 손량이 재위에 오르게 되었다.

당시 제갈각의 동생 제갈융(諸葛融)은 공안 도독(公安督)으로 재직 중이었다. 제갈각은 서신을 보내 현재 소임에 충실할 것을 당부한다. 이후에 제갈각은 정식으로 태부(太傅)에 제수되고 관리에 대한 감시를 금지하고 교사(校事)직을 폐지하였다. 교사는 특임 감찰에 해당하는 직책으로 예전에 여일(呂壹) 관련 사건을 포함해 많은 폐단이 있었던 자리였다. 또 도망자들을 사면하고 관문의 통행세를 면제하는 등 백성들에게 은택을 베푸는 정책을 시행하였다. 때문에 백성들 사이에서 제갈각의 인기가 높아 제갈각이 출입할 때마다 백성들은 목을 빼고 그를 보려고 하였다.[1] 사람들은 자연스레 30년 전 촉의 어린 황제 유선을 보필했던 승상 제갈량을 떠올리지 않았을까?

252년 10월, 제갈각은 동흥(東興)에 큰 제방을 만들고 양쪽에 위치한 산에 의지하여 두 개의 성을 축조하였다. 그리고 각각 1천 명의 군사를 주둔시켜 전단(全端)과 유략(留略)에게 지키게 하고 건업으로 귀환했다. 그런데 동흥에 제방을 설치한 것은 이번이 처음은 아니었다. 20여 년 전인 230년에도 제방을 축조하고 소호(巢湖)를 조성한 바가 있었다. 하지만 그 뒤에 회남(淮南) 원정에 실패하면서 제방 안에 있던 전선(戰船)들이 방치되고 있었던 것이다.

한편 위(魏)는 자국의 영역인 동흥에 오가 들어와 제방을 축성한 것을 모욕이라 여겼다.[2] 그리하여 호준(胡遵)과 제갈탄(諸葛誕) 등으로 하여금 7만 병력을 거느리고 이곳을 공격하게 하였다. 동시에 멀리 남군을 왕창(王昶)이, 무창을 관구검(毋丘儉)이 각각 공격하였다. 253년 12월, 동흥에 도착한 호준과 제갈탄은 제방을 포위하면서 부교를 설치하고 저수지를 건너 진을 친 후 군사를 나눠 양쪽에서 공격하였다. 하지만 성채가 높고 가팔라 금방 함락시키지 못하였다. 위군이 공격했다는 보고를 받은 제갈각은 4만 군사를 동원하여 정봉(丁奉), 당자(唐咨), 여거, 유찬(留贊) 등을 앞세워 출병하였다. 제갈각이 장강 북쪽 기슭에 상륙하자 정봉은 당자, 여거, 유찬 등과 함께 산길을 따라 서쪽으로 진격했다. 정봉은 진격 속도가 더디다고 느껴 속도를 높이기 위해 휘하 3천을 거느리고 수로를 이용하여 진군하였고, 나머지 부대는 산 아래 큰 길을 따라 이동하게 했다. 마침 북풍이 불어 정봉은 이틀 만에 서당(徐塘)에 당도할 수 있었다.

위군은 날이 춥고 눈도 내려서인지 경비를 태만히 하였고 장수들은 술잔치를 벌이고 있었다. 이에 정봉은 부하들에게 "작위를 받을 수 있는 날이 바로 오늘이다!"라며 독려하며 군사들에게 방패를 내려놓고 투구를 쓴 다음 칼을 들게 하였다. 위군은 이렇게 몰려오는 오군을 보면서도 웃기만 할 뿐 대비하지 않았다.[3] 이에 정봉의 부대가 북을 치며 들이닥치면서 공격하여 최전선을 대파하였다. 그제야 위군은 놀라 흩어지며 다투어 부교를 건너려 하였다.[4] 이때 여거, 당자, 유찬의 부대도 당도하여 합세하였고 주이(朱異)가 수군을 지휘하여 부교를 파괴하였다. 그리하여 위군은 물에 빠지거나 서로 밟혀 사망하는 군사가 많았다. 낙안(樂安)태수 환가(桓嘉)가 전사하였고 예전에 오를 배신하고 위에 투항했던 한종(韓綜)도 생포 후 처형되었다.

••••

1. 《삼국지》〈오서〉 제갈등이손복양전(諸葛滕二孫濮陽傳) '恪更拜太傅 於是罷視聽 息校官. 原逋責 除關稅 事崇恩澤. 衆莫不悅 恪每出入 百姓延頸 思見其狀'
2. 《삼국지》〈오서〉 제갈등이손복양전(諸葛滕二孫濮陽傳) '魏以吳軍入其疆土 恥於受侮'
3. 《삼국지》〈오서〉 정황한장주진동감능서반정전(程黃韓蔣周陳董甘淩徐潘丁傳) 정봉편 '取封侯爵賞正在今日' (중략) '敵人從而笑焉 不爲設備'
4. 《삼국지》〈오서〉 제갈등이손복양전(諸葛滕二孫濮陽傳) '兵得上 便鼓譟亂斫. 魏軍驚擾散走 爭渡浮橋'

253년 2월, 제갈각이 이끄는 오군은 수레와 우마 등 수천을 노획, 여러 군수 물자가 산처럼 쌓여 기세를 올리며 귀환하였고 손량은 크게 시상하였다. 그런데 이때부터 제갈각은 적을 가볍게 보는 마음이 생겼다고 기록은 전한다.

제갈각은 승리가 달콤했던 탓인지 이듬해 봄 곧바로 출병하겠다는 계획을 발표하였다. 이에 많은 대신들이 잦은 출병으로 군대가 피폐해졌다고 한목소리로 반대하였고 평소 친분이 있던 단양태수 섭우(聶友)도 서신을 보내 말렸다. 하지만 제갈각은 듣지 않고 출병을 강행하였는데 각 주와 군에서 20만 대군을 징발하였다. 백성들 사이에서 소동이 일어났고 제갈각은 이때부터 민심을 잃기 시작했다.[5]

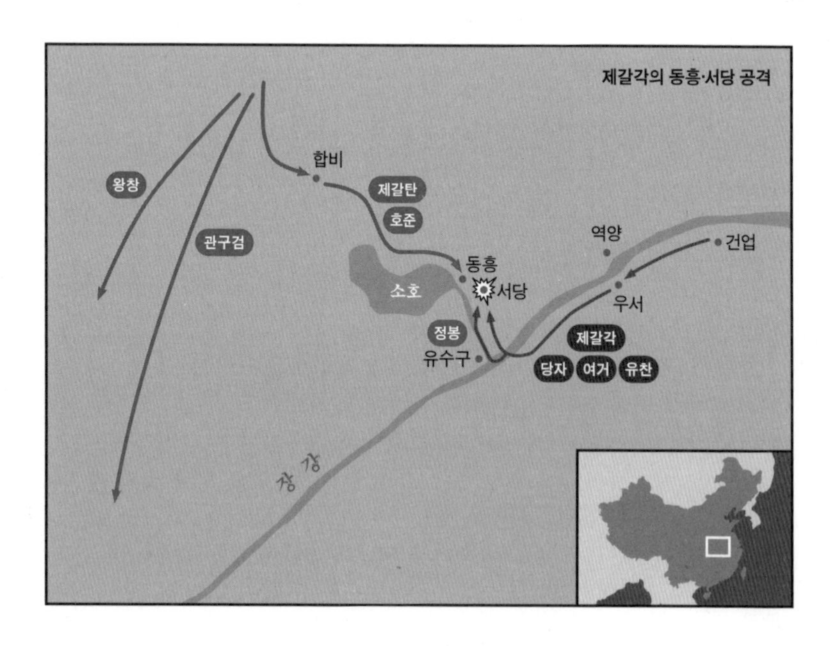

사실 촉에서 제갈량은 '한 나라의 희망(一國之望)'이라는 찬사를 들었다. 제갈량의 조카인 제갈각은 그런 숙부의 명성을 어떻게 받아들였을까. 현재 자신이 처한 상황이 제갈량 시대의 촉과 비슷했다. 실권을 쥐고 있고 보필해야 할 황제가 어린 것 또한 같다. 이런 상황에서 제갈량은 비교의 대상이자 뛰어넘어야 할 산이라고 제갈각은 생각하지 않았을까. 합비의 신성(新城)[6]으로 출병할 당시의 나이 또한 제갈량이 기산(祁山)으로 출병할 때의 나이와 비슷했다.

제갈각은 의욕적으로 출병하여 신성을 포위하지만 한 달을 넘겨도 함락시키지 못하였다. 오군의 사졸들은 극도로 피로했고, 더위로 인해 설사와 종기 같은 질병이 유행했다. 전투를 치러야 할 병사 중 절반이 환자였고 죽고 다친 자가 길에 널려 있었다. 이렇게 환자가 속출하여 각 군영의 지휘관들이 이를 보고하면 제갈각은 조작이라며 참수하려 하였다. 귀를 닫은 것인데 이후 제갈각에게 제대로 된 상황을 말하는 자가 없었다. 이 정도면 범인(凡人)이 보아도 지려고 작정한 지휘관이다.

제갈각은 자신의 전략이 실패한 것과 신성을 함락시키지 못한 것을 치욕이라 생각했고, 분노가 표정에 역력히 드러났다.[7] 장군 주이가 시비를 따지자 제갈각은 그의 부대를 빼앗아버리기도 하였다. 또 도위(都尉)

····

5. 《삼국지》〈오서〉 제갈등이손복양전(諸葛滕二孫濮陽傳) '恪遂有輕敵之心' (중략) '百姓騷動 始失人心'

6. 기존 합비의 성 외에 새로운 합비성을 말한다.

7. 《삼국지》〈오서〉 제갈등이손복양전(諸葛滕二孫濮陽傳) '因暑飮水 泄下流腫. 病者大半 死傷塗地' (중략) '恪內惟失計 而恥城不下 忿形於色'

채림(蔡林)이 여러 번 계책을 내었지만 제갈각은 이 또한 받아들이지 않았다. 설상가상(雪上加霜)이었다. 이에 채림은 위로 망명해버렸다. 자멸의 분위기가 역력했다.

위는 오군이 지치고 병든 것을 알고 태위 사마부를 구원군으로 보냈다. 7월, 제갈각은 결국 철군을 명령하게 되었다. 이때 병사들의 분노가 극에 달했는데도 정작 본인은 태연자약(泰然自若)하였다. 그러던 중에 강 가운데 섬에서 한 달간 더 머물며 심양(潯陽)에서 둔전을 실시할 계획을 세웠다.[8] 이후 회군하라는 조서가 연이어 들어오자 천천히 회군하였다. 이 결과에 백성들은 크게 실망하였고 제갈각에 대한 원한이 깊어지게 되었다. 8월에 귀환한 제갈각은 각 부서에서 임명한 관리들을 대대적으로 교체히였다. 아울러 위엄을 부리며 문책하는 일이 많아지니 제갈각을 알현하는 이들이 모두 두려워하게 되었다. 사정이 이러한데도 제갈각은 하루 빨리 군사를 정비하여 청주나 서주 지역으로 원정을 떠날 계획을 세우고 있었다. 군사적인 공로에 미련을 놓지 못한 것이다. 이에 종실인 손준은 '백성들의 원성이 높고 군사들도 싫어하여 제갈각이 변란을 일으키려 한다.'고 황제 손량에게 고하였다.[9]

••••

8. 《삼국지》〈오서〉 제갈등이손복양전(諸葛滕二孫濮陽傳) '恪晏然自若. 出住江渚一月 圖起田於潯陽'
9. 《삼국지》〈오서〉 제갈등이손복양전(諸葛滕二孫濮陽傳) '愈治威嚴 多所罪責 當進見者 無不竦息' (중략) '孫峻因民之多怨 衆之所嫌 搆恪欲爲變 與亮謀'
10. 《삼국지》〈오서〉 제갈등이손복양전(諸葛滕二孫濮陽傳) '明將盥漱 聞水腥臭' (중략) '犬不欲我行乎' 참고로 연의에서는 이 장면에서 비린내(腥臭)가 아닌 피냄새(血臭)로 표현하고 있다. 상황을 감안하였을 때 그냥 비린내보다는 '피 비린내'가 더 적확한 표현일 수도 있다.

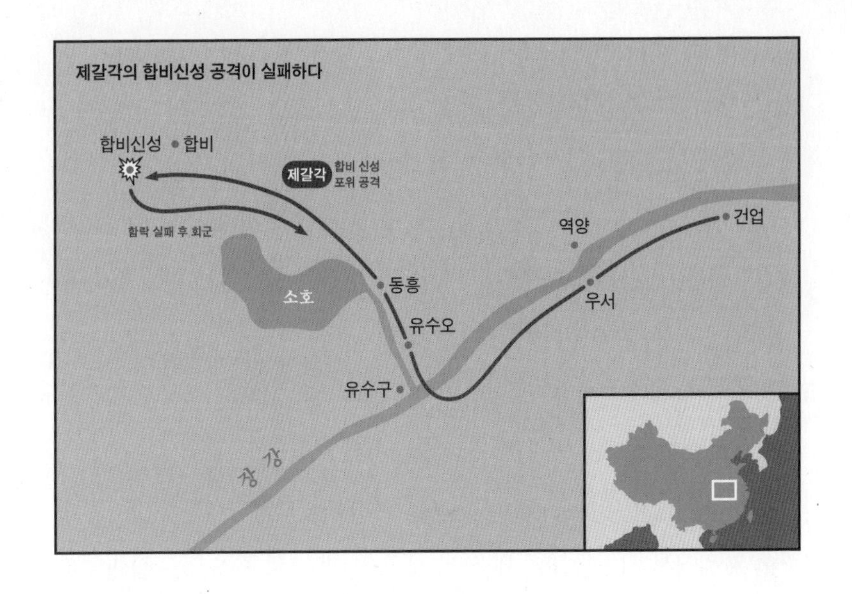

그리하여 많은 신하들이 모의 끝에 제갈각을 제거하기로 결정하였다. 술자리를 마련하고 제갈각을 초청하여 없애기로 한 것이다. 이 자리에 참석하기로 한 전날 밤, 제갈각은 정신이 혼란하여 밤새 한숨도 자지 못하였다. 이상하게도 아침에 세수하려는 물에서 비린내가 났다. 옷에서도 비린내가 나서 물과 옷을 새로 가져오게 했는데도 계속해서 비린내가 났다. 또한 외출 준비를 마치고 걸어 나올 때 개가 옷을 물고 당겼다. 제갈각은 "개도 내가 나가는 것을 싫어하는가?"[10] 하면서도 그냥 수레에 올라탔다.

수레가 궁문 앞에 멈췄을 때 손준이 직접 나와 제갈각에게 "몸이 불편하시면 다른 날을 잡도록 주상께 아뢰겠습니다"라면서 너스레를 떨었지만 제갈각은 "당연히 들어가야지요."라고 답했다.[11] 그때 궁 안에 있던 장약(張約)과 주은(朱恩)이 제갈각에게 밀서를 주며 "오늘 이런 자리는 평소와 다르니 무슨 까닭이 있는 듯합니다."라고 말했다. 그제야 불안을 느낀 제갈각이 돌아서 나가려 하였다. 그런데 미처 궁문을 나서기 전에 태상(太常) 등윤과 마주쳤다. 등윤은 손준의 계략을 전혀 모르고 있었는데 제갈각이 "갑자기 복통이 생겨 입궁하지 못하게 됐습니다." 하니 등윤은 "군께서 회군하신 이래 주상께서 만나보질 못하여 청하신 자리입니다. 이미 궁까지 오셨으니 꼭 들어가셔야지요."라며 청했다. 이에 제갈각은 뿌리치지 못하고 다시 전각에 올라 술자리에 앉았다.

이후부터는 웬일인지 제갈각도 마음을 놓고 술을 마셨다. 이윽고 손준이 자리에서 일어나 변소에 가서 긴 옷을 벗고 짧은 옷으로 갈아입고 나오며 "조서가 있으니 제갈각을 체포하라!"고 외쳤다. 이에 제갈각이 깜짝 놀라 칼을 뽑으려 하자 손준이 먼저 칼로 내리쳤다. 소란이 일어나자 호위무사들이 전각으로 달려들었다. 이를 본 손준이 "오늘 체포해야 할 제갈각은 이미 처형되었다"고 소리쳤다.[12] 제갈각이 살해되는 순간이었다.

제갈각은 253년 10월에 세상을 떠났고 이때 그의 나이는 51세였다. 그가 제거되자 제갈각의 동생인 공안도독 제갈융도 공격을 받았다. 장군 손환의 아들 손일(孫壹)이 전희(全熙), 주적(朱績)과 함께 제갈융을 공격한 것인데 제갈융은 자결하고 만다. 그런데 제갈각이 신성에서 퇴군할 무렵 그의 친구이자 단양태수인 섭우는 등윤에게 편지를 보냈다. 거기에는 이런 내용이 있었다. "사람이 한창 강성할 때는 강과 산이라도 뽑을 것 같지만 하루아침에 몰락한다면 사람들의 마음이 달라짐에 슬프다고 할 것입니다."[13] 잘 나갈 때와 그러지 못할 때에 세상이 바라보는 눈은 차이가 많으니 잘 될 때 몸가짐을 잘해야 한다는 말로 볼 수 있겠다.

제갈각은 어려서부터 총명하다는 소리를 들으며 자랐다. 한번은 손권이 여러 신하들이 모인 자리에서 나귀(驢) 한 마리를 끌고 오게 했는데 나귀 머리에 제갈자유(諸葛子瑜)라고 쓴 팻말을 달아놓고 놀렸다. 자유(子瑜)는 제갈각의 아버지 제갈근의 자이다. 이에 제갈각이 무릎을 꿇으며 "붓으로 두 글자를 쓸 수 있게 해주십시오."라고 청하였다. 이에 손권이 허락하자 제갈각은 제갈자유 아래에 '지로(之驢)' 두 글자를 썼다. 조금 전까지는 나귀가 곧 제갈근이었는데, 제갈각이 두 글자를 덧붙이면서 제갈자유지로(諸葛子瑜之驢)가 되니 졸지에 '제갈근의 나귀'로 돌변한 것이다. 이에 모인 모든 사람들이 웃었고 손권은 그 나귀를 제갈각에게 선물하였다.

제갈각이 32세가 되었을 때 단양(丹楊)태수 직을 자원하였다. 당시 단양군은 험한 산악지대로 둘러싸여 관리들의 통제가 쉽지 않았고, 그래서 병력의 징발 또한 어려운 실정이었다. 제갈각은 자신이 이곳의 태수가

••••

11. 《삼국지》〈오서〉 제갈등이손복양전(諸葛滕二孫濮陽傳) '使君若尊體不安 自可須後 峻當具白主上. 欲以嘗知恪. 恪答曰 當自力入'

12. 《삼국지》〈오서〉 제갈등이손복양전(諸葛滕二孫濮陽傳) '解長衣 著短服 出曰 有詔收諸葛恪' (중략) '所取者恪也 今已死'

13. 《삼국지》〈오서〉 제갈등이손복양전(諸葛滕二孫濮陽傳) '當人彊盛 河山可拔 一朝羸縮 人情萬端 言之悲歎'

되면 3년에 4만 명 정도의 병력을 얻을 수 있을 거라 자신했다. 그런데 무엇 때문인지 제갈근은 아들이 단양태수를 자원했다는 소식을 듣고 "각(恪)은 우리 집안을 흥성케 하지 못하고 장차 집안을 망칠 것이다."[14]며 탄식했다.

제갈각은 자신의 뜻대로 단양군 태수직을 얻었는데 부임하자마자 추수한 곡식을 모두 거둬버렸다. 백성들은 처음에 산속으로 도망을 갔다가 굶주림을 견디지 못하고 투항하였다. 제갈각은 백성들의 죄를 묻지 않고 그들을 위무하였고 오히려 죄인을 압송한 관리를 처벌하였다. 일종의 강렬한 퍼포먼스를 행한 것이다. 이에 제갈각의 의도대로 많은 백성들이 귀환하였고 병력을 늘일 수 있었다. 이후 제갈각은 성공가도를 달렸다. 하지만 난 한 번의 실패가 너무나 참담했다. 그를 나락에 빠트린 신성 출병은 모두의 반대를 무릅쓴 무리한 거사였기에 실패에 대한 책임이 너무나 무거웠다. 스스로 용납할 수 없는 실패였기에 어쩔 줄 몰랐다.

《손자병법》에서 이른 대로 연이은 성공이 반드시 좋은 것은 아니다. 실패의 경험이 없는 사람은 의도대로 되지 않았을 때 수습해본 경험이 없어 혼란스러워한다. 어떻게 피해를 최소화하고 앞으로 어떻게 만회해야 할지 보이지 않는다. 패전 이후 제갈각의 모습은 성숙한 리더의 모습과는 거리가 멀었다. 스스로에게 짜증내고 아랫사람들에게 화풀이하는 좋지 않은 리더의 전형이었다.

제갈각이 주살된 이후 손준이 승상 겸 대장군의 자리에 올라 군권을 장악하였다. 제갈각과 사돈지간인 등윤이 사직하려 하자 손준은 만류하고 포용했다. 그런데 손준은 손권의 셋째 아들이자 남양왕인 손화(孫和)에게 사약을 내렸다. 예전 제갈각이 무창(武昌)으로 천도할 계획을 세우고 궁궐을 수리하게 한 적이 있었는데 당시 백성들 사이에서는 손화를 황제로 모실 것이란 소문이 돌았었다. 또한 제갈각은 손화의 부인 장씨의 외삼촌이기도 했다. 비록 루머지만 제갈각과 손화는 역모에 준하는 일을 도모한 자들인 것이다. 제갈각과 연관되었다는 이유로 억울하게 사약을 받은 손화는 마지막으로 장씨에게 인사를 나누고 세상을 떠났다. 장씨 또한 손화를 따라 자결하였다. 이에 온 나라가 슬퍼하였다.[15]

평소 손준은 중후하다는 평이 없었고 교만하고 자긍심이 높아 음해를 잘했다. 이로 인해 많은 사람들을 처형했기 때문에 백성들 사이에서 원성이 높았다. 구관이 명관인 상황이 벌어진 것이다. 게다가 손준은 궁녀들을 함부로 건드리기까지 하였고 심지어 공주인 손노반과도 사통하였다.[16] 그리고 이듬해인 254년 손영(孫英)이 손준을 암살하려다 발각되어 자결하는 사건도 발생하였는데 손영은 태자였던 손등(孫登)의 아들이다. 손준은 손견의 아우인 손정(孫靜)의 증손자이므로 손준과 손영은 서로 8촌간이고, 손노반은 손준의 7촌 고모가 된다. 생소한 이름이 대거 등장하는 통에 삼국지의 말미는 점점 어려워져만 간다.

••••

14. 《삼국지》〈오서〉 제갈등이손복양전(諸葛滕二孫濮陽傳) '恪不大興吾家 將大赤吾族也'

15. 《삼국지》〈오서〉 오주오자전(吳主五子傳) '亦自殺 擧邦傷焉'

16. 《삼국지》〈오서〉 제갈등이손복양전(諸葛滕二孫濮陽傳) '峻素無重名 驕矜險害 多所刑殺 百姓囂然. 又姦亂宮人 與公主魯班私通'

2

위(魏) 조방의 폐위

254년

하후현(夏侯玄)은 하후상(夏侯尙)의 아들로 조상(曹爽)과는 사촌 간이다. 둘은 244년에 함께 촉을 공격했던 적도 있었다. 249년에 일어난 '고평릉의 변'때 조상은 주살되었고 하후현은 조정의 부름을 받았는데, 하후현은 수년 뒤 태상(太常)이 되었음에도 조상과의 관계로 인해 주위의 배척을 받고 있었다.

이 무렵 조정에는 중서령 이풍(李豐)이란 인물이 있었다. 중서령(中書令)이란 중서성(中書省)의 핵심 요직으로 주요 기밀문서를 관장하는 자리이다. 당시 이풍은 오랫동안 대장군 사마사의 후대를 받고 있었던 데다 아들이 공주와 혼인하는 등 상당한 실권을 갖고 있었다. 그러나 이풍은 마음속으로 늘 하후현을 염두에 두고 있었다.[17] 사마의 때부터 처신을 잘

했기에 사마사로부터 대접을 받았으나 마음으로는 하후현이 실권을 갖기를 바랐던 것이다. 하여 이풍은 사마사를 대신해 하후현이 정사를 주관하도록 황후 장(張)씨의 부친인 장집(張緝)과 모의를 하기에 이른다.

장집은 조조 휘하에서 활약했던 장기(張既)의 아들로, 이풍과는 동향이라 서로 신뢰하고 있었다. 여기에 이풍의 동생인 연주자사 이익(李翼)을 입조하게 하여 군사를 거느리고 함께 봉기하기로 하였다. 구체적인 계획은 254년 2월, 귀인(貴人)을 책봉할 때 대장군 사마사를 살해하고 태상 하후현이 그 자리를 대신하도록 하는 것이었다. 여기에 소삭(蘇鑠), 악돈(樂敦), 유현(劉賢) 등의 신료들도 동조하였다. 하지만 실행 전에 계획이 사마사에게 누설되어버린다. 이에 사마사는 사인(舍人) 왕선(王羨)으로 하여금 수레로 이풍을 맞이하게 한다. 이풍이 왕선을 따라 사마사에게 가니 사마사가 이풍의 죄를 나열한다. 그제야 자신에게 화가 미친 것을 안 이풍이 사마사를 향해 악언을 퍼부었다. 이에 사마사가 노하여 그 자리에서 이풍을 주살하였다.[18] 이어 하후현, 장집, 악돈, 유현 등 관련자들을 모두 처형한다. 당시 하후현의 나이 46세였다.

3월에 조방은 황후 장집의 딸 장씨를 폐출하며, 조서를 내려 말하기를 "간신 이풍 등은 바른 이를 참소하고, 용렬한 자를 끌어들여 은밀히 흉악하고 간사한 짓을 꾸미었다. 대장군은 천형(天刑)을 받들어 이를 벌하

••••

17. 《삼국지》〈위서〉 제하후조전(諸夏侯曹傳) '然私心在玄'

18. 《태평어람》황왕부 서진황제편 '豐知禍及 因肆惡言. 帝怒遣勇士 以刀鐶築殺之'

였다. 이는 주발(周勃)이 여(呂)씨들을 물리치고, 곽광(霍光)이 상관(上官)을 잡은 것과 같으니, 어찌 허물이라 하겠는가. 그 식읍 9천 호를 더하니, 전에 있던 4만 호와 아울러 하사하노라."고 하였다. 물론 전부 사마사의 뜻이었다. 그리고 이러한 호의를 사마사는 사양하고 받지 않는다. 자신이 주고 자신이 거절하는 쇼(Show)이다. 다음 달인 4월에 황후 왕(王)씨가 책립되고 왕 황후의 부친 왕기(王夔)는 광록대부가 된다.

자신의 뜻대로 모든 것을 행하였지만 사마사는 여기서 그치지 않는다. 그해 9월, 황제 조방을 폐위하기로 계획을 세우고 이를 곽황태후에게 아뢰었다. 사마사의 부친 사마의가 249년에 곽황태후의 이름으로 조상을 제거했던 모습과 흡사하다. 사마사의 뜻대로 이루어지지 않을 수 없었기에 곽황태후의 이름으로 '조방(曹芳)을 폐위하고 조모(曹髦)를 옹립하라'는 칙령이 내려졌다. 쫓겨날 당시 조방의 나이 23세. 239년 8살의 나이로 재위에 오른 지 15년 만이다.

3

촉(蜀) 강유의 분전

253~257년

위(魏)에서 하후현과 이풍이 대장군 사마사를 암살하려다 실패하기 1년 전, 촉(蜀)에서는 큰 사건이 일어났다. 바로 대장군 비의(費禕)가 피살된 것이다. 253년 정초 가맹현에서 대소 신하들이 모여 하례하는 자리가 열렸다. 비의는 신료들과 즐겁게 술을 마시고 취했는데 느닷없이 곽순(郭循)이란 자가 칼로 비의를 살해했다. 곽순은 위에서 투항한 인물이었다.[19]

정사에는 이 사건의 전후 관계에 대한 설명이 없고 또한 어떤 이유로 비의에게 원한을 갖게 되었는지에 대해서도 별다른 언급이 없다. 어찌됐든 비의가 그렇게 어처구니없이 사망하자 강유는 오래전부터 자신이 품

····

19. 《삼국지》 〈촉서〉 장완비의강유전(蔣琬費禕姜維傳) '魏降人郭循在坐. 禕歡飮沈醉 爲循手刃所害'

어왔던 계획을 실행에 옮길 수 있었다. 자신을 통제하던 이들이 없어진 상태에서 이제야 본인의 주도 아래 병력을 운영할 수 있게 된 것이다. 결과적으로 강유의 활약은 253년 전과 후로 확연하게 나눌 수 있다. 비의 피살사건이 있고 몇 달 지나지 않은 그해 여름, 강유는 의욕적으로 출병하여 남안(南安)군을 포위했다. 위의 옹주자사 진태와 대치하였지만 20여 년 전 제갈량과 마찬가지로 군량이 떨어져 회군하였다.

한 해가 흘러 254년, 강유는 조수(洮水)[20]의 서쪽 편, 즉 조서(洮西) 지역을 목표로 다시 출병하였다. 이에 적도(狄道)현을 지키던 이간(李簡)이 성을 들어 투항하였고, 위의 장군 서질(徐質)과 교전하여 격파하였다. 이어 하간(河間), 적도, 임조(臨洮) 등 3개 현에서 백성들을 이끌고 촉으로 귀환하는 전과를 올렸다. 위나라를 상대로 한 촉의 전투에서 모처럼만에 올린 큰 성과였다.

255년 1월, 수춘에서 관구검과 문흠이 사마사에 반기를 들어 거병하지만 곧 진압되었다. 그리고 그해 8월에 강유는 포한현을 거쳐 적도현에 다시 출병하였다. 그런데 이번 공격에는 하후패도 참전하였다. 그는 한때 위의 우장군이었다가 249년 일어난 '고평릉의 변' 직후 촉으로 투

••••

20. 조수(洮水)는 양주(凉州)와 옹주(雍州) 일대를 남북으로 흐르는 하천이다. 동서로 흐르는 위수(渭水)와 함께 이 일대를 구획 짓는다. 조수 유역에서 꼭 기억해야 할 지명이 바로 농서(隴西)군 적도(狄道)현이다. 적도현의 서쪽 편에 농서군 포한(枹罕)현이 위치한다. 그리고 조수를 따라 북서쪽에는 고관(故關)이라는 관문이 위치하고 조수를 따라 남쪽에는 종제(鍾提)라는 요새가 위치한다. 이 시기 촉과 위는 이 일대에서 치열한 전투를 벌였다.

21. 《삼국지》 〈촉서〉 등장종양전(鄧張宗楊傳) '可止矣 不宜復進 進或毁此大功'

항한 인물이었다. 강유와 하후패는 옹주자사 왕경(王經)과 고관(故關)에서 대대적으로 교전을 벌였다. 여기서 강유가 왕경을 대파하여 위군 수만 명이 전사하고 왕경은 남은 1만여 병력을 거느리고 조수를 건너 적도성으로 후퇴하였다. 촉군의 기세는 하늘을 찌르는 듯했다. 하지만 강유의 부장 장익(張翼)은 "이제 그쳐야지 더 이상 진격하는 것은 좋지 않으며 진격한다면 전공을 훼손할 것입니다."[21]라며 만류했다. 하지만 강유는 '사족(蛇足)을 단다'며 일축하고 승리의 여세를 몰아 그대로 적도성을 포위했다.

이 무렵 진태는 진창(陳倉)에 주둔하고 있었다. 2년 전 진태는 옹주자

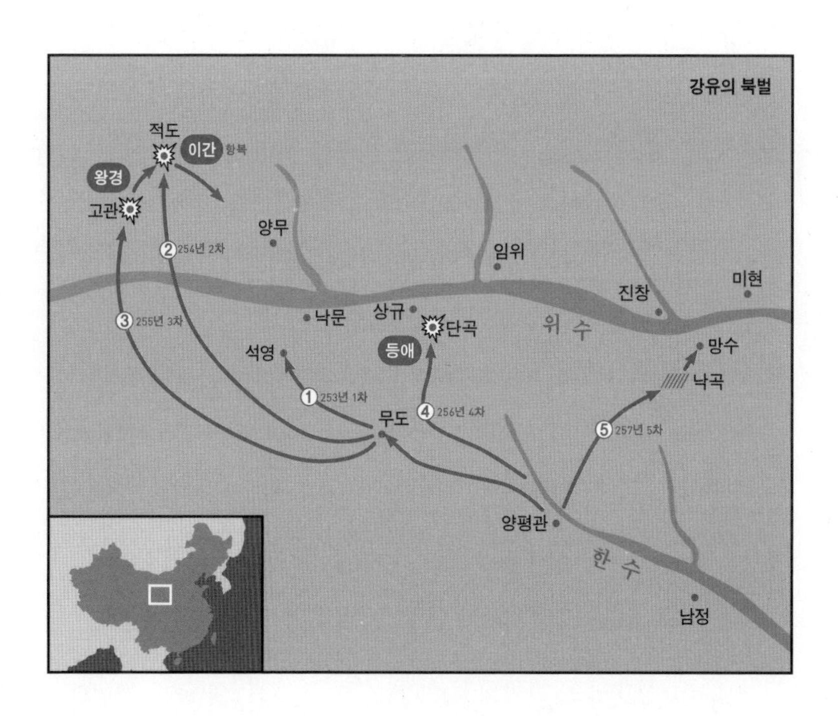

사로서 남안군에서 강유와 맞서 싸운 적이 있었다. 곽회의 후임으로 양주와 옹주의 군사를 총괄하고 있었던 때였다. 애초에 진태는 왕경에게 적도성에서 대기하며 원군이 도착한 이후에 움직일 것을 지시했다. 하지만 얼마 지나지 않아 왕경이 고관에서 강유에게 대패했다는 소식을 듣게 된다. 지시를 따르지 않은 것이었다. 이에 진태는 상규(上邽)에 군사를 나눠 요지를 방어하게 하고 매복 등에 대비하면서 야간에만 행군하였고 등애, 호분, 왕비 등의 군사들이 합류하자 세 개의 부대로 재편하여 농서군으로 진군하였다. 이때 등애가 건의했다. "옛말에 '살무사(蝮蛇)[22]에 물리면 장사라도 팔을 잘라야 한다'고 했습니다. 또 손자(孫子)는 '때로는 공격할 수 없는 병사가 있고 지킬 수 없는 땅도 있다'고 했습니다. 이는 작은 것을 잃더라도 큰 것을 지키라는 뜻입니다. 지금 상황은 살무사에 물린 것보다 심하며, 적도의 땅을 지킬 수 없는 것 이상입니다. 지금 강유의 군사는 일단 회피해야 할 세력입니다. 지키기 어려운 곳이라면 버리고서 나머지를 지키다가 적이 지치는 때를 보아 진격하는 것이 우리가 이길 수 있는 방책일 것입니다."[23]

그러나 진태는 받아들이지 않았다. "소수의 고립된 군사들이 멀리까지 진격했고, 군량 공급이 뒤따르지 못하니 우리가 급히 진격하여 격파할 시점이다. 이른바 천둥번개에 귀 막을 겨를도 없는 형세이다. 지금 조수가 밖을 감싸고 있고 강유는 그 안에 있는데 우리는 높은 곳에서 그들 목을 노리는 형국이니 싸우지 않아도 적은 곧 물러갈 것이다. 허나 적을 그냥 보내줄 수 없고 포위는 오래갈 수 없거늘 무슨 말을 그렇게 하는가?"[24]라며 원군으로 출병할 것을 결정했다.

하지만 진태 또한 이 작전이 쉽지 않을 것이라 걸 알았다. 진태는 산길이 깊고 험하여 반드시 매복이 있을 것이라 여겨 거짓으로 적도의 남쪽 길을 따라 진격하는 척하였다. 예상대로 강유는 그 일대에 사흘간 군사를 매복시키고 기다렸다. 하지만 진태는 적도 동남쪽에 위치한 고개인 고성령(高城嶺)을 넘어 은밀히 행군하였고 야간에 적도 인근 산에 올라 횃불을 환히 들고 북과 호각 소리를 크게 울렸다. 힘들게 적도성 안에서 농성하던 병사들은 그 소리를 듣고 구원군이 도착한 것을 알고 분발하여 기세를 올렸다. 강유는 자신의 예상보다 빨리 구원병이 도착한 것에 놀랐다. 이어서 진태가 강유군의 남쪽을 공격하였고 이에 강유는 산을 따라 돌격하며 맞섰다. 한바탕 교전이 벌어진 이후 강유군은 물러났다.

이때 양주(凉州)의 군사들도 금성군 남쪽으로 이동, 옥간판(玉干阪)[25]에 이르렀다. 거기에서 진태와 왕경이 함께 강유군의 퇴로마저 차단하려 하자 강유는 비로소 포위를 풀고 철군할 수밖에 없었다. 겨우 포위에서 풀린 왕경이 "군량이 열흘 치도 남지 않았기에 그때까지 외부의 원군이

••••

22. 살모사(殺母蛇)와 같은 말이다.

23. 《삼국지》 〈위서〉 환이진서위노전(桓二陳徐衛盧傳) '古人有言 蝮蛇螫手 壯士解其腕. 孫子曰 兵有所不擊 地有所不守. 蓋小有所失而大有所全故也. 今隴右之害 過於蝮蛇 狄道之地 非徒不守之謂. 姜維之兵 是所辟之鋒. 不如割險自保 觀釁待弊 然後進救 此計之得者也'

24. 《삼국지》 〈위서〉 환이진서위노전(桓二陳徐衛盧傳) '縣軍遠僑 糧穀不繼 是我速進破賊之時也. 所謂疾雷不及掩耳 自然之勢也. 洮水帶其表 維等在其內 今乘高據勢 臨其項領 不戰必走. 寇不可縱 圍不可久 君等何言如此'

25. 적도현 북서쪽에 위치한 지형으로 추정된다.

없으면 성 안 모두가 도륙당할 뻔했고, 한 개 주(州)의 군사들을 다 잃을 뻔 했습니다."[26]라며 진태에게 감사를 표했다. 이때가 255년 9월이었고 이후 진태는 상규로 회군하고 등애는 종제(鍾提)에 주둔하였다.

그런데 이 무렵 농서, 남안, 천수, 무도, 금성군 일대에서는 촉(蜀)으로 도망가거나 투항하는 자들이 많았다. 이 때문에 그곳에 남아 있던 친척들이 처벌을 받을까봐 많은 백성들이 불안해했다. 이에 위 조정에서는 같은 해 11월, 일대의 백성들을 안심시키고자 남아 있는 자들에 대한 사면령을 내렸다.

다시 한 해가 지나 256년 봄, 강유는 대장군으로 승진하여 군사를 총괄하게 되었다. 당시 등애는 적도 남쪽의 종제에 계속 주둔 중이었는데 대부분의 장수들은 강유의 군사력이 바닥나 한동안 출병하지 못할 것이라는 의견을 내놓았다. 하지만 등애는 고개를 가로저으며 말하길 "우리가 조서(洮西)에서 패한 것은 소소한 손실이 아닙니다. 군사들과 장수를 잃었고 창고가 비었으며 백성들이 흩어져 거의 망할 정도에 이르렀습니다. 지금 적과 우리의 상황을 비교한다면 첫째, 적은 상승세를 타고 있지만 우리는 허약합니다. 둘째, 적은 상하가 서로를 잘 알고 병기가 잘 정비되어 있지만 우리는 장수가 바뀌고 신병이 많으며 무기도 제대로 갖춰져 있지 않습니다. 셋째, 적은 배를 타고 이동하지만 우리는 육지로 행군해야 하니 힘들고 편함이 다릅니다. 넷째, 적은 우리에게만 전력을 기울이는 데 반해 우리는 사방으로 분산되어 싸워야 합니다. 그리고 다섯째, 적은 남안군과 농서군 일대 강족의 곡식을 이용할 수 있고 또 기산으로 진출한다면 거둬들일 보리도 많아 군량을 쉽게 확보할 수 있습니다. 그러니 교활하기 그지없는 적은 틀림없이 다시 쳐들어올 것입니다."[27] 라며 강유의 재침을 확신하며 대비했다.

강유는 진서장군(鎭西將軍) 호제(胡濟)와 상규현에서 합세하기로 약속한 후 출병하였고 등애는 기산(祁山) 일대를 미리 방어하고 있었다. 이에 강유는 남안군으로 진격하여 무성산(武城山)을 근거로 등애와 대치하였다. 강유는 야간에 동쪽으로 산길을 따라 상규현으로 진군하면서 호제와 합세하여 공격하려 하였다. 하지만 약속했던 호제는 오지 않았고 오히려 상규현 남동쪽에 위치한 골짜기인 단곡(段谷)에서 등애에게 대파당하고 말았다. 이때가 256년 7, 8월 무렵이다. 이번 패배로 농서 일대가 동요하고 강유를 원망하는 목소리가 높아지게 되었다. 결국 강유는 패전의 책임을 지고 옛날 제갈량의 선례를 좇아 스스로 자신의 관직을 강등시켰다.

여기서 호제는 처음 등장하는 인물이다. 다소의 의문은 진서장군 정도의 직위를 가졌음에도 입전은커녕 어떤 부분에서도 제대로 된 기록이 없다는 것이다.[28] 게다가 호제가 어떤 이유로 강유와의 약속을 지키지 못하였는지도 알 수 없다.

••••

26. 《삼국지》〈위서〉 환이진서위노전(桓二陳徐衛盧傳) '糧不至旬 向不應機 擧城屠裂 覆喪一州矣'

27. 《삼국지》〈위서〉 왕관구제갈등종전(王毌丘諸葛鄧鍾傳) 등애편 '洮西之敗 非小失也. 破軍殺將 倉廩空虛 百姓流離 幾於危亡. 今以策言之 彼有乘勝之勢 我有虛弱之實 一也. 彼上下相習 五兵犀利 我將易兵新 器杖未復 二也. 彼以船行 吾以陸軍 勞逸不同 三也. 狄道 隴西 南安 祁山 各當有守 彼專爲一 我分爲四 四也. 從南安 隴西 因食羌穀 若趣祁山 熟麥千頃 爲之縣餌 五也. 賊有黠數 其來必矣'

28. 사서에서 이러한 경우는 한 인물의 또 다른 이름이거나 오기(誤記)일 때가 많다.

4

위(魏) 관구검과 문흠의 반란

255년

253년, 오의 태부 제갈각이 합비의 신성(新城)을 대대적으로 공격하였다. 이때 위에서는 관구검이 진동장군(鎭東將軍)으로 양주(揚州)를 감독하고 있었고 제갈탄이 진남장군(鎭南將軍)으로 예주를 감독하고 있었다. 이들과 더불어 양주자사 문흠이 오의 대군에 맞섰다. 제갈각은 신성을 포위하고 맹공을 퍼부었으나 뜻대로 되지 않았다. 여기에 군영에서 환자도 속출하는 데다 사마부의 원군마저 진격해오자 결국 퇴각하게 되었다.

평소 양주자사 문흠은 과감하고 용맹하여 자주 전공을 세웠다. 또한 문흠은 포로를 늘려 보고하는 등 인정받고 상 타는 것을 좋아하였다.[29] 하지만 본인의 기대만큼 되지 않을 때가 많아 불만이 날로 심해졌다. 이를 눈치 챈 관구검이 문흠을 의도적으로 후대하여 둘은 친해지게 되었다. 관구검은 평소 태상 하후현, 중서령 이풍과도 친분이 있었는데, 254년 2월, 하후현과 이풍이 대장군 사마사를 암살하려다 실패하는 사건이 발생했다. 문흠은 조상(曹爽)과 동향인데 알다시피 조상은 249년 일어났던 '고평릉의 변' 때 사마의에게 주살된 인물이다. 사마사 암살 시도 사건의 불똥이 튈 가능성이 컸던 상황이었다.

이듬해인 255년 1월, 관구검은 태후(太后)의 조서를 위조하여 대장군 사마사의 죄상을 알리며 반란을 일으켰다. 문흠도 여기에 가담하였다. 관구검은 예주자사 제갈탄에게 사자를 보내 예주 일대의 백성들을 불러 모으게 하지만 제갈탄은 관구검의 사자를 참수하고 반역을 공표하여 널리 알려버렸다. 관구검은 회남 일대의 군사와 백성들을 수춘성에 집결시킨 후 성의 서쪽에 단을 쌓고 피로 맹서하기를 강요했다. 관구검과 문흠은 5, 6만 군사를 거느리고 회수를 건너 서쪽 항현(項縣)까지 진격하였다.[30] 이후 관구검은 성을 지키고 문흠은 성 밖에서 군사를 거느리면서 상황에 따라 이동하는 방식을 유지했다.

대장군 사마사가 이 반란을 토벌하기 위해 출병을 준비하였다. 이때

••••

29. 《삼국지》〈위서〉 왕관구제갈등종전(王毌丘諸葛鄧鍾傳) 관구검편 '驍果麤猛 數有戰功 好增虜獲 以徼寵賞'

30. 회수(淮水)의 지류 중에 영수(潁水)라는 물줄기가 있다. 영수는 허창과 수춘 사이를 남동쪽 방향으로 흘러 수춘 인근에서 회수와 합류한다. 허창과 수춘의 가운데쯤에 항현(項縣)이 위치하는데, 항현의 북서쪽에 남돈(南頓)이 있고 남돈의 북서쪽에 낙가(樂嘉)가 있다. 그리고 항현의 남동쪽에 구두(丘頭)가 위치한다. 본 장의 전투는 허창과 수춘 사이 비스듬한 직선 위에서 벌어진다고 알아두면 한결 이해하기 수월하다.

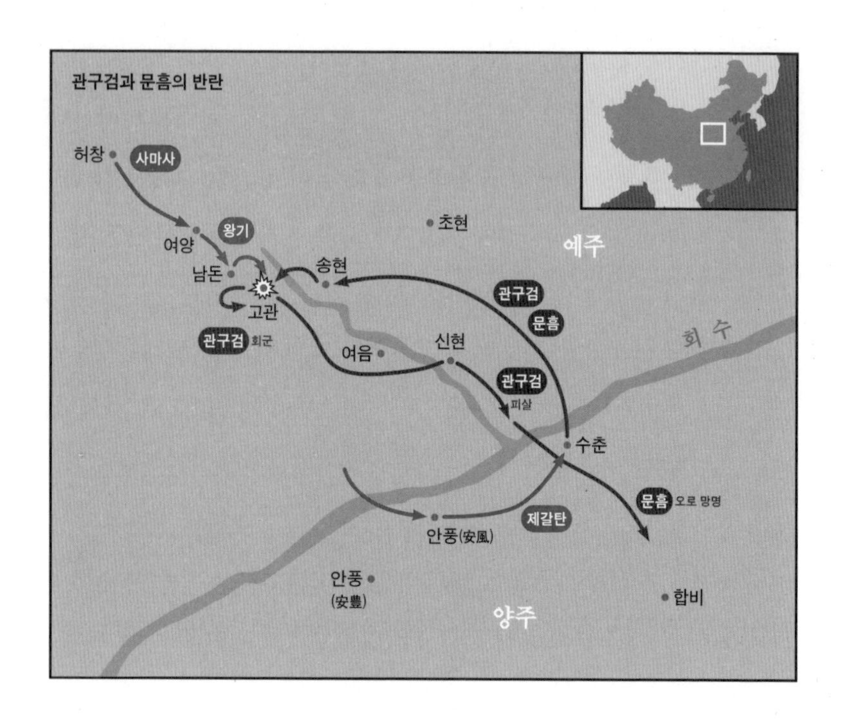

장군 왕기(王基)는 부절을 받아 허창의 군사를 통솔하게 되었는데 사마사가 왕기에게 물었다. "그대가 생각할 때 관구검과 그 무리들이 어떤 것 같은가?" 이에 왕기는 "회남의 반역은 관리나 백성들이 꾀한 것이 아닙니다. 이는 관구검 등의 거짓과 협박 때문에 두려워 무리에 가담한 것입니다. 우리 대군이 관구검 무리를 압박하면 와해되어버릴 것이고, 관구검과 문흠의 수급이 군문에 매달릴 것입니다."[31]라고 대답했다. 사마사는 이를 옳다 여기고 왕기를 전군(前軍)에 배치하였다.

위 조정에서는 관구검과 문흠이 거칠고 사나우니 직접 맞붙는 것은 좋지 않다고 생각하여 왕기에게 진군하지 말 것을 지시하였다. 이에 왕기는 재차 진군을 허(許)해 달라고 요청하여 은수(㶏水)까지 진군하라는 허락을 받았다. 그러나 은수에 진격한 왕기는 추가로 더 진군하게 해달라고 요청했다. 하지만 사마사는 모든 군사들이 집결할 때까지 기다리라며 허락하지 않았다. 그럼에도 왕기는 "장수는 야전에서 주군을 명령을 받지 않을 수 있습니다. 적군이 차지해서 이롭다면 우리가 차지해도 이로운 것이며, 지금 적과 성을 두고 다투는데 그곳이 바로 남돈성입니다."[32]라며 제멋대로 진격했다. 결국 왕기는 남돈(南頓)을 점거하는 데 성공하였다. 이때 관구검 또한 항현에서 남돈을 향해 진군했지만 왕기가 남돈을 선점했다는 소식을 듣고 항현으로 회군하였다.

사마사는 출병과 동시에 예주자사 제갈탄에게 예주의 모든 군사를 지휘하여 안풍진(安風津)을 건너 수춘성으로 진군하도록 명했다. 또한 정동장군(征東將軍) 호준(胡遵)에게 청주와 서주의 군사를 거느리고 관구검의 퇴로를 차단하게 하였다. 그리고 사마사의 대군은 여양(汝陽)에 주둔하였다. 아울러 사마사는 모든 부대에 방어만 하고 싸우지 말라는 명령을 내렸다. 이에 관구검과 문흠은 진격해도 싸울 수가 없었고 수춘성에 들어가면 습격을 당할 것 같아 어찌할 바를 몰랐다.[33] 여기에 회남의 군사들

••••

31. 《삼국지》〈위서〉 서호이왕전(徐胡二王傳) '淮南之逆 非吏民思亂也. 儉等誑脅迫懼 畏目下之戮 是以尙群聚耳. 若大兵臨偪 必土崩瓦解 儉欽之首 不終朝而縣於軍門矣'

32. 《삼국지》〈위서〉 서호이왕전(徐胡二王傳) '將在軍 君令有所不受. 彼得則利 我得亦利 是謂爭城 南頓是也'

33. 《삼국지》〈위서〉 왕관구제갈등종전(王毌丘諸葛鄧鍾傳) 관구검편 '儉欽進不得鬪 退恐壽春見襲 不得歸 計窮不知所爲'

은 거의 집이 북쪽에 있어 사기를 잃고 흩어져 투항자들이 속출했다.

이윽고 사마사는 연주자사 등애를 낙가(樂嘉)로 보내 관구검과 문흠을 유인하게 하였다. 등애는 낙가성을 차지하고 부교를 설치하며 군세가 약해 보이도록 했다. 이때 은밀히 사마사의 병력도 출병했다. 문흠은 등애군을 야간에 기습하였으나 날이 밝아져 사마사의 대군을 보자 서둘러 퇴각했다. 사마사는 날쌘 기병으로 추격하여 문흠의 부대를 대파하였고 결국 문흠은 도주하였다. 한편 관구검의 병력이 나뉜 것을 안 왕기는 군사를 몰아 항현을 급습해 관구검을 격파했다. 관구검은 문흠이 패주했다는 소식마저 전해지자 그날로 밤을 틈타 도주했다. 공을 세운 왕기는 예주자사 겸 진남장군(鎭南將軍)으로 승진했다.

관구검과 문흠이 격파되고 난 뒤 제갈탄이 가장 먼저 수춘성에 도착했다. 당시 수춘성 내 10여만 백성들은 처형될 것이 두려워 모든 성문을 부수고 산과 늪지대로 도주하거나 오로 귀순하는 자들이 있었다. 협박에 의해서지만 반란에 가담하게 된 모양새이기에 위 조정으로부터 어떤 처벌을 받을지 몰랐던 것이다. 제갈탄은 회남군에 오래 근무했던 경력이 있어 양주의 군사들을 감독하게 되었다. 위 조정에서는 회남군의 관리나 백성 중 협박으로 반란군에 협조한 자들에 대한 사면령을 내리고 제갈탄을 진동장군(鎭東將軍)에 임명했다. 그러나 이 무렵 대장군 사마사가 허창에서 병사하고 2월에 동생 사마소(司馬昭)가 대장군에 임명되었다. 줄곧 사마사를 수행해 왔던 종회(種會)는 사마소의 야전 지휘소에서 전략을 수립하게 되었다. 종회의 형 종육(鍾毓)은 관구검의 반란 직후 부절을 받고 양주와 예주 일대에 사면령을 내린 후 백성들을 회유하는 임무를 충실히 수행하였다.

관구검은 동생 관구수(毌丘秀), 손자 관구중(毌丘重)과 함께 도주하였다. 하지만 도주하던 중 장속(張屬)이란 자에게 피살되어 수급이 낙양으로 보내지고 말았다. 관구수와 관구중 그리고 문흠은 목숨을 부지해 오로 도주하였다.

한편 위의 변란을 기회로 여긴 오는 대장군 손준(孫峻)이 직접 출병하였다. 손준은 여거(呂據), 유찬(留贊), 정봉(丁奉) 등과 함께 10만 병력을 이끌고 장강을 건너 수춘성으로 진격했다. 하지만 동흥(東興)에 이르렀을 때 관구검과 문흠이 패퇴했다는 소식을 접하게 된다. 손준의 대군이 탁고(橐皐)에 당도할 무렵 정봉의 회유로 문흠이 투항해왔다. 이때 회남의 패잔병 수만 명도 도망치거나 투항하였다. 오 조정에서는 투항한 문흠에게 진북대장군과 유주목의 직함을 내렸다. 이후 손준은 문흠과 합세하여 지름길로 수춘을 향해 진격하였다. 하지만 제갈탄이 먼저 수춘성을 차지해버렸기 때문에 더 이상 공격하지 못하고 회군을 결정했다.

오군을 곱게 보내줄 생각이 없었던 제갈탄은 장반(蔣班)과 조진(曹珍)을 보내 추격하게 하여 고정(高亭)에서 교전을 벌였다. 정봉과 여거는 추격해온 조진을 상대로 분전해 승리를 거두었지만 오의 좌장군 유찬은 장반에게 패배하여 전사하고 말았다. 이 전투에서 오는 손릉(孫楞), 장수(蔣脩) 등이 전사하는 등 큰 피해를 입었다. 255년 2월의 일이다. 같은 해 3월에는 오의 장군 주이(朱異)가 안풍(安豊)을 공격하였지만 이기지 못하고 철군하였다. 반란을 진압하고 오군을 크게 이긴 공으로 제갈탄은 정동대장군에 오르게 된다.

이 해에 촉의 사신이 오를 방문하였다. 우호 방문이었다. 오에서는 이때를 틈타 손준을 암살하려는 모의가 있었다. 장군 손의(孫儀), 장이(張怡), 임순(林恂) 등이 주모자였다. 하지만 이는 사전에 누설되어 손의는 자결하고 관련자 수십 명이 처형되었다. 손의는 손권의 사촌형제인 손교(孫皎)의 아들로 손준과는 7촌간이었다. 그런데 여기에 손노육이 함께 모의했다는 이유로 주살되었다. 언니인 손노반이 동생을 참소한 것이었다. 예전에 손노반이 왕부인과 태자 손화를 참소하고 손패를 태자로 세우려할 때 손노육은 반대한 적이 있었다. 손노반은 이때부터 앙심을 품고 있었던 것이다. 호랑이들의 싸움에서 큰 호랑이가 이겼다.

5

오(吳) 손침의 집권

256년

255년, 관구검과 문흠의 반란이 실패하고 그 이듬해인 256년, 문흠이 위를 상대로 다시 출병할 것을 건의하였다. 손준은 이를 받아들이고 공격을 결정했다. 256년 8월, 강도(江都)현에서 문흠, 여거(呂據), 유찬(劉纂), 주이(朱異), 당자(唐咨) 등과 함께 출병했다. 회수와 사수(泗水)를 향해 출진하면서 청주와 서주 일대를 공략하기로 한 것이었다.

손준은 등윤과 석두(石頭)에서 전별한 후 1백여 명의 종자를 거느리고 여거의 군영에 들어갔다. 이때 여거의 군영은 깔끔하게 정돈되어 있었는데 손준은 뭔가 꺼림칙하여 가슴이 아프다고 하면서 군영을 나왔다. 그날 밤 손준은 제갈각에게 얻어맞는 꿈을 꾸었는데 이후 두려운 마음이 생겨 병사하고 말았다.[34] 당시 손준의 나이 38세였다.

갑작스러운 손준의 사망으로 사촌동생 손침(孫綝)이 시중 겸 무위장군(武衛將軍)으로 군사 지휘를 총괄하게 되었다. 한편 진군 중이던 여거 등 장수들은 손준이 병사하고 사촌동생 손침이 후임이 됐다는 소식을 듣고 대노했고 여거는 여러 장군들과 연명으로 등윤(滕胤)을 승상으로 천거하였다. 하지만 손침은 이를 묵살해버린다. 이즈음 대사마 여대(呂岱)도 사망하였는데 손침은 여대의 후임으로 등윤을 대사마에 임명하며 무창(武昌)에 주둔하게 하였다. 이에 여거는 회군하여 손침을 토벌하려고 했다. 그러자 손침은 조서를 보내 문흠과 당자 등을 회유하여 여거의 군사를 빼앗을 것을 명하였다.

마침내 10월, 손침은 사촌형인 손헌(孫憲)과 장군 정봉(丁奉), 시관(施寬) 등을 보내 수군으로 강도(江都)에서 여거를 공격하게 했다. 손헌군의 공격에 수세에 몰리게 되자 측근들은 여거에게 위에 투항할 것을 권유하였다. 하지만 여거(呂據)는 "반역하는 신하가 되는 것은 치욕이다!"라며 스스로 목숨을 끊었다.[35] 언뜻 보아서는 너무 쉽게 내란으로 치닫는 것 같으나 이는 당시 오의 조정이 얼마나 정파 대립이 극심하였는지 보여주는 사건이다. 또한 그 여파는 계속 이어진다.

손침은 이와 별도로 화융(華融)과 정안(丁晏)을 등윤에게 보내 '여거를 체포할 것과 임지인 무창에 빨리 부임할 것'을 설득하였다. 하지만 등윤

••••

34. 《삼국지》〈오서〉 제갈등이손복양전(諸葛滕二孫濮陽傳) '據御軍齊整 峻惡之 稱心痛去 遂夢爲諸葛恪所擊 恐懼發病死'

35. 《삼국지》〈오서〉 주치주연여범주환전(朱治朱然呂範朱桓傳) '據曰 恥爲叛臣. 遂自殺'

은 자신에게도 화가 미칠 것이라 생각하여 화융과 정안을 억류하고 군사들을 지휘하며 자신을 방어할 준비를 하였다. 아울러 장군 양숭(楊崇)과 손자(孫咨)에게 손침이 반란을 일으켰다고 설명했다. 그리고 화융과 정안을 겁박해 손침을 비난하는 서신을 보내게 하였다. 하지만 손침은 이 서신을 따르지 않고 등윤이 반역했다는 표문을 올렸다. 아울러 장군 유승(劉丞)의 작위를 올리며 서둘러 등윤을 공격하게 하였다.

등윤은 화융과 정안에게 군사를 동원하라는 거짓 조서를 지으라고 협박하지만 이들이 불응하자 처형해버렸다. 이때 누군가가 등윤에게 '등윤이 직접 군사를 인솔하여 창룡문(蒼龍門)에 가서 장졸들에게 모습을 보여주면, 장졸들이 손침이 아닌 등윤을 따를 것'이라고 건의하였다. 하지만 이미 날은 어두워졌고 등윤은 여거가 군사를 거느리고 온다는 약

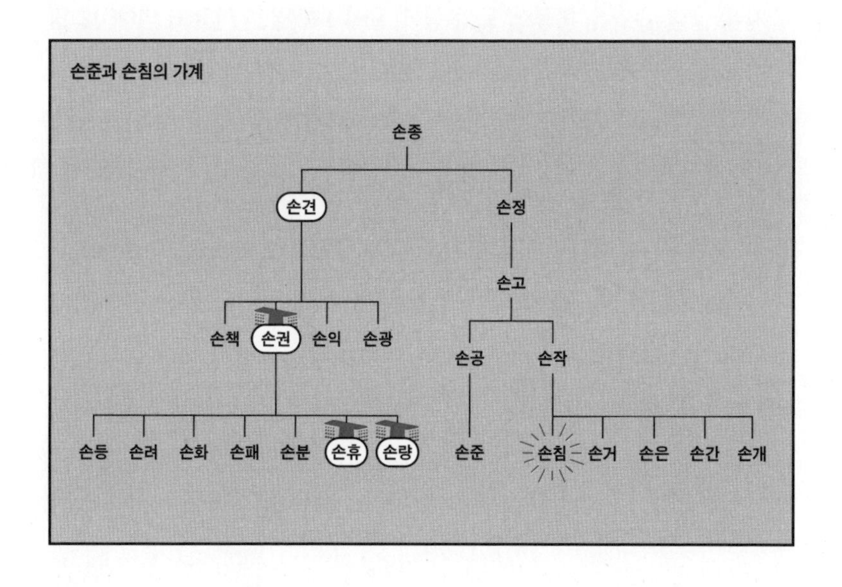

속을 철석같이 믿고 있었기에 별다른 행동을 하지 않았다. 그저 군사를 거느리고 궁궐로 이동하기도 쉽지 않다고 생각해 경계를 강화하라고만 지시하였다. 그러면서 '여거가 이미 가까운 거리에 이르렀다'며 장졸들을 격려했다. 이에 모든 장졸들이 등윤을 위해 죽음을 각오해 누구하나 흩어지려는 자가 없었다. 그러나 그날 밤 바람이 심하게 불었고 날이 밝을 때까지 여거는 오지 않았다.[36] 이 사이 손침의 군사가 대거 집결해 등윤과 그 장졸들을 몰살시켜 버렸다.

손침이 여거와 등윤을 상대로 싸우고 있을 때 손환의 손자 손일(孫壹)은 하구(夏口)의 군사들을 지휘하고 있었다. 그런데 공교롭게도 등윤과 여거는 모두 손일의 여동생들의 남편이었는데, 상황을 전해들은 손일의 동생 손봉이 자결하였다. 손침은 주이를 보내 은밀히 손일을 공격하였고 궁지에 몰린 손일은 여동생 등과 함께 군사 1천 명을 이끌고 위(魏)로 망명하게 된다. 손일을 받아들인 위 조정은 그에게 고위직을 하사하였다.

이렇게 하여 11월에 손침은 정식으로 대장군에 임명되며 부절을 하사받았다. 그러나 손침은 높은 자리에 앉게 되자 직위를 믿고 오만하고 무례하게 행동하였다.[37] 이에 손침을 도왔던 사촌형 손헌(孫憲)도 점차 불만을 품게 되었다. 그도 그럴 것이 손준이 살아 있을 때는 자신이 무척 후한 대우를 받았으나 손침은 너무도 각박하게 대하였기 때문이다. 이에

····

36. 《삼국지》〈오서〉 제갈등이손복양전(諸葛滕二孫濮陽傳) '皆爲胤盡死 無離散者. 時大風 比曉 據不至'
37. 《삼국지》〈오서〉 제갈등이손복양전(諸葛滕二孫濮陽傳) '負貴倨傲 多行無禮'

손헌은 장군 왕돈(王惇)과 함께 손침을 제거할 모의를 꾸몄다. 하지만 사전에 발각되어 왕돈은 주살되고 손헌은 자결했다. 손침은 12월 조현(刁玄)을 촉에 보내 그간의 변고를 설명했다. 오는 점점 허물어지고 있었다.

6

위(魏) 제갈탄의 반란

257~258년

제갈탄은 조예 재위 시절에는 조예의 미움을 받아 파면되었다가 240년, 조방 즉위 후 하후현 등과 함께 복직되었다. 그리고 251년, 왕릉(王凌)의 반란 때 사마의가 출병하면서 제갈탄에게 양주(揚州)의 군사를 감독하게 하였다. 그런데 제갈탄은 예전에 하후현, 등양과 친분이 있었지만, 이들이 모두 처형되는 것을 지켜보았다. 또한 왕릉과 관구검 등이 반역으로 멸족 당하는 것을 보면서 두렵고 불안함 마음이 생기게 된다. 그래서 자신을 따르는 자들을 후대하고 본인의 재물을 베풀며 민심을 얻으려 노력한다. 그 결과 양주(揚州) 일대 협객 수천 명으로 이루어진 결사대가 조직된다.

256년 겨울, 오(吳)군이 서알(徐堨)이란 곳을 공격하려 하였다. 그러자 제갈탄은 '10만 군사를 증원하고 아울러 회수(淮水) 주변에 축성하여 적의 침입에 대비해야 한다.'고 표문을 올렸다. 하지만 당시 조정에서는 현재 제갈탄의 병력으로 충분히 대비할 수 있다고 여겼다. 때문에 위 조정은 제갈탄의 속셈을 의심하며 중앙으로 불러들여 자세히 알아보려 한다. 그리하여 이듬해인 257년 4월, 제갈탄을 사공(司空)에 임명하였다. 제갈탄은 조서를 받자 조정의 의도를 알게 되었고 두려운 마음에 결국 반기를 들게 되었다. 제갈탄은 여러 장수들을 불러 모은 뒤 출병하여 양주자사 악침(樂綝)과 교전 끝에 악침을 전사시킨다. 악침은 조조의 맹장 악진의 아들이다.

이후 제갈탄은 회수(淮水) 일대에 둔전하는 군사 10만과 새로 징발한 4, 5만 군사까지 수춘성에 집결시키고 1년 가량을 버틸 수 있는 군량을 거두어 비축한 뒤 성문을 폐쇄해버렸다. 한편으로 장군 주성(朱成)을 사자로 보내 오에 신하를 자칭하고, 장사(長史) 오강(吳綱)과 막내아들 제갈정(諸葛靚)을 보내며 구원을 요청하였다.

오(吳)에서는 제갈탄의 귀순을 크게 기뻐하며 전종(全琮)의 아들 전역(全懌), 손자 전정(全靜), 조카 전단(全端), 전편(全翩), 전집(全緝)을 원군으로 보낸다. 이 당시 오에서는 외척인 전씨들이 병권을 쥐고 있었는데, 오가 건국된 이래 외척이 이처럼 번성한 전례가 없었다고 한다.[38] 여기에 위에서 귀순한 문흠과 당자(唐咨), 그리고 왕조(王祚) 등이 함께 3만여 병력

····

38. 《삼국지》〈오서〉 비빈전(妃嬪傳) '自吳興 外戚貴盛莫及'

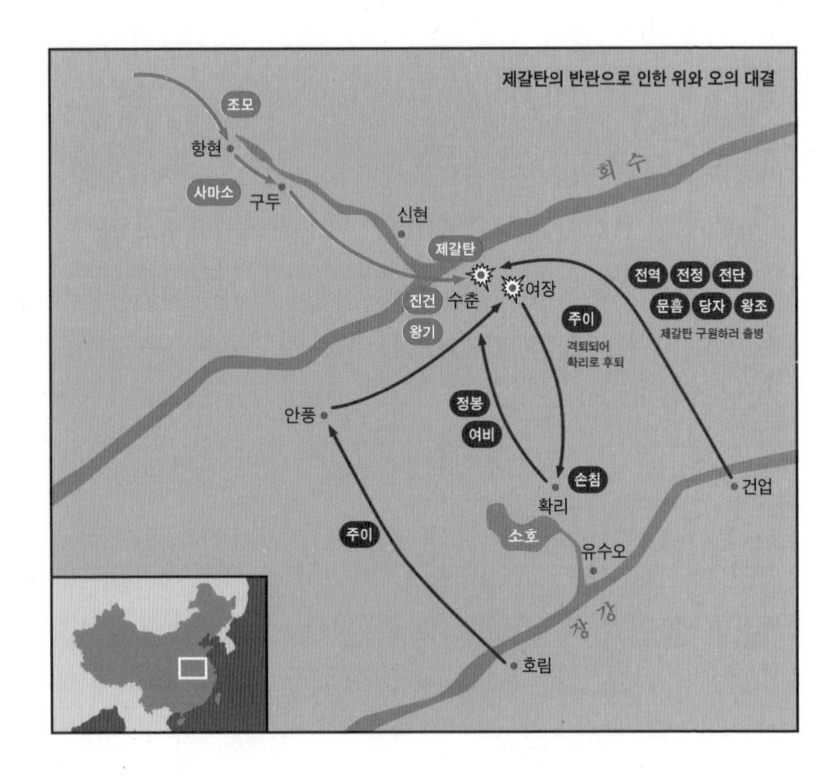

을 이끌고 출병한다. 또한 오 조정에서는 제갈탄을 좌도호(左都護)에 임명하여 부절을 하사하고, 대사도(大司徒), 표기장군(驃騎將軍), 청주목(青州牧)을 겸하게 하며 수춘후(壽春侯)에 봉한다. 이때 위의 장수 왕기(王基)가 먼저 도착하여 수춘성을 포위하고 있었지만, 오군은 수춘성 동북쪽 산세를 이용해 입성하는 데에 성공한다.

257년 6월, 위 황제 조모(曹髦)가 친히 출정하여 항현(項縣)에 당도하였다. 그리고 대장군 사마소는 26만을 거느리고 출병하여 항현 남동쪽에 위치한 구두(丘頭)에 주둔했다. 이때 종회가 사마소를 수행하였다. 이후 사마소는 왕기와 진건(陳騫)을 보내 수춘성을 사방으로 겹겹이 포위하면서 참호와 보루를 엄중히 설치하였다.[39] 여기에 감군(監軍) 석포(石苞)와 연주자사 주태(州泰) 등에게 주변을 순시하며 외부 공격에 대비하게 했다. 문흠과 당자가 성을 나가 포위군과 교전을 벌여보지만 패하여 퇴각하고 말았다.

위군의 포위로 수춘성이 완전히 고립되자 오의 장군 주이(朱異)가 호림(虎林)에서 3만 군사를 거느리고 출병, 수춘성 남서쪽에 위치한 안풍(安豐)에 주둔하면서 외부 지원을 시도하였다. 하지만 연주자사 주태에게 패퇴하여 사상자가 2천 명 이상 발생하였다. 이때 손침의 대군은 소호(巢湖)의 북동편에 위치한 확리(鑊里)에 주둔하고 있었다. 손침은 다시 주이에게 5만 병력을 주어 정봉, 여비(黎斐)와 함께 출병하게 하였는데 치중물자는 도륙(都陸)에 비축해둔 상태였다.

주이는 수춘 남쪽에 위치한 여장(黎漿)에 주둔하면서 임도(任度)와 장진(張震) 등을 보내 서쪽 6리쯤 떨어진 곳에 부교를 설치하고 밤에 강을 건너 반달 모양의 보루를 축조하였다.[40] 하지만 위의 석포와 주태에게 격파되어 고지대로 후퇴할 수밖에 없었다. 다시 주이는 오목(五木)성을 포위하여 공격해보지만 이번에도 석포와 주태에게 패하였다. 한편 위의 태산(泰山)태수 호열(胡烈)은 5천의 매복병으로 도륙을 습격하여 주이 부대

••••

39. 《삼국지》〈위서〉 왕관구제갈등종전(王毌丘諸葛鄧鍾傳) 제갈탄편 '四面合圍 表裏再重 塹壘甚峻'

40. 《삼국지》〈오서〉 제갈등이손복양전(諸葛滕二孫濮陽傳) '於屯西六里 爲浮橋夜渡 築偃月壘'

의 군량을 소각해버렸다. 그러자 어쩔 수 없이 주이는 확리로 퇴각해야 했다. 손침은 주이에게 다시 3만 군사를 주며 결사적으로 싸울 것을 지시하지만 이번에는 주이가 명에 따르지 않았다. 이에 손침이 주이를 참수해버렸다. 이때가 257년 9월로 오의 수뇌부는 내분의 기미를 보였고 수춘성은 위와 오의 국운을 건 대결의 장이 되었다.

수춘성은 군량이 점점 줄어들고 외부의 지원군도 올 수 없게 되어 의지할 데가 없어졌다.[41] 이에 제갈탄의 심복이었던 장반(蔣班)과 초이(焦彝) 등이 성벽을 넘어 사마소에 투항해버렸다. 여기에 오의 외척인 전의(全禕)와 전의(全儀)가 사마소에게 귀부해오는 일이 일어난다. 한자가 다른 두 전의는 현재 수춘성 수비의 한축을 맡고 있는 전역의 조카들이었다. 이들은 이번 전투에 출진하지 않고 건업에 남아 있었는데 집안 내 소송 문제로 인해 모친과 함께 사병 수십 가구를 거느리고 사마소를 찾아온 것이었다. 이에 사마소를 수행하고 있던 종회는 전의(全禕)와 전의(全儀)가 천거한 사람을 골라 수춘성에 들여보냈다. 그러면서 전역을 만나 '오에서는 전역 등이 수춘성을 차지하지 못한 것에 분노하여 장수들의 일족을 죽이려 해 도망쳐 귀부했다'고 전하게 했다. 이에 전역 등은 두려워 떨며 장졸들을 거느리고 자신들이 지키던 성문을 열고 투항해버렸다.[42] 그러자 성 안 사람들은 크게 놀라며 어찌할 바를 몰랐다. 257년 12월의 일이었다.

이듬해인 258년 1월, 제갈탄, 문흠, 당자 등이 수춘성 남쪽을 5, 6일간 공격하여 포위망을 뚫고 탈출을 시도했다. 하지만 성을 포위한 군사들이 석거(石車)와 불화살로 공격하고 화살과 돌을 비 오듯 퍼부으니 죽거나 다친 군사들이 땅을 덮고 유혈이 참호에 가득 찼다.[43] 결국 제갈탄 등은 다시 성안으로 회군할 수밖에 없었다. 이때 성안은 군량이 바닥나려 해 투항하는 자가 수만 명에 달하였다. 문흠은 제갈탄에게 북방 출신 병졸들을 내보내 군량을 절약하고 오의 군사들과 함께 굳게 지키자고 강하게 건의하였다. 하지만 제갈탄이 이를 받아들이지 않았고 문흠은 내심 원한을 품게 되었다.

사실 이전부터 제갈탄과 문흠은 서로에게 감정이 있었지만 싸워야 할 적이 눈앞에 있었기에 참고 있던 상황이었다. 하지만 전황이 점차 불리해지자 서로를 더욱 의심하게 되었고 결국 작전을 논의하는 중 제갈탄이 문흠을 살해하기에 이르렀다. 당시 문흠의 아들 문앙(文鴦)과 문호(文虎)는 수춘성에 딸린 작은 성(小城)에 주둔하고 있었다. 형제는 부친의 피살 소식을 듣자마자 수춘성으로 진격하려고 했지만 군사들이 따르지 않았다. 결국 문앙과 문호 형제는 성을 넘어 사마소에 투항해버리고 말았다. 사분오열(四分五裂)이었다.

위의 군영에서는 투항해온 문앙, 문호 형제를 반역자의 아들이라는 이유로 즉각 처형해야 한다는 의견이 나왔다. 하지만 대장군 사마소의

....

41. 《삼국지》 〈위서〉 왕관구제갈등종전(王毌丘諸葛鄧鍾傳) 제갈탄편 '城中食轉少 外救不至 衆無所恃'
42. 《삼국지》 〈위서〉 왕관구제갈등종전(王毌丘諸葛鄧鍾傳) 종회편 '懌等恐懼 遂將所領開東城門出降'
43. 《삼국지》 〈위서〉 왕관구제갈등종전(王毌丘諸葛鄧鍾傳) 제갈탄편 '弩矢及石雨下 死傷者蔽地 血流盈塹'

생각은 달랐다. 사마소는 문앙과 문호 형제를 사면하면서 표문을 올려 장군에 임명하고 작위도 하사했다. 그러고는 수백 명의 군사를 거느리고 성벽을 따라 돌면서 성을 향해 "문흠의 아들들도 죽이지 않는데 그 나머지야 무엇을 두려워하겠는가?"라고 큰소리로 외치게 하였다. 그러자 성 안의 제갈탄과 당자는 어찌 해볼 방도가 없었다. 이후 사마소가 직접 지휘하며 사방에서 북을 치며 성에 올라갈 때 성 안에서는 저항하는 자가 없었다.[44]

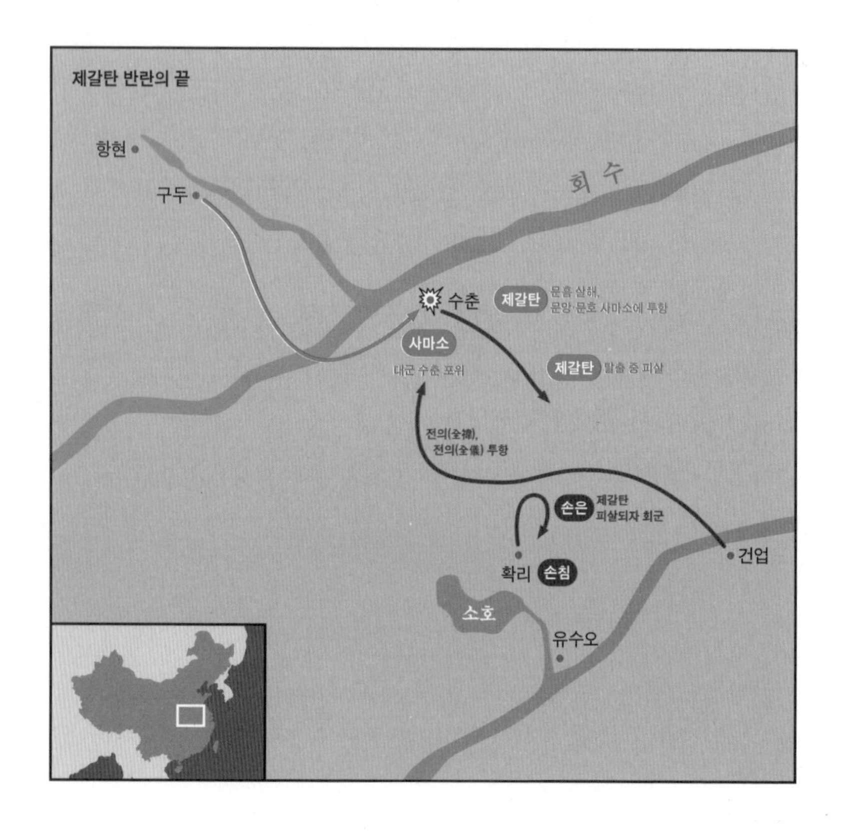

결국 제갈탄은 말을 타고 부하 몇몇과 함께 탈주를 시도하였다. 이에 호분이 제갈탄을 공격하여 살해하였다. 이때 제갈탄이 조직했던 결사대 수백 명은 제갈탄이 죽고 없어졌음에도 끝까지 투항하지 않고 저항하였다. 그들은 잡혀서 처형되면서까지 "제갈공을 위해 죽으니 여한이 없다."며 충성을 버리지 않았다. 성에 남아 있던 당자와 왕조 등 비장들은 스스로를 묶은 채 투항하였고, 오군 1만 명에게서 몰수한 병기와 군수 물자가 산처럼 쌓였다.[45]

한편 장군 주이를 처형한 손침은 동생 손은(孫恩)을 구원군으로 수춘성에 보내지만 이미 제갈탄이 패전한 뒤였기에 부대를 이끌고 돌아왔다. 결과적으로 손침은 제갈탄을 구원하지도 못하고 군사만 잃었으며 스스로 명장을 죽였기에 손침을 원망하지 않는 사람이 없었다.[46]고 기록은 전하고 있다.

위의 대군이 처음 수춘성을 포위할 당시 위군에서는 많은 이들이 속공을 주장하였다. 하지만 대장군 사마소는 "모두를 살리는 방책으로 진압한다면 가만히 앉아서도 제압할 수 있을 것이다."라며 받아들이지 않았다. 또한 수춘성이 함락된 이후에도 '회남군에서 연이어 반역이 계속

····

44. 《삼국지》〈위서〉 왕관구제갈등종전(王毌丘諸葛鄧鍾傳) 제갈탄편 '文欽之子猶不見殺 其餘何懼' (중략) '四面進兵 同時鼓譟登城 城內無敢動者'

45. 《삼국지》〈위서〉 왕관구제갈등종전(王毌丘諸葛鄧鍾傳) 제갈탄편 '爲諸葛公死 不恨' (중략) '吳兵萬衆 器仗軍實山積'

46. 《삼국지》〈오서〉 제갈등이손복양전(諸葛滕二孫濮陽傳) '綝旣不能拔出誕 而喪敗士衆 自戮名將 莫不怨之'

되고, 오에서 투항한 군사들은 본래 집이 강남(江南)이므로 그대로 석방할 수 없기 때문에 모두 파묻어 죽여야 한다.'고 말하는 의견도 있었다. 그러나 사마소는 "이는 옛날의 용병법이고 지금은 싸우지 않고 승리하는 것이 상책으로 주모자만 처형하면 된다."며 이 또한 받아들이지 않았다.[47]

그리하여 오의 군사들을 처형하지 않고 하동, 하남, 하내 근처의 군현에 이주하여 살게 하였다. 아울러 회남군에서 제갈탄의 협박으로 반란에 가담한 장졸과 백성들도 그 수괴(首魁)만 처형하고 나머지는 사면했다. 한편 당자는 조비 재위 시절 태수를 죽이고 반란을 일으켰다가 오로 도망쳤던 전과가 있는 장수였다. 하지만 위의 조정에서는 당자도 용서하고 계속 장군직을 수행하게 하는데 이 조치 또한 사마소의 의지였다.

사실 사마소가 이렇게 효과적으로 반란을 진압할 수 있었던 데에는 종회의 책모가 고비마다 중요한 역할을 하였다. 이후 종회에 대한 사마소의 신임은 날로 두터워져 사람들이 종회를 자방(子房)이라 부르게 되었다.[48] 자방은 한(漢)고조 유방의 책사였던 장량(張良)의 자로 이 시절에도 훌륭한 책사의 대명사로 널리 사용되었음을 알 수 있다.

한편 이렇게 수춘 일대에서 위와 오가 혼전을 벌이는 사이 촉에서는 강유가 대규모로 출병을 했다. 제갈탄의 반란을 틈탄 조치였다. 강유는 수만 군사를 거느리고 낙곡(駱谷)을 지나 지름길로 침령산(沈嶺山)에 당도했다. 이 때 장성(長城)에는 비축한 군량에 비해 지키는 군사가 적어 강유가 공격해온다는 소식을 듣고 모두가 두려워했다.[49] 장성은 오장원 남동쪽에 위치해 있는 요새다. 위는 대장군 사마망이 강유에 맞서고 등애도 장성으로 이동해 합세하였다. 강유는 망수(芒水)로 이동하여 산기슭을 이용해 진을 쳤다. 하지만 사마망과 등애는 위수(渭水) 가에 견고한 군영을 만든 채 강유의 도발에 맞서지 않았다. 그렇게 양군은 대치상태로 해를 넘겼다.

258년 2월 제갈탄이 패망했다는 소식이 전해지자 강유는 성도로 회군하게 된다. 흡사 234년 제갈량이 마지막으로 출병했던 오장원에서 사마의가 버티기만 하던 상황을 보는 듯하다. 당시에도 위의 황제 조예가 수춘으로 직접 출정했었고 오의 손권이 신성(新城) 함락에 실패하고 물러났었다.

••••

47. 《삼국지》〈위서〉 왕관구제갈등종전(王毌丘諸葛鄧鍾傳) 제갈탄편 '吾當以全策縻之 可坐而制也' (중략) '大將軍以爲古之用兵 全國爲上 戮其元惡而已'

48. 《삼국지》〈위서〉 왕관구제갈등종전(王毌丘諸葛鄧鍾傳) 종회편 '親待日隆 時人謂之子房'

49. 《삼국지》〈촉서〉 장완비의강유전(蔣琬費禕姜維傳) '聞維方到 衆皆惶懼'

11장

진(晉)의 통일

1

손휴의 즉위

258~264년

수춘에서 제갈탄이 한창 농성 중이던 257년 9월, 손침은 건업으로 귀환한 뒤 병을 핑계로 입조하지 않았다. 하지만 동생 손거(孫據), 손은(孫恩), 손간(孫幹), 손개(孫闓) 등을 여러 군영에 나눠 주둔하게 하면서 조정의 정사를 확실하게 장악하려는 노력은 계속되었다. 물론 병권을 손에 쥔 손침 형제들의 전횡은 계속 이어졌다.

손량은 권력을 쥔 손침이 지나치게 방자하다고 생각하게 되었다. 그리하여 258년 9월에 공주인 손노반, 황후의 부친인 태상(太常) 전상(全尙), 장군 유승(劉丞) 등과 함께 손침을 제거할 모의를 하였다. 하지만 손침의 사촌 누이인 손량의 비(妃)가 손침에게 이를 알렸다. 이에 손침이 먼저 군사를 동원하여 야간에 전상을 습격하여 주살하였다. 동시에 동생 손은을 보내 창룡문(蒼龍門) 밖에서 유승을 처형하고 궁궐을 포위해버렸다. 황제의 손발을 잘라버린 것이다.

손침은 맹종(孟宗)을 종묘에 보내 손량의 폐위를 고하게 하고 궁문에서 모든 관료들을 불러 회의를 소집하였다. 그러고는 "소제(少帝)[1]는 정신이 혼미한 병으로 제위에 있을 수가 없어 종묘의 선제(先帝)[2]에게 폐위를 고하였습니다.[3] 여러분 중 이에 찬동하지 않는 분은 이의를 제기하십시오."라고 말하자 자리에 모인 모두가 두려워하며 손침의 결정에 찬성했다. 이후 손침은 사람을 보내 손량의 국새와 인수를 빼앗고 아울러 손량의 죄상을 널리 알리게 하였다. 그런데 상서(尙書)인 환이(桓彝)가 서명을 거부하였다. 그러자 손침은 환이를 처형하고 손량을 회계왕(會稽王)으로 쫓아버렸다. 이때 손량의 나이 16세였다.[4]

손침은 손량이 비운 자리를 회계왕 손휴(孫休)로 채웠다. 황제와 회계왕이 자리를 바꾼 것이다. 손휴는 손권의 여섯 째 아들로서 252년 1월에 낭야왕(琅邪王)이 되어 호림(虎林)에 머물렀다. 그해 4월 손권이 사망하고 동생 손량이 제위를 계승하였다. 그리고 제갈각이 집권하였을 때 제갈각은 왕들이 장강 주변의 군사 주둔 지역을 다스리는 것을 좋지 않게 생각했다. 황족들이 군사력을 보유하면 부작용이 따를 것이라고 생각했기

1. 손량을 낮추어 부르는 말이다.
2. 손권을 가리킨다.
3. 《삼국지》〈오서〉 제갈등이손복양전(諸葛滕二孫濮陽傳) '少帝荒病昏亂 不可以處大位 承宗廟 以告先帝廢之'
4. 《삼국지》〈오서〉 삼사주전(三嗣主傳) '召大臣會宮門 黜亮爲會稽王. 時年十六'

때문이다. 그래서 손휴를 단양군으로 옮겨 머무르게 하였다. 그런데 단양태수 이형(李衡)이 손휴를 계속해서 핍박했다. 권력 다툼에서 밀려난 왕을 업신여긴 것이다. 손휴는 견디다 못해 타군으로 옮기게 해달라고 상서하여 이후 손휴는 회계왕이 되어 회계를 거처로 삼게 되었다. 다행히 회계태수 복양흥(濮陽興)과는 사이가 매우 좋았다. 그러던 중 갑작스레 손침에 의해 옹립된 것이다. 258년 즉위 당시 손휴의 나이 24세였다.

손휴는 258년 10월, 조서를 내려 대장군 손침을 승상에 임명하며 형주목을 겸임하게 하였다. 아울러 손침의 동생인 손은, 손거, 손간 등도 승진했다. 실권을 가진 손침 형제들이었으니 스스로 자리를 높인 것이라 하겠다. 그런데 손휴 즉위 직후 단양태수 이형은 손휴를 핍박한 예전의 잘못을 자수하여 수감되어 있었다. 어떻게 풀릴지 모르는 것이 사람 팔자임은 고금(古今)이 다르지 않다. 하지만 손휴는 보복하지 않고 조서를 내려 이형을 사면하였다.

손휴가 제위에 올랐지만 모든 권력은 아직도 손침의 손에 있었다. 손휴는 할 말이 있어도 손침이 두려워 뜻을 거스르지 못했는데 이에 손침은 더욱 방자해졌다.[5] 손휴는 손침에게 더욱 자주 상을 내리며 눈치를 보았다. 그러던 중 맹종(孟宗)이 무창(武昌)에 주둔하겠다고 하자 손휴는 이를 허락하며 맹종이 감독하던 군영의 장졸 1만여 명을 모두 데려가게 하였다. 이에 장군 위막(魏邈)이 "손침이 지방에 주둔하면 틀림없이 변란을 일으킬 것입니다."[6]라며 손휴를 자극했다. 아울러 손침이 반역의 징후가 있다는 보고가 잇따르자 손휴는 장군 장포(張布)와 이에 대해 의논하였다. 장포는 "정봉이 비록 관리의 업무를 모른다지만 계측과 방략이 남보다 뛰어나니 큰일을 결단할 수 있습니다."며 정봉을 천거했다. 이에 손휴가 정봉을 불러 "손침이 나라의 권력을 쥐고 불법을 자행하니 장군과 함께 제거하고자 하노라."며 부탁했다.[7] 이에 정봉은 12월 납제(臘祭)[8]에 군신들이 모일 때 결행할 것을 건의하였고 손휴는 이 계책을 받아들이기로 하였다.

헌데 이 무렵 건업에는 '납제에 큰 변고가 있을 것'이란 소문이 파다하게 퍼져 있었다. 그리고 그 소문은 손침의 귀에도 들어갔다. 밤새 큰 바람이 불어 나무가 뽑히고 모래가 날리자 손침은 괜히 두려운 마음이 들었다. 고민 끝에 손침은 병을 핑계로 납회(臘會)에 참석하지 않기로 했다. 그러자 손휴는 10여 차례나 사람을 보내 손침을 불렀다. 결국 손침은 "나라에서 여러 번 부르니 사양할 수가 없다. 미리 군사를 준비해 두었다가 집에 불길이 오르면 이를 핑계로 속히 돌아올 것이다."며 입궐했다.

이렇게 손침이 입궐하고 얼마 지나지 않아 손침의 집에 불길이 솟아올랐다. 이에 손침이 일어나려 하자 손휴가 "거기도 군사가 많을 테니 승상께서 걱정하지 않으셔도 될 일이오."라며 만류했다. 그래도 손침이 일

••••

5. 《삼국지》〈오서〉 삼사주전(三嗣主傳) '有所陳述 敬而不違 於是益恣'
6. 《삼국지》〈오서〉 제갈등이손복양전(諸葛滕二孫濮陽傳) '綝居外必有變'
7. 《삼국지》〈오서〉 정황한장주진동감능서반정전(程黃韓蔣周陳董甘淩徐潘丁傳) 정봉편 '丁奉雖不能吏書 而計略過人 能斷大事. 休召奉告曰 綝秉國威 將行不軌 欲與將軍誅之'
8. 음력 12월에 지내는 제사를 말한다.

어나려 하니 정봉과 장포가 재빨리 눈짓을 했고 이에 좌우에서 병사들이 달려들어 손침을 포박했다. 손침은 빠져나갈 구멍이 없다고 생각했던지 곧장 목숨을 구걸했다. 손침이 머리를 조아리며 말하길 "청컨대 교주(交州)로 옮겨 살게 해주십시오."라며 목숨을 구걸했다. 직전까지 황제를 허수아비처럼 부리던 자의 태세전환이었다. 하지만 이를 들은 손휴가 "경은 어찌하여 등윤과 여거를 교주로 보내지 아니하였는가?"라며 과거의 죄를 따졌다. 그러자 손침이 다시 간청하였다. "관노(官奴)로 살게 해주십시오." 하지만 손휴는 손침의 청을 들어줄 뜻이 없었다. "등윤과 여거는 어째서 관노로 살려주지 않았는가!"라며 손침을 주살했다. 손침의 수급을 들어 보이며 "그간 손침과 모의했던 자들을 모두 용서하겠다."고 하자 손침의 5천여 병사들이 그 자리에서 무기를 버리고 투항했다.[9] 이때 손침의 나이 28세였다. 손침이 제거되자 동생 손개가 도주하다 살해되는 등 어제까지 나라를 주무르던 손침 일족은 순식간에 사라지게 되었다.

손휴는 '제갈각, 등윤, 여거 등이 아무런 죄도 없이 손준과 손침 형제에게 잔인하게 살해되어 마음이 아프다'는 내용의 조서를 내렸다. 아울러 변방으로 쫓겨나 있던 제갈각 일족 등을 불러들였다. 정봉은 대장군에, 장포는 중군(中軍) 독군(督軍)에 제수되었다. 장포의 동생 장돈(張惇)과 장순(張恂)도 시상하였다. 그리고 손휴가 회계에 머물던 시절 가깝게 지냈던 회계태수 복양흥도 태상(太常) 및 위장군(衛將軍)에 제수되어 군국 업무를 담당하게 되었다.

260년 엄밀(嚴密)이 단양군에 호수를 메워 경지를 만들고 아울러 포리당(浦里塘)이라는 저수지를 축조할 것을 건의하였다. 당시 반대 의견이 우세했지만 복양흥이 적극 찬성하여 결국 강행한다. 하지만 공사 중 비용과 사상자가 많이 발생하여 백성들의 원성이 높았다. 그러나 복양흥은 문책을 당하지 않았고 오히려 관직이 높아졌다. 이후로도 복양흥은 장포와 함께 계속 손휴의 총애를 받으니 백성들의 실망이 점차 커졌다. 복양흥은 262년 10월 승상이 되어 군국 업무를 관할하고 좌장군 장포는 궁정과 조정 업무를 주관했다.[10] 당시 손휴는 위요(韋曜), 성충(盛沖)과 학문을 토론하곤 하였는데 이들은 직언을 자주 하였다. 장포는 이들을 탐탁지 않아 했고 또한 직언을 막으려 하였다.

그런데 이즈음 회계군에 있는 폐제(廢帝) 손량이 돌아와 황제가 된다는 노래가 퍼졌다. 거기에 손량이 무당을 시켜 빌면서 악언(惡言)을 한다는 고발이 접수되기도 하였다. 이에 손휴는 손량을 후(侯)로 강등시키고 이주를 명했다. 하지만 봉지(封地)로 이동하는 도중 손량은 자결하고 말았다. 손량의 나이 18세였다.

••••

9. 《삼국지》〈오서〉 제갈등이손복양전(諸葛滕二孫濮陽傳) '國家屢有命 不可辭. 可豫整兵 令府內起火 因是可得速還. 遂入 尋而火起 綝求出. 休曰 外兵自多 不足煩丞相也. 綝起離席 奉布目左右縛之. 綝叩首曰 願徙交州. 休曰 卿何以不徙滕胤呂據? 綝復曰 願沒爲官奴. 休曰 何不以胤據爲奴乎! 遂斬之. 以綝首令其衆曰 諸與綝同謀皆赦. 放仗者五千人'

10. 복양흥은 손휴가 단양태수 이형의 핍박으로 회계에 왔을 때 친분을 쌓은 인물이다. 젊은이의 미래를 함부로 규정하지 말지어다.

2

조모의 거병

254~263년

254년 9월, 위(魏)에서는 조방(曹芳)이 폐위되고 10월 고귀향공(高貴鄕公) 조모(曹髦)가 제위에 올랐다. 조모는 문제(文帝) 조비의 손자이며 조림(曹霖)의 아들이다. 당시 나이 14세. 220년 조비가 제위에 오른 지 34년 만에 벌써 네 번째 황제이다.

조모는 즉위 직후 대장군 사마사에게 황월(黃鉞)을 하사했는데 아울러 입조할 때 종종걸음으로 걷지 않고, 상주할 때 이름을 말하지 않으며, 칼을 차고 신발을 신은 채 전각에 오를 수 있도록 하는 일련의 최고 레벨 시리즈[11]를 허용하였다.

이듬해인 255년 1월, 관구검과 문흠이 반란을 일으켰을 때 사마사는 이를 진압한 직후 허창에서 사망했다. 이에 대장군 직을 동생 사마소(司

馬昭)가 이어 받게 된다. 조모는 256년 8월 대장군 사마소에게 대도독(大都督)의 직과 더불어 상주할 때 역시 이름을 말하지 않는 등의 특권과 황월을 하사하였다. 사마사의 시상을 반복한 것이다. 아울러 사마의의 동생 사마부를 태부(太傅)에 임명했다. 그리고 제갈탄의 반란을 진압한 직후인 258년 5월에는 대장군 사마소를 상국(相國)에 임명하고 진공(晉公)에 봉하였으며 구석(九錫)을 하사하였다. 하지만 사마소는 이 모든 것을 사양하기를 아홉 차례나 반복하여 끝내 받지 않았다. 백번을 양보해도 다시 줄 것을 아는, 누구나 다 아는 사양 쇼(Show)이다.

260년에 조모는 20세가 되었고 그 해 정월 초하루에 일식이 있었다.[12] 무슨 변고가 있으려고 정초부터 이런 조짐이 보였을까. 이 해 4월 조모는 다시 한번 대장군 사마소를 상국에 임명하고 진공에 봉하며 구석을 하사하였다. 하지만 사마소는 다시 사양했다. 열 번을 채웠다.

조모는 사마씨가 장악한 조정의 허수아비 황제로서 즉위 이래 수년을 고분고분 지내왔다. 그러던 어느 날 돌연 달라진 모습을 보인다. 이는 〈배송지주〉에 자세히 나와 있는데 조모는 사마소에게 거듭 구석을 하사한 다음 달인 5월에 갑자기 시중 왕침(王沈), 상서 왕경(王經), 산기상시(散騎常侍) 왕업(王業)을 불러 모았다. 그리고는 난데없이 "사마소의 마음은 길 가는 사람들도 다 알고 있다. 짐은 더 이상 앉아서 이런 수모를 당할

····

11. 구석(九錫)의 일부를 받은 것이다. 구석은 천자가 공이 큰 신하에게 내리는 아홉 가지의 특전을 말하는 것으로 최고의 상이라는 의미이다.

12. 《삼국지》〈위서〉 삼소제기(三少帝紀) '春正月朔 日有蝕之'

수 없으니 오늘 당장 경들과 나서 사마소를 토벌하겠노라."라며 깜짝 발표를 했다. 힘없는 황제가 사전에 아무런 준비도 없이 내뱉은 계획에 동조할 신하는 없었다. 왕경이 옛 고사를 들어 제지하니 조모는 "행동은 과감해야 한다. 죽는다 한들 무엇이 두렵겠는가! 더구나 반드시 죽는 것도 아니다."며 태후에게 이를 아뢰었다. 왕침과 왕업은 달려가 사마소에게 이 사실을 일러바쳤고 사마소는 만일의 사태에 대비하였다. 사마소로서는 표정관리를 해야 할 일이라고 생각했을지도 모른다.

이후 조모가 벌인 행위는 난감하기 이를 데 없었다. 조모는 군사도 아닌, 궁중의 종복(從僕) 수백을 거느리고 소리를 치며 궁을 나섰다. 사마소의 동생 둔기교위(屯騎校尉) 사마주(司馬伷)가 동문에서 조모를 제지하였으나 좌우에서 크게 소리치자 물러났다. 또 중호군(中護軍) 가충(賈充)이 남궐(南闕)에서 조모를 제지했다. 이에 조모가 칼을 빼들자 병사들이 물러나려 하였다. 이때 태자사인(太子舍人) 성제(成濟)가 가충에게 물었다. "일이 다급한데 어찌 해야 합니까?" 그러자 가충은 "자네들을 기르는 것은 오늘 같은 날 쓰기 위함일세. 물을 것이 뭐가 있겠는가."라며 말하니 이를 들은 성제가 조모를 찌르니 칼이 등을 뚫고 나왔다. 황당하기 짝이 없는 황제의 죽음이었다.

사마소는 사건의 전말을 듣고 크게 놀라 땅을 치면서 말하길 "이 일을 내가 저질렀다고 천하가 말하겠구나!"라고 탄식했다. 또한 태부 사마부는 달려가 죽은 조모의 다리에 머리를 대고 "폐하를 시해한 것은 신의 죄이옵니다."라며 크게 슬퍼하였다.

믿기 쉽지 않은 이 황당한 사건에 대해 당대에서도 비슷한 반응을 보였던 모양이다. 배송지 또한 당시 상황에 대한 기록은 엇갈리는 것이 많다고 하였다.[13] 하지만 결과가 달라질 여지는 없었다. 이후 사마소가 상서하기를 "고귀향공(高貴鄕公)[14]이 거느린 하인과 병졸들이 칼을 뽑아들고 징을 치며 신이 있는 곳으로 몰려왔습니다. 신은 수많은 병기에 사람이 다칠까 두려워 장졸들에게 군령을 어기면 군법대로 처리하겠다고 알렸습니다. 헌데 태자사인 성제가 제멋대로 고귀향공을 찔러 죽게 하였습니다. 이에 성제를 군법대로 처형하였습니다."[15] 성제는 상관의 말을 성실히 이행한 죄로 목숨을 잃었다. 말단 관리가 다 덮어쓰고 만 것이다.

이후 곽황태후의 명으로 상도향공(常道鄕公) 조환(曹奐)을 후임 황제로 추대한다. 이리 하여 260년 6월, 위에서는 또 한 명의 황제가 즉위하였다. 이때 조환의 나이 15세. 조환은 즉위 직후 대장군 사마소를 상국

••••

13. 《삼국지》〈위서〉 삼소제기(三少帝紀) 배송지주 한진춘추(漢晉春秋) 인용 '司馬昭之心 路人所知也. 吾不能坐受廢辱 今日當與卿等自出討之' (중략) '行之決矣. 正使死 何所懼 況不必死邪! 於是入白太后 沈業奔走告文王 文王爲之備' (중략) '帝自用劍 衆欲退. 太子舍人成濟問充日 事急矣 當雲何? 充日 畜養汝等 正謂今日. 今日之事 無所問也. 濟卽前刺帝 刃出於背. 文王聞 大驚 自投於地日 天下其謂我何! 太傅孚奔往 枕帝股而哭 哀甚日 殺陛下者 臣之罪也'. 이 대목에서 배송지는《한진춘추 (漢晉春秋)》외에도《한보진기(幹寶晉紀)》《위씨춘추(魏氏春秋)》《위말전(魏末傳)》등 매우 다양한 서적의 내용을 인용하고 있다. 후세의 사가 입장에서도 어떻게 이해해야 할지 난감한 사건이었음을 짐작할 수 있다.
14. 조모가 제위에 오르기 전의 지위였다.
15. 《삼국지》〈위서〉 삼소제기(三少帝紀) '高貴鄕公率將從駕人兵 拔刃鳴金鼓向臣所止. 懼兵刃相接 卽敕將士不得有所傷害 違令以軍法從事. 騎督成倅弟太子舍人濟 橫入兵陳傷公 遂至隕命 輒收濟行軍法'

에 임명하고 진공에 봉하며 구석을 하사하는 것을 대를 이어 반복한다. 하지만 이번에도 사마소는 사양하였다. 그 다음 해에도 또 그 다음 해에도 하사하고 사양하기를 반복했다. 속사정이야 어찌 됐든 정사의 기록에는 하사하고 사양하고를 이렇게 무한 반복한다. 다만 한 가지 분명한 것은 역사에 등장하는 수많은 허수아비 황제 중에서도 조모는 참으로 특이한 사례였다는 점이다.

3

촉(蜀)의 패망

263년

262년 10월, 강유가 조양(洮陽)으로 출병했다. 하지만 후화(候和)에서 등애와 교전하여 격파 당했고 이후 강유는 군사들을 물려 답중(沓中)으로 회군하였다.[16] 이 무렵 촉(蜀) 조정에서는 환관 황호(黃皓)가 권력을 농단하고 우대장군 염우(閻宇)가 이에 협조하고 있었다. 점점 대담해진 황호는 강유를 제거하고 염우를 그 자리에 앉히려 하였다. 이에 강유는 성도로 돌아가지 않고 계속 답중에 주둔하였다.

그 무렵 위(魏)의 대장군 사마소는 강유가 여러 차례 국경을 침략하면

····

16. 답중(沓中) 인근에서 가맹관까지 남동쪽 방향으로 흐르는 물줄기가 있는데 이를 백수(白水)라고 한다. 백수는 가맹관 부근에서 서한수(西漢水)와 합류하여 장강으로 유입된다. 음평(陰平) 부근에서 백수를 건너는 다리가 음평교(陰平橋)이며 그 인근에 교두(橋頭)가 있다.

서 촉의 국력이 약해졌으니 대군을 동원하면 촉을 없앨 수 있다고 생각하였다. 이에 종회에게 전략을 구상하고 지형을 고찰하며 형세를 분석하게 했다. 아울러 청주, 서주, 연주, 예주, 형주, 양주(揚州) 등에 명령을 내려 군선을 제작하도록 하였다. 대외적으로 오(吳)를 정벌한다고 선언하면서 말이다. 일종의 성동격서(聲東擊西)였다. 그러자 강유는 이듬해인 263년 초 유선에게 표문을 올려 건의하였다. "위의 종회가 군사를 훈련하며 우리를 공격하려 하니 장익과 요화를 보내 양평관(陽平關)과 음평교(陰平橋)를 미연에 미리 방비해야 합니다."[17] 하지만 황호는 무당의 말을 믿어 적이 침입하지 않는다고 주장하였고 이에 유선은 강유의 표문을 묵살하였다. 조정의 신하들은 강유가 건의한 사실조차 알지 못했다.

263년 5월, 위(魏) 조환은 드디어 조서를 내렸다. "강유는 작년에 격파된 뒤에도 답중(沓中)에서 둔전하면서 강족(羌族)을 수탈하며 노역을 그치지 않아 백성들이 견디질 못하고 있다." 촉을 지도에서 지우려는 것이었고 촉과의 관계에서 제갈량의 북벌 이래로 거의 수세만을 견지하던 위가 태세를 바꾼 것이었다.

위는 대장군 사마소의 지휘 아래 대대적인 촉 정벌을 단행하였다. 정서장군(征西將軍) 등애와 옹주자사 제갈서(諸葛緒)가 3만 군사를 거느리고 출전했다. 등애는 감송(甘松)과 답중으로 진격하여 강유를 견제하라는 명을 받았다. 이에 등애는 천수태수 왕기(王頎)를 보내 강유의 본영을

....

17. 《삼국지》〈촉서〉 장완비의강유전(蔣琬費禕姜維傳) '護陽安關口 陰平橋頭 以防未然'

공격함과 동시에 농서태수 견홍(牽弘)은 선봉을 공격하고 금성태수 양흔(楊欣)으로 하여금 감송에 진출하게 했다. 감송은 강유가 주둔해 있는 답중 서쪽에 위치한 요새이다. 또한 제갈서는 무도(武都)와 음평(陰平) 교두(橋頭)로 진격하여 강유의 퇴로를 차단하며 양쪽에서 강유를 협공하는 임무를 부여받았다. 더불어 진서장군(鎭西將軍) 종회는 10만 대군을 통솔하여 사곡(斜谷)과 낙곡(駱谷)으로 진격하였고 위흥(魏興)태수 유흠(劉欽)이 자오곡(子午谷)으로 진격하는 등 각기 여러 길로 나누어 한중군을 향해 진군했다. 이때 종회는 허저의 아들 허의(許儀)를 먼저 보내 도로를 정비하게 하였다. 그런데 교량이 뚫려 말발굽이 빠지자 허의를 군령에

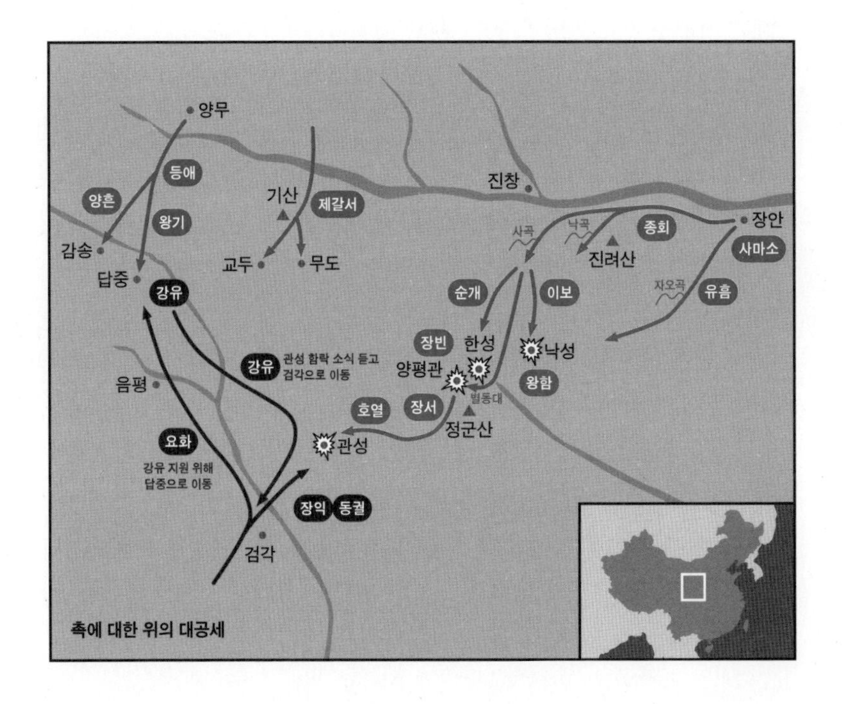

촉에 대한 위의 대공세

따라 참수했다.[18] 앞서 말했듯 허의는 맹장 허저의 아들이다. 부친이 위의 개국공신임에도 종회는 용서하지 않았던 것이다. 이에 모든 군사들이 두려워 떨게 되었다.

촉에서는 그제야 상황의 심각성을 인지하였다. 요화(廖化)가 강유를 지원하기 위해 답중에 도착하였고 장익(張翼)과 동궐(董厥)은 양평관(陽平關)을 지원하기 위해 출발했다. 아울러 한중군에서는 한성(漢城)과 낙성(樂城)으로 병력을 집결했다. 이때 한성은 장빈(蔣斌)이 지키고 있었고 낙성은 왕함(王含)이 지키고 있었다. 이에 종회는 한성에는 순개(荀愷)를 보내고 낙성에는 이보(李輔)를 보내 포위했다. 그리고 지름길로 별동대를 보내 양평관을 공격했는데 이후 벌어진 교전 끝에 양평관을 지키던 장서(蔣舒)가 성문을 열고 나와 항복하였고 부첨(傅僉)은 끝까지 싸우다 전사했다. 종회는 낙성을 함락시키지 못한 상태에서 양평관을 점령했다는 소식을 듣자 낙성을 버려둔 채 대군을 몰아 진군을 계속하였다. 그 와중에 양평관 인근에 제갈량의 묘가 있음을 알고 사람을 보내 제사를 지내게 했다. 아군과 적군을 떠나 영웅에 대한 존경과 예의를 표시한 것이다. 이즈음 종회의 부장 호열(胡烈)이 먼저 진격하여 관성(關城)을 함락시켰다. 위군은 관성(關城)에 비축되어 있던 군량을 차지함으로써 다시 촉에 큰 타격을 가했다.

한편 양평관을 향해 진군하던 장익과 동궐이 음평에 도착했을 무렵 옹주자사 제갈서가 건위(建威)[19]로 진격한다는 소식을 듣고 대기했다. 이후 양평관이 점령됐다는 소식을 듣고는 목표를 바꾸어 한중군을 향해 진군하게 된다. 또한 답중에 주둔해 있던 강유와 요화도 한중군에 종회의 대군이 먼저 진입한 것을 알고 철군하려 하였다. 하지만 양흔(楊欣) 등이 강유의 부대를 추격하였고 강천구(彊川口)에서 교전이 붙어 강유는 패주하게 된다. 이때 옹주자사 제갈서는 음평 교두에 주둔하며 강유의 진로를 막고 있었다. 이에 강유는 공함곡(孔函谷)에서 북쪽 길을 따라 제갈서의 뒤쪽으로 빠져나가려 하였다. 강유의 진로에 대한 첩보를 들은 제갈서는 30리 가량 후퇴하여 진을 쳤고 다시 이를 안 강유가 급히 교두를 통과했다. 뒤늦게 제갈서가 강유를 추격해보지만 따라잡지 못하였다. 교두를 무사히 통과한 강유는 관성으로 이동하려 하였지만 이미 관성이 함락되었다는 소식을 듣게 된다. 방어 라인 붕괴 속도에 촉장들의 정신이 혼미할 정도였다. 이 무렵 장익과 동궐이 한수(漢壽)[20]에 겨우 도착하였다. 원군으로 겨우 한숨을 돌린 강유는 장익, 동궐과 합세해 종회에 맞서 검각(劍閣)을 사수하기로 하였다.[21] 이때 종회는 항복을 권하는 격문을 곳곳에 붙이고 강유에게도 항복을 권하는 서신을 보내지만 강유는 답신을 보내지 않고 군영을 설치했다.

한편 강유를 추격하여 음평에 도착한 등애는 제갈서와 합세하여 진군하려고 하였다. 하지만 제갈서는 본래 강유를 요격하라는 임무를 받

••••

18. 《삼국지》〈위서〉 왕관구제갈등종전(王毌丘諸葛鄧鍾傳) '橋穿 馬足陷 於是斬儀'

19. 무도군 서북쪽에 설치한 군영의 명칭이다.

20. 가맹현에서 개칭한 이름이다.

21. 《삼국지》〈촉서〉 장완비의강유전(蔣琬費禕姜維傳) '適與翼厥合 皆退保劍閣以拒會'

왔기에 등애와 합세하지 않고 백수(白水)로 방향을 틀어 종회와 합세했다. 그런데 종회는 비밀리에 '제갈서가 겁을 먹고 진격하지 못한다.'는 표문을 올렸다. 이 때문에 제갈서는 함거에 실려 압송되었다. 강유의 진군을 막지 못한 책임을 물은 것으로도 볼 수 있겠지만 제갈서로서는 억울할 수도 있었다. 제갈서의 부대는 종회에게 속하게 되었다.

검각 공격은 이후에도 여의치 않았다. 이에 종회는 강유를 이기기도 어려울 뿐더러 군량도 먼 곳에서 운반해야 하는 상황이라 회군까지도 고려하였다.[22] 만약 이때 위군이 회군하였다면 촉의 운명은 분명 달라졌을 것이다. 그러나 촉에게는 그런 운이 주어지지 못했는데 등애가 이러한 건의를 하였기 때문이었다. "지금 적군의 기세가 꺾였고 우리가 승세를 타고 있으니 음평의 샛길로 나가면 부성(涪城)에 빨리 갈 수 있습니다. 부성은 검각 서쪽 1백 리, 성도에서 3백 리 되는 곳이니 은밀하게 적의 배와 가슴(腹心)을 공격할 수 있습니다. 그러면 검각을 지키던 군사들은 틀림없이 부성으로 갈 것이니, 그러면 나머지 부대는 평탄한 길을 따라 진격할 수 있습니다. 만약 검각을 지키는 군사들이 이동하지 않는다면 부성의 군사만으로는 아군을 막을 수 없을 것입니다. 병서에서도 '적의 방비가 없는 곳을 공격하고, 예상하지 못한 때에 출병하라'고 하였으니 적의 빈 곳을 공격하면 틀림없이 격파할 것입니다."[23] 그리하여 위군은 철수 대신 등애의 별동대가 검각 서쪽 샛길을 이용하여 진격하는 작전을 채택하였다.

263년 10월, 등애는 음평에서 출발하여 사람이 다니지 않는 길 7백여

리를 행군하였다. 이곳이 바로 험준하기로 악명 높은 마천령으로 등애의 군사들은 산을 뚫고 교량을 만들며 전진하였고 몸에 담요를 두르고 굴러서 낭떠러지를 내려가기도 했다.[24] 결국 천신만고 끝에 등애의 부대는 강유성(江油城)에 이르는 데 성공했다. 이때 강유성을 지키고 있던 마막(馬邈)은 험한 지형만 믿고 있다가 생각지도 못한 진격에 곧바로 투항해버렸다. 천혜의 요새가 어이없이 뚫린 것이다.

촉으로서는 발등에 불이 떨어진 정도가 아니라 불이 붙었다. 이에 제갈량의 아들 제갈첨(諸葛瞻)이 면죽(綿竹)에서 진을 치고 등애에 맞섰다. 등애는 제갈첨에게 서신을 보내 "만약 투항한다면 표문을 올려 낭야왕(琅邪王)이 되게 하겠다."고 회유하였다. 하지만 제갈량의 아들은 망설임이 없었다. 서신을 본 즉시 대노하여 사자를 처형해버렸고 이에 등애는 등충(鄧忠)과 사찬(師纂)을 내보내 각각 제갈첨의 우측과 좌측을 공격하게 하였다. 등충은 등애의 아들이다. 하지만 둘 다 패퇴하고 돌아와 "적을 격파할 수 없습니다."라고 변명했다. 등애는 "나라의 존망이 이 싸움

••••

22. 《삼국지》〈촉서〉 장완비의강유전(蔣琬費禕姜維傳) '會不能克 糧運縣遠 將議還歸'
23. 《삼국지》〈위서〉 왕관구제갈등종전(王毌丘諸葛鄧鍾傳) 등애편 '今賊摧折 宜遂乘之 從陰平由邪徑經漢德陽亭趣涪. 出劍閣西百里 去成都三百餘里 奇兵衝其腹心. 劍閣之守必還赴涪 則會方軌而進. 劍閣之軍不還 則應涪之兵寡矣. 軍志有之曰 攻其無備 出其不意. 今掩其空虛 破之必矣'
24. 《삼국지》〈위서〉 왕관구제갈등종전(王毌丘諸葛鄧鍾傳) 등애편 '冬十月 艾自陰平道行無人之地七百餘里. 鑿山通道 造作橋閣. 山高谷深 至爲艱險 又糧運將匱 頻於危殆. 艾以氈自裹 推轉而下'
25. 《삼국지》〈위서〉 왕관구제갈등종전(王毌丘諸葛鄧鍾傳) 등애편 '忠纂戰不利 並退還曰 賊未可擊. 艾怒曰 存亡之分 在此一擧 何不可之有?'

에 달렸거늘 어찌 불가하다고 하는가!"라며 강하게 질책하였다.[25]

꾸지람을 당한 등충과 사찬은 용기를 내어 재차 출전해 결국 제갈첨이 이끄는 촉군을 대파했다. 욕을 먹어야 제대로 하는 스타일이었던 것인지. 이 전투에서 촉군은 산산조각이 났는데 제갈첨과 그의 맏아들인 제갈상(諸葛尙)이 전사할 정도였다. 제갈량의 아들은 아비의 능력을 이어받지는 못했던 것이다. 제갈첨의 나이 37세였다. 여기에 전사한 부장 중에는 장준(張遵)도 있었다. 장준은 장비(張飛)의 손자이자 장포(張苞)의 아들이다. 장포는 요절하여 정사에 기록된 행적이 거의 없는데[26] 그의 아들 장준 또한 등장하자마자 저 세상으로 가버렸다.

제갈첨이 이끈 부대에는 아들 제갈상과 장준(張遵) 외에도 황권의 아들 황숭(黃崇)도 있었다. 황권은 222년 이릉대전 직후 위(魏)에 투항한 인물이다. 하지만 유비가 부득이한 사정을 참작하여 황권의 가족들에 어떤 처벌도 내리지 않았다. 그 덕분에 황숭은 별탈 없이 관직에 오를 수 있었다. 제갈첨의 부대가 성도에서 출진해 부현에 이르렀을 무렵 등애는 강유성을 거쳐 남하하고 있었다. 이때 황숭은 부현에서 좀 더 북진하여 험지에서 등애를 막아 평지로 진입하지 못하게 하자고 건의하였다. 하지만 제갈첨은 머뭇거리기만 하며 부현에서 더 북진하려 하지 않았는데 이

••••

26. 연의에 등장하는 장비의 아들 장포와 관우의 아들 관흥이 펼치는 활약은 허구에 가깝다.

27. 《삼국지》〈촉서〉 황이여마왕장전(黃李呂馬王張傳) '權留蜀子崇 爲尙書郎 隨衛將軍諸葛瞻拒鄧艾. 到涪縣 瞻盤桓未進 崇屢勸瞻宜速行據險 無令敵得入平地. 瞻猶與未納 崇至於流涕. 會艾長驅而前 瞻卻戰至綿竹 崇帥厲軍士 期於必死 臨陳見殺.'

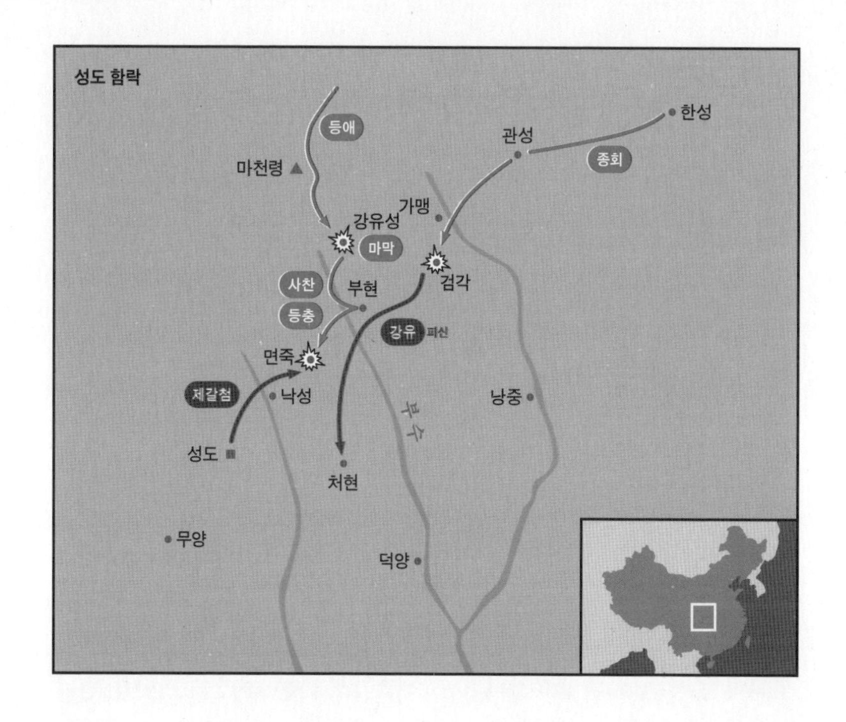

에 황숭은 눈물만 흘릴 뿐 어찌할 방도가 없었다.[27] 결과를 알고 하는 말이지만 황숭의 판단은 옳았다. 그의 눈물은 제갈첨을 비롯한 전멸의 복선(伏線)이었다.

검각을 지키고 있던 강유는 제갈첨의 부대가 격파됐다는 소식을 접한 이후 여러 가지 소문을 듣게 되었다. 그 중에는 유선이 성도를 고수하고 있다는 얘기도 있고 성도를 떠나 도망간다는 얘기도 있었다. 이에 강유는 소문의 진위를 살피기 위해 이동을 결정하였다. 그러자 종회는 서쪽으로 진군하여 부성에 도착한 다음 호열(胡烈), 전속(田續), 방회(龐會) 등을 보내 강유를 추격하게 하였다.

면죽을 돌파하고 더 이상 거칠 것이 없었던 등애는 성도에서 북쪽으로 대략 160리에 위치한 낙성(雒城)에 이르게 된다. 이때까지도 촉 조정은 위군이 금방 들어오지 못할 것이라 생각하여 도성을 제대로 방어할 준비를 하지 않았다. 참으로 한심한 상황이었는데 등애가 이미 코앞까지 들이 닥쳤다고 하자 후주 유선과 신료들은 혼비백산했다. 조정이 이러하니 백성들의 혼란은 어떠했으랴. 유선이 부랴부랴 회의를 소집해보지만 뾰족한 대책이 나올 리 없었다. 오(吳)로 도망가자는 의견도 있었고, 남중 7군은 지형이 험준하고 외부와 두절된 곳이라 지키기 용이하다는 의견도 있었다. 남중 7군이란 익주의 남쪽에 위치한 7개의 군(郡)인 월수, 주제, 장가, 운남, 흥고, 건녕, 영창군을 가리킨다. 옛날 제갈량이 기산으로 출병하기 전에 미리 평정했던 지역이다.

이때 초주(譙周)가 의견을 냈다. "자고이래 다른 나라에 의탁한 천자도 없었으니, 지금 오로 간다면 응당 신하로 복속될 것입니다. (중략) 큰 나라가 작은 나라를 합치는 것은 자연의 이치이니 위가 오를 병탄할 수는 있지만 오가 위를 병합하지는 못할 것입니다. 똑같이 신하를 칭해야 한다면 어느 쪽이 더 낫겠습니까? 그리고 만약 남중 7군으로 피난하려 한다면 진작부터 준비했어야 합니다. 떠난다 한들 어떤 일이 일어날지 예측할 수도 없으니 남쪽으로 들어갈 수나 있겠습니까!" 그러자 여러 신하들이 초주를 비난하며 "지금 등애가 투항을 받아주지 않는다면 어찌하겠습니까?"라고 힐난하였다. 이에 초주는 "지금 오가 위에 복속하지 않는 것은 그 형세가 받아들일 수 없기 때문입니다. 복속을 받아들인다면 예우를 해주지 않을 수 없습니다."[28] 이에 반박하는 이가 아무도 없었다. 망설인 끝에 결국 유선은 위에 투항하기로 결정하였다.

이후 극정(郤正)이 항서(降書)를 작성하고 장소(張紹)와 등량(鄧良)이 사자로 보내졌다. 이들은 낙현(雒縣)에서 등애를 먼저 만나 국새(國璽)와 인수를 바치고 국서를 보내 투항 의사를 밝혔다. 이때 유선의 아들 중에서 유심(劉諶)은 망국의 한을 못 이겨 자결하였다. 마침내 등애가 성도(成都) 북쪽에 이르자 유선은 목에 밧줄을 두르고 수레에 관을 싣고 나와 투항했다. 등애는 부절을 손에 쥐고 직접 밧줄을 풀고 관을 불사르게 하였다.[29] 아울러 등애는 자신의 군사들에게 노략질을 못하도록 단속하며 포로도 잡지 않고 유선의 투항을 받아주며 백성들이 본업에 종사하게 조치했다.

항복한 유선은 아직까지도 저항을 이어가고 있는 강유에게 사자를 보내 항복하라는 칙령을 내렸다. 하늘이 무너지는 것 같았을 테지만 대세를 거스를 수 없다고 판단한 강유는 자신이 받았던 부절을 종회의 부장 호열(胡烈)에게 전달했다. 군사들에게도 모든 병기를 다 풀게 한 후 부성에 있는 종회의 군영을 찾아갔다. 이때 장졸들이 모두들 분노하며 칼로 돌을 내려치기도 하였다.[30] 종회는 장졸들이 백성의 재물에 손대지 못하게 단속하며 촉의 여러 관리들과 가까이 지내려 애썼다. 그 중에서도 단

••••

28. 《삼국지》 〈촉서〉 두주두허맹내윤이초극전(杜周杜許孟來尹李譙郤傳) '受之之後 不得不禮'
29. 《삼국지》 〈위서〉 왕관구제갈등종전(王毌丘諸葛鄧鍾傳) 등애편 '面縛輿櫬詣軍門. 艾執節解縛焚櫬'
30. 《삼국지》 〈촉서〉 장완비의강유전(蔣琬費禕姜維傳) '乃投戈放甲 詣會於涪軍前. 將士咸怒 拔刀砍石'

연 강유를 우대하여 관인과 부절 등을 돌려주고 수레를 탈 때나 자리에 앉을 때 동석하게 했다. 종회는 부하인 두예(杜預)에게 "백약(伯約)을 중원의 장수와 비교한다면 공휴(公休)나 태초(太初)보다 뛰어나다."[31]고 말했다.

한 발 더 나가볼까

등애는 왜 제갈첨에게 낭야왕(琅邪王) 자리를 제안했을까?

제갈량의 아들 제갈첨이 면죽에서 등애에 맞선 상황. 촉으로서는 그야말로 마지막 희망을 건 전투였다. 그런데 여기서 등애는 제갈첨에게 서신을 보내 "만약 투항한다면 표문을 올려 낭야왕(琅邪王)이 되게 하겠다."며 회유하려 한다. 하지만 제갈첨은 대노하며 사자를 처형해버린다. 그런데 왜 하필 등애는 '낭야왕'이라는 자리를 제시했을까?

'낭야왕이 되게 하겠다는 것'은 곧 서주에 위치한 고을인 낭야(琅邪)군을 봉지로 하사하겠다는 의미이다. 왜 하필 낭야군일까? 낭야군은 제갈첨의 아버지인 제갈량의 고향이다. 그 뿐 아니라 선조인 제갈풍(諸葛豐) 이래 대대로 살아온 지역이었다. 형주는 제갈량이 난을 피해 이주한 곳으로 다른 연고는 없었다. 등애로서는 나름 제갈첨을 배려해 고른 선택이었던 셈이다. 집안 대대로 살아온 지역, 이른바 본적지(本籍地)를 봉지로 하사해 자손 대대

촉과 낭야군

로 왕으로 살게 해주겠다고 한 것이니 말이다. 동시에 제갈첨에게 '나는 너희 집안에 대해서도 알고 있다'는 메시지를 주고자 하였을 수도 있다.
하지만 이것이 제갈첨의 자존심을 건드렸을지도 모른다. 제갈첨은 이를 '너는 아버지의 후광 덕에 출세했다'는 조롱으로 받아들였을 가능성이 있다. 왜냐면 제갈첨의 입장에서 본다면 '익주에 고을도 많은데 왜 굳이 저 멀리 있는 낭야군인가' 했을 것이다. 익주에서 나고 자란 제갈첨에겐 선조들이 살았었다고 듣기만 했을 뿐 가본 적도 없는 땅이다. 사자를 처형한 것 또한 결사의 의지를 나타내려는 의도와 함께 이런 감정이 뒤섞인 행동이 아니었을까? 아무튼 처형된 사자만 불쌍하다.

31. 백약(伯約)은 강유, 공휴(公休)는 제갈탄, 태초(太初)는 하후현의 자이다.

4

등애와 종회의 말로 - 진(晉)의 성립

264~265년

성도에서는 등애가 면죽에 누대를 짓게 하여 자신의 전공을 널리 알리려고 하였다. 아울러 "강유도 한때 영웅남아였지만 나를 만났더라면 어디 도망갈 데도 없었을 것이다."라며 큰소리쳤는데 이에 알 만한 사람들은 다들 그냥 웃었다고 한다.[32] 위 조정에서는 263년 12월 조서를 내려 등애의 공을 치하했다. 그러자 등애는 사마소에게 '유선을 후대하여 오의 손휴가 투항하도록 하자'고 건의하였다. 이에 사마소가 감군(監軍) 위관(衛瓘)을 보내 "모든 일은 보고 이후에 처리하고 마음대로 실행하지 말라"[33]고 자중을 명령했다. 하지만 등애는 재차 거듭하여 건의하였다. 그러자 종회와 호열, 사찬 등은 등애가 변란의 싹이 보인다고 보고했고 조정에서는 등애를 압송하기로 결정했다. 여기에 사마소는 등애가 불복할 것을 염려해 종회에게 군사를 거느리고 성도에 들어갈 것을 지시했다. 감군 위관(衛瓘)은 등애의 군사들이 저항할 것을 우려하여 사마소의 친필 명령으로 군사들을 설득하였다. 이후 조서가 내려오니 등애는 별다른 저항도 하지 못한 채 함거에 태워져 압송되었다.[34]

등애는 하늘을 우러러보며 "나는 충신이건만 어찌 이리 된단 말인가! 백기(白起) 장군의 억울함을 오늘날에 다시 보게 될 줄이야!"라고 한탄했다.[35] 백기는 전국시대 진(秦)의 장군으로서 불세출의 명장이자 충신이었지만 재상 범수(范雎)와의 불화 끝에 진(秦) 소양왕(昭襄王)이 내린 칼로 자결한 인물이다. 백기가 세상을 떠난 때는 BC 257년으로 진시황(秦始皇)이 전국을 통일하기 불과 36년 전이었다. 등애는 자신의 처지가 그와 같다고 여겼던 것이다.

사실 촉에 파견된 원정군 중에서 종회가 의식하고 있었던 인물은 등애 뿐이었다. 등애가 압송되자 종회의 위세가 일대에 진동했다. 나아가 종회는 자신의 공명이 세상을 뒤덮으니 다시는 다른 사람 아래에 들어갈 수 없으며 또 맹장과 정예병이 수중에 있다고 생각하여 결국 모반을 결심하였다.[36] 나아가 '강유가 촉병을 거느리고 사곡(斜谷)으로 진군하고 자

····

32. 《삼국지》〈위서〉 왕관구제갈등종전(王毌丘諸葛鄧鍾傳) 등애편 '姜維自一時雄兒也 與某相値 故窮耳. 有識者笑之'

33. 《삼국지》〈위서〉 왕관구제갈등종전(王毌丘諸葛鄧鍾傳) 등애편 '事當須報 不宜輒行'

34. 《삼국지》〈위서〉 왕관구제갈등종전(王毌丘諸葛鄧鍾傳) 종회편 '詔書檻車徵艾'

35. 《삼국지》〈위서〉 왕관구제갈등종전(王毌丘諸葛鄧鍾傳) 등애편 배송지주 위씨춘추(魏氏春秋) 인용 '艾仰天歎曰 艾忠臣也 一至此乎! 白起之酷 復見於今日矣'

신은 대군을 거느리고 뒤를 따라 진군해 장안에 도착한다. 이후 기병은 육로를 따라 진군, 보병은 수로로 이동하고 황하를 타고 5일이면 낙양 인근 맹진(孟津)에 도착, 이후 기병과 합세하면 하루아침에 천하를 점령할 수 있다'는 구체적인 모반 계획까지도 세우게 되었다. 진짜 반란을 꾀한 자는 등애가 아니라 종회였던 것이다.

그러나 이때 사마소의 서신이 도착했다. 서신의 내용은 이러하였다. '등애가 소환에 불응할까 걱정되어 가충(賈充)에게 1만 명을 주어 낙성에 주둔하고 사마소 본인도 곧 10만 병력을 거느리고 주둔할 것이니 곧 상견하게 될 것.' 이에 종회가 측근에게 말하길 "등애를 잡아 보내는 일이야 나 혼자서 처리할 수 있다는 것을 알 텐데 이번에 대군을 거느리고 온다면 내 속셈을 알아챌 것이니 응당 빨리 출발해야 한다. 일이 성공하면 천하를 차지하고 설령 성공하지 못하더라도 물러나와 촉을 차지할 수 있으니 유비만큼은 될 수 있다.[37] 내가 회남(淮南)에 있을 때부터 책모가 실패한 적이 없음을 세상이 다 알고 있으니 이런 명성과 기회를 잡았는데 또 누구에게 귀부하겠는가!"

이듬해인 264년 1월 중순, 성도에 도착한 종회는 모든 간부급 장수들과 예전 촉의 관리들을 집합시켜 조당(朝堂)에서 태후(太后)의 발상(發喪)을 거행하였다. 한 달 전인 263년 12월에 사망한 곽태후에 대한 예(禮)였다. 이 자리에서 종회는 '태후가 자신에게 사마소를 폐위시키라'고 날조한 유조(遺詔)를 공개하였다. 이어 평소 가까이 했던 부하들을 골라 각 부대를 지휘하게 하며, 모여 있던 관리들을 모두 관아 건물에 유폐시키고 성문과 궁문을 모두 폐쇄해버렸다.

이때 종회 휘하에 독군(督軍) 구건(丘建)이란 자가 있었다. 본래 호열(胡烈)의 속관이었던 구건은 호열이 사마소에게 천거하여 발탁되었고 이후로 신임을 받아왔다. 때문에 호열이 갇혀 있는 것을 보고 구건은 안타까워하며 종회의 허락을 받아 그에게 음식을 제공하였다. 그리고 다른 장수들도 병사 한명씩 배치하여 시중을 들게 하였다. 사실 호열은 불과 얼마 전까지 종회의 휘하에서 강유와 싸워온 장수였다. 그런데도 이렇게 다른 장수들과 함께 갇히고 만 것이다. 그러던 어느 날 호열이 시중드는 병졸에게 편지를 받아쓰게 하였다. 아들에게 보내는 그 편지에는 "구건이 은밀하게 전해주기를, 종회가 이미 구덩이를 파고 하얀 몽둥이 수천 개를 준비하였다고 한다. 외부의 군사들을 불러온 뒤에 장수들에게 하얀 모자를 씌운 후 몽둥이로 때려 구덩이에 묻어 죽일 것이다"[38]라고 되어 있었는데 전혀 '은밀하지 않게' 다루었다. 이에 시중들던 병졸들 사이에 이 내용은 하루 사이에 다 퍼지게 되었다. 이를 들은 종회의 부하가 간부급 장수들을 모조리 처형해야 한다고 종회에게 건의했다. 하지만 종회는 망설이며 결정하지 못하고 머뭇거렸다.

····

36. 《삼국지》〈위서〉 왕관구제갈등종전(王毌丘諸葛鄧鍾傳) 종회편 '獨統大衆 威震西土. 自謂功名蓋世 不可復爲人下 加猛將銳卒皆在己手 遂謀反'

37. 《삼국지》〈위서〉 왕관구제갈등종전(王毌丘諸葛鄧鍾傳) 종회편 '事成 可得天下 不成 退保蜀漢 不失作劉備也'

38. 《삼국지》〈위서〉 왕관구제갈등종전(王毌丘諸葛鄧鍾傳) 종회편 '丘建密說消息 會已作大坑 白棓棓與棒同數千. 欲悉呼外兵入 人賜白帢 苦洽反. 拜爲散將 以次棓殺坑中'

사흘 뒤 호열의 아들과 병사들이 북을 치며 문을 나섰다. 그러자 누가 명령한 것이 아님에도 모든 병졸들이 서둘러 성에 모여들었다. 그때 종회는 강유에게 갑옷과 무기를 내주고 있었는데 밖에서 웅성대는 소리가 들려왔다. 불이 난 것 같다는 보고가 들어오고 이어서 병졸들이 모여든다는 보고가 들어왔다. 그러자 종회는 강유에게 "병졸들이 나쁜 짓을 하면 어떻게 해야 하는가?"라고 물으니 강유가 "일단 격파해야 합니다."라고 대답했다.[39] 이에 종회는 병졸들을 풀어 갇혀 있는 장수와 관리들을 처형하라고 명하였는데 건물 안에서 탁자 등으로 문을 막아 병졸들이 문을 부수려 해도 부술 수 없었다. 또 이때 성 밖에서 사다리를 놓고 개미떼처럼 기어 올라와 불을 지르고 비 오듯 화살을 쏘았다. 그리고 갇혀 있던 장수와 관리들도 지붕으로 나와 이들과 합세해 협공을 했고 그렇게 성난 병졸들은 강유를 베고 종회에게도 달려들어 살해해버렸다.[40]

큰 포부를 꾸었던 종회의 허무한 최후였다. 강유 또한 마찬가지였다. 큰 뜻을 품고 촉의 부활을 도모할 것으로 기대되던 강유였다.[41] 당시 종회의 나이 40세, 강유의 나이 63세였다. 아울러 늘 강유와 함께 전장을 누비던 부장 장익과 유선(劉禪)의 태자였던 유선(劉璿)도 난전 중에 피살되었다. 이후 수일 간 촉에 주둔했던 군사들이 노략질을 자행하며 많은 이들이 죽거나 다쳤다.

한편 등애 본영의 장졸들은 등애의 함거를 추격하여 등애를 데리고 성도로 돌아오려 하였다. 이에 감군 위관(衛瓘)은 전속(田續) 등 장수를 보내 이들을 공격하는 한편 면죽 서쪽 부근에서 등애와 등충 부자를 참수해버렸다. 과거 등애는 출정하기 전 어느 날 꿈을 꾼 적이 있었다. 산 위에 앉아 있는데 물이 흘러내리는 꿈이었다. 이에 대해 부하장수가 "촉에 가시면 틀림없이 촉을 정벌하겠지만 아마 돌아오지는 못하실 것입니다."[42]라고 해몽하였다. 대개 이런 꿈 이야기는 틀리는 경우가 없다. 또한 종회와 등애가 출병하기 전 '종회는 술수가 많아 딴마음을 품을 수 있어 단독으로 중임을 맡길 수 없다'고 사마소에게 말하는 이가 있었다. 사마소도 이 점을 고려하여 등애를 압송할 무렵 대군을 움직여 출정하고 있었다. 하지만 사마소의 대군이 장안에 도착했을 때 종회와 등애 모두 제거되었으니 결국 모든 것이 사마소의 의도에 부합했다고 할 수 있겠다.

264년 3월, 유선은 낙양에 도착하여 안락공(安樂公)에 봉해졌다. 이후 그야말로 안락한 생활을 하다 271년 낙양에서 사망했다. 촉 조정에서 환관 황호의 참소로 10년 이상 유선을 알현하지 못했던 이복동생 유영(劉永)은 유선이 낙양으로 옮겨갈 때 함께 했다. 그리고 촉의 신료 중에서 극정(郤正)과 장통(張通)만이 처자를 버려두고 단신으로 유선을 수행하며 시중을 들어 당시 많은 사람들이 이들을 칭송하였다고 한다. 또한 사마소가 초주를 특별히 초빙하였는데 초주가 이에 응해 길을 나섰지만 지병

····

39. 《삼국지》〈위서〉 왕관구제갈등종전(王毌丘諸葛鄧鍾傳) 종회편 '兵來似欲作惡 當云何? 維曰 但當擊之耳'
40. 《삼국지》〈위서〉 왕관구제갈등종전(王毌丘諸葛鄧鍾傳) 종회편 '門外倚梯登城 或燒城屋 蟻附亂進 矢下如雨. 牙門 郡守各緣屋出 與其卒兵相得. 姜維率會左右戰 手殺五六人 衆旣格斬維 爭赴殺會'
41. 연의는 강유의 의기와 의지를 매우 우호적으로 묘사하고 있다.
42. 《삼국지》〈위서〉 왕관구제갈등종전(王毌丘諸葛鄧鍾傳) 등애편 '往必克蜀 殆不還乎'

이 심해져 한중군에 머물게 되었다.

촉이 패망한 직후인 264년 5월 위에서는 사마의(司馬懿)를 선왕(宣王), 사마사(司馬師)를 경왕(景王)에 추존했다. 9월에는 사마소의 아들 사마염(司馬炎)을 무군대장군에 임명하고 10월에는 진(晉)의 세자로 책립했다. 이듬해인 265년 5월 위 조정은 진왕(晉王) 사마소에게 12류(旒) 면류관을 하사하고 천자의 정기(旌旗)를 세우게 했다. 출입할 때 백성들의 통행을 통제하고 금은거(金銀車)를 6마리 말이 끌게 하며, 오시(五時)에 맞춘 부차(副車)를 사용하도록 허용했다. 또 길을 안내하는 기병과 앞서가는 정기를 세우게 하며, 팔일무(八佾舞)를 허용하고, 저택에 종거(鍾虡)를 세우도록 허용했다. 아울러 왕비(王妃)를 왕후(王后)로, 세자(世子)를 태자(太子)로 높여 부르게 하였다. 모두 황제와 동일한 예우인데 사마씨의 힘을 알 수 있는 대목이다. 모든 것을 이루었지만 애석하게도 그해 8월 사마소가 사망하였다. 아까웠을 것이다. 사마소의 관직과 작위는 태자 사마염이 계승하였다.

265년 12월, 마침내 조환은 사마염에게 제위를 선양하였다. 허수아비

••••

43. 《삼국지》〈위서〉 삼소제기(三少帝紀) '禪位於晉嗣王 如漢魏故事'

44. 조환은 조조의 아들이자, 조비의 이복동생 조우의 아들이다.

45. 《진서(晉書)》 열전 제52권 '少好學 師事同郡譙周'

46. 《삼국지》〈촉서〉 두주두허맹내윤이초극전(杜周杜許孟來尹李譙郤傳) '五年 予嘗爲本郡中正 淸定事訖 求休還家 往與周別. 周語予曰 昔孔子七十二 劉向揚雄七十一而沒. 今吾年過七十 庶慕孔子遺風 可與劉揚同軌. 恐不出後歲 必便長逝 不復相見矣. 疑周以術知之 假此而言也. 六年秋 爲散騎常侍 疾篤不拜 至冬卒'

로 살다 더는 견디지 못한 것이다. 조서를 내려 의식을 거행할 단(壇)을 설치하고 황제의 국새(國璽)와 수대(綬帶)와 간책(簡冊)을 받들고, 황위(皇位)를 진왕(晉王) 사마염에게 선양하니 한(漢)과 위(魏)의 전례와 같았다고 기록은 전한다.[43] 당시 조환의 나이는 20세로 삼촌[44] 조비에게 선양당한 헌제의 처지가 반복된 것이었다.

여담으로 사마씨의 진(晉) 조정에서도 초주를 초빙했다. 초주는 병중임에도 수레를 타고 267년에야 겨우 낙양에 도착했다. 그런데 삼국지의 편찬자인 진수(陳壽)가 초주와 같은 파서(巴西)군 출신으로, 어린 시절 스승으로 모신 적이 있었다.[45] 그래서 269년 진수는 초주를 찾아가 마지막 인사를 나누었다. 이때 초주는 마치 자신이 죽을 날을 아는 것처럼 진수에게 이런 저런 이야기들을 들려주었는데, 이듬해인 270년에 사망하였다.[46] 이 대목에서 진수는 予(여)라는 1인칭 대명사를 사용하고 있다. 사실 사서에 편찬자가 직접 등장하는 경우는 흔하지 않다. 삼국지뿐 아니라 다른 사서를 아울러서 보더라도 눈에 띄는 장면이 아닐 수 없다.

한 발 더 나가볼까

진수의 아버지에 대하여

《진서(晉書)》의 〈진수열전〉에 의하면 진수는 환관 황호가 농단하여 권력으로 위세를 부리니 대신들이 모두 뜻을 굽혀 따랐으나, 진수는 홀로 굴복하지 않아 여러 차례 견출(譴黜)되었다[47]고 한다. 여기서 견출이란 책임을 물어 쫓아내거나 지위를 떨어트리는 것을 말한다. 많은 번역서에서 이를 벼슬에서 쫓겨난 것으로 해석하나 사실 이 문장만으로는 명확히 결정할 수는 없다. 하지만 뒤이어 이를 판단할 수 있는 증거가 몇 차례 등장하는데 이러한 내용이 있다. '촉이 망하고 진수는 그 자리에 수년간 침체되어 있었다.'[48] 이는 앞서 황호에 의해 벼슬에서 완전히 쫓겨난 것은 아니라는 뜻으로 볼 수 있는 대목이다.

침체(沈滯)란 일반적으로 정체된 상황을 가리키는 말이므로 촉이 사라진 뒤 위 조정 아래서도 말단 관직이나마 유지하고 있었다는 해석이 가능한 것이다. 물론 이 침체 또한 견출과 마찬가지로 달리 해석이 가능한데 침체를 아예 벼슬을 하지 않고 백수로 생활한 것으로 보는 것이다. 沈(침)의 우측 冘(머뭇거릴 유)는 '사람이 목침을 베고 누워 있는 모습'으로 집에서 뒹굴뒹굴한다는 의미가 숨어 있다.[49] 따라서 침체를 집에서 뒹굴며 머물러 있는 것으로 해석이 가능하다. 황호의 농단으로 쫓겨나 집에서 지냈다는 의미로 본다면 견출이 파직(罷職)된 것과 자연스럽게 이어진다.

이 두 가지 해석이 중요한 이유는 이를 어떻게 보느냐에 따라 진수가 촉 외에 위와 진에서 모두 벼슬을 했는지 아니면 진에서만 벼슬을 했는지를 결정할 수 있기 때문이다.[50] 물론 이 시기 조(曹)씨의 위(魏)는 2년밖에 남지 않은 상황이었으니 위에서 벼슬을 했어도 큰 의미가 있다고 할 수는 없다. 문장을 좀 더 본다면 '사공(司空) 장화(張華)가 진수의 재주를 아껴 진수가 비록 원혐(遠嫌)[51]을 하지는 못하였으나 본래 마음(情)이 폄폐(貶廢)에 이르지는 않았다고 여겨 효렴(孝廉)에 천거하였다.'[52]고 나온다. 효렴으로 천거되었다는 것은 당시 진수가 아무런 지위에도 있지 않았음을 말하는 것이다. 이를 이용해 역으로 해석하면 견출은 벼슬에서 완전히 배제된 것이고, 침체는 그 상태에서 집에서 뒹굴었던 것으로 볼 수 있다.

진수의 아버지는 역시 《진서(晉書)》 〈진수열전〉에 등장한다. 그는 촉의 장수로서 마속(馬謖)의 참군(參軍)이었는데 마속이 처형될 때 곤형을 받았다[53]고 사료는 전하고 있다. 곤형(髡刑)은 머리털을 깎이는 형벌로서 일종의 명예형인데[54] 목숨이 오고가는 처벌이 아니다. 한때 국내에서 큰 인기를 끌었던 한 삼국지연의의 평역자는 진수의 아버지가 진식(陳式)이라는 장수이며, 진식은 제갈량에게 '허리가 잘리는 형벌'로써 처형된 것으로 쓰고 있다. 그러나 이는 여러 가지로 사실과 거리가 있다. 일단 진식이 진수의 아버지로 볼 수 있는 증거가 없다. 또한 진식이라는 장수가 활약한 몇몇 전투가 〈촉서〉에 등장하나 그가 어떻게 죽었다는 내용도 없다.[55] 즉 진수의 아버지가 진식이고, 그 진식은 죽음을 당했으며, 그 방식은 허리를 자르는 형벌이었다는 진수와 지수의 부친, 그리고 진식에 관한 몇 단계에 걸친 이야기는 《정사삼국지》, 《진서》 등 정사 기록에 대한 오해 또는 상상으로 추정된다.

••••

47. 《진서(晉書)》 열전 제52권 '宦人黃皓專弄威權 大臣皆曲意附之 壽獨不為之屈 由是屢被譴黜'
48. 《진서(晉書)》 열전 제52권 '及蜀平 坐是沈滯者累年'
49. 삼수(氵) 대신 변에 나무(木)가 붙은 글자가 枕(베개 침)이 되는 이유이기도 하다.
50. 진수가 촉과 위, 서진에서 모두 벼슬을 하였다는 주장이 있고, 촉과 서진에서 벼슬을 하고 위에서는 벼슬을 하지 않았다는 주장이 있다. 후자가 다수설인데 《진서(晉書)》의 해석 외에도 위에서 벼슬을 하지 않았다고 주장하는 이유에는 황호에 의해 쫓겨난 상태에서 촉이 멸망하였고, 촉 멸망 후 위가 2년 만에 망해 시간적으로 위의 벼슬에 오를 가능성이 낮다는 점도 있다.
51. 원혐(遠嫌)은 '멀리하고 피해야 할 일'이다. 진수는 상중(喪中)에 약을 먹는 것을 손님에게 들킨 적이 있는데 당시는 상중에 자신의 건강을 위해 약을 먹는 것을 불효(不孝) 혹은 옳지 못한 행위로 간주했다.
52. 《진서(晉書)》 열전 제52권 '司空張華愛其才 以壽雖不遠嫌 原情不至貶廢 舉為孝廉 除佐著作郎 出補陽平令'
53. 《진서(晉書)》 열전 제52권 '壽父為馬謖參軍 謖為諸葛亮所誅 壽父亦坐被髡'
54. 곤형(髡刑)은 한자 耐(견딜 내)자의 형성과정을 설명할 때 인용되는데, 설문해자(說文解字)에 의하면 '耐는 수염 자르는 모습을 표현한 것으로 아직 곤형(髡刑)에까지 이르지 않았다는 의미'이다. 즉 수염을 자르는 것은 같은 명예형이지만 머리털을 자르는 것보다는 약한 형벌이라는 의미이다.
55. 연의에서는 군령을 어긴 죄로 제갈량에 의해 참수된다.

5

진(晉)과 오(吳)의 다툼

263~278년

263년 5월에 시작된 위의 대규모 공격으로 촉의 도읍 성도까지 위협받는다는 소식이 오에도 전해졌다. 이에 오는 대장군 정봉(丁奉)을 보내 위의 수춘성을 공격했다. 이때가 10월이었다. 더불어 장군 유평(留平)도 남군(南郡)으로 이동해 주적(朱績)과 함께 형주 방면으로 진격하려고 했다. 그러나 얼마 지나지 않아 촉의 유선이 위에 항복했다는 소식이 전해졌다. 예상보다 일찍 촉이 무너진 탓에 오는 일단 군사를 거둘 수밖에 없었다.

이듬해인 264년 1월, 교지(交阯)군에서 반란이 일어났다. 여흥(呂興)이라는 인물이 태수 손서(孫諝)를 살해한 뒤 위에 태수와 군사를 보내달라고 요청했다. 오를 배반하고 위에 붙으려 한 것이다. 하지만 위의 책명이 도착하기도 전에 부하들에게 살해되면서 반란은 진압되었다. 2월에는 오의 장군 육항(陸抗), 보협(步協), 유평, 성만(盛曼) 등이 역시 위로 귀부하려는 파동(巴東)군을 포위했다. 파동에서 오에 대항하는 인물은 나헌(羅憲)이라는 자였다. 하지만 7월, 위의 장군 호열(胡烈)이 군사를 끌고 와 나헌을 구원하여 육항 등은 철군했다. 264년 7월에는 해적이 해염(海鹽)현을 공격하여 사염교위를 살해하였고 예장군에서도 장절(張節)이 반란을 일으키는 등 오에서는 혼란이 이어졌다.

그러던 중에 손휴가 30세의 나이로 세상을 떠났다. 시호는 경황제(景皇帝). 기록은 '손휴가 사망할 당시 촉이 망한 지 얼마 되지 않았고 교지에서도 반란이 일어나는 등 나라 안이 두려워 떨면서 현명한 군주를 바라고 있었다'고 전하고 있다.[56] 이에 좌전군(左典軍) 만욱(萬彧)이 이전부터 친했던 손호(孫皓)를 옹립하고자 승상 복양흥과 좌장군 장포에게 뜻을 전했다. 손휴의 황후인 주황후[57]도 윤허하면서 손호가 오의 황제로 즉위하게 되었다. 4대 황제 손호는 손권의 셋째 아들인 손화(孫和)의 아들로서 즉위 당시 나이는 23세였다.

268년 9월, 손호는 유수(濡須)에 위치한 관문인 동관(東關)에서 출병했다. 아울러 우대사마(右大司馬)겸 좌군사(左軍師) 정봉도 제갈정(諸葛靚)과 함께 합비로 출진하였다. 당시 위와 오의 상황을 고려할 때 오는 선공(先攻)을 할 만한 상황이 아니었다. 사마씨의 진은 위의 제위를 찬탈한 후

••••

56. 《삼국지》〈오서〉 삼사주전(三嗣主傳) '休薨 是時蜀初亡 而交阯攜叛 國內震懼 貪得長君'
57. 손노육과 주거 사이의 딸이다.

의 혼란을 수습하여 오(吳)보다 안정된 상태였기 때문이다. 어쨌든 오군 출진 후 정봉은 진(晉)의 대장 석포(石苞)에게 서신을 보내 진 조정과 석포를 이간시켰는데 이로 인해 석포는 조정에 소환된다. 이 해에 교주자사 유준(劉俊)과 장군 수칙(脩則) 등이 교지군을 공격하지만 진의 장군 모경(毛炅)에게 격파되어 모두 전사하고 말았다.[58] 이후 병졸들은 흩어져 합포군으로 회군했다.

정봉은 이듬해인 269년에는 서당(徐塘)에 진의 곡양(穀陽)을 공격했다. 그런데 곡양의 백성들이 오의 침입을 알고 모두 철수하여 정봉은 전과를 거두지 못하고 회군했다. 그리고 그해 11월, 감군(監軍) 우사(虞汜), 장군 설후(薛珝), 창오(蒼梧)태수 도황(陶璜), 감군(監軍) 이욱(李勖), 독군(督軍) 서존(徐存) 등이 합포군에 집결하여 다시 교지군을 공격하였다. 그런데 270년 봄, 이욱이 도로가 불통한 곳이 있는 것을 이유로 길 안내 담당 풍비(馮斐)를 처형하고 회군했다. 이에 하정(何定)이 이욱을 참소하였고, 그것이 받아들여져 이욱과 서존은 처형되었다. 손호의 즉위 후 군사원정은 제대로 되는 것이 거의 없는 지경이었다.

270년 9월에는 전장군(前將軍) 손수(孫秀)가 진으로 투항하는 일이 일어났다. 손수의 조부인 손광(孫匡)은 손권의 막내 동생으로서 조조 동생의 딸과 혼인하여 손태(孫泰)를 낳았다. 손태는 234년 신성(新城) 공격 중

····

58. 교지(交趾)군은 교주(交州)의 8군 중 하나로서 총 10개의 속현을 가지고 있었으며 치소는 용편(龍編)에 있었다. 당시 교주는 대부분 오의 영역이었으나 교지는 진의 지배 아래 있었다.

전사하였는데 손수는 그 손태의 아들이었다. 당시 손수는 전장군으로 하구(夏口)에 주둔하고 있었는데, 손호는 황실의 친척이 접경 지역에서 군사를 지휘하는 것을 못마땅해 했다. 그러던 중 270년 9월, 손호가 하정(何定)을 보내 5천 군사를 거느리고 하구에 나가 사냥을 하게 하였다. 이 무렵 하구 일대에는 손수(孫秀)가 제거될 것이란 소문이 돌고 있었다. 하여 하정의 사냥 소식을 들은 손수가 진으로 망명을 하게 된 것이다.

이듬해인 271년에는 우사(虞汜), 도황(陶璜) 등이 다시 교지군을 공격하였다. 이번에는 진의 장수들을 모두 처단하는 성과를 올린다. 얼마만의 승전보인가.

272년 8월 오 조정은 서릉(西陵)도독 보천을 소환하였다. 알다시피 서릉은 이릉(夷陵)을 개칭한 곳이다. 보천(步闡)은 보즐의 아들로 여러 해 동안 서릉에 주둔 중이었다. 그런데 보천은 조정의 소환 명령을 파직으로 생각하였다. 그리고 참소의 화를 당할까도 두려워하였다. 보천은 고민 끝에 결국 오에 반기를 들었고 성을 들어 진에 투항해버렸다. 서릉이 적에게 넘어갔다는 소식을 들은 낙향(樂鄉)도독 육항(陸抗)은 부대를 재편하여 장군 좌혁(左奕), 오언(吾彦), 채공(蔡貢) 등을 지름길로 보내 서릉을 공격하게 하였다. 그리고 육항 자신은 각 군영을 단속하여 포위망을 구축했다. 육항의 병사들은 성을 밤낮으로 포위해 경계를 서며 고생이 많았다. 그러자 여러 장수들이 물었다. "지금 우리 군의 예봉으로 빨리 보천을 공격하여 진의 구원병이 오기 전에 함락시켜야 합니다. 왜 포위만 하면서 군사와 백성들을 지치게 만드십니까?" 육항은 "이 성은 형세가 견고하고 군량도 풍족하며 방어기구를 잘 갖추고 있는데 이는 내가 이전에 준비했던 시설이다. 지금 우리가 보천을 공격한다면 금방 점유할 수도 없을뿐더러 북쪽에서 진의 원군이 올 터인데, 그러면 우리는 안과 밖에서 적을 맞아 어떻게 방어하겠는가?"라며 공격을 불허한다. 이후 의도(宜都)태수 뇌담(雷譚)이 간절히 건의하여 어쩔 수 없이 공격을 허용해 보지만 역시 아무런 성과를 내지 못했다. 오군은 다시 예전같이 포위하기만 하였다.

얼마 지나지 않아 진의 거기장군(車騎將軍) 양호(羊祜)가 강릉으로 진격해왔다. 이에 여러 장수들이 강릉을 도와야 한다고 걱정하자 육항은 "강릉성은 견고하고 군사도 많으니 아무 걱정이 없다. 가령 적이 강릉을

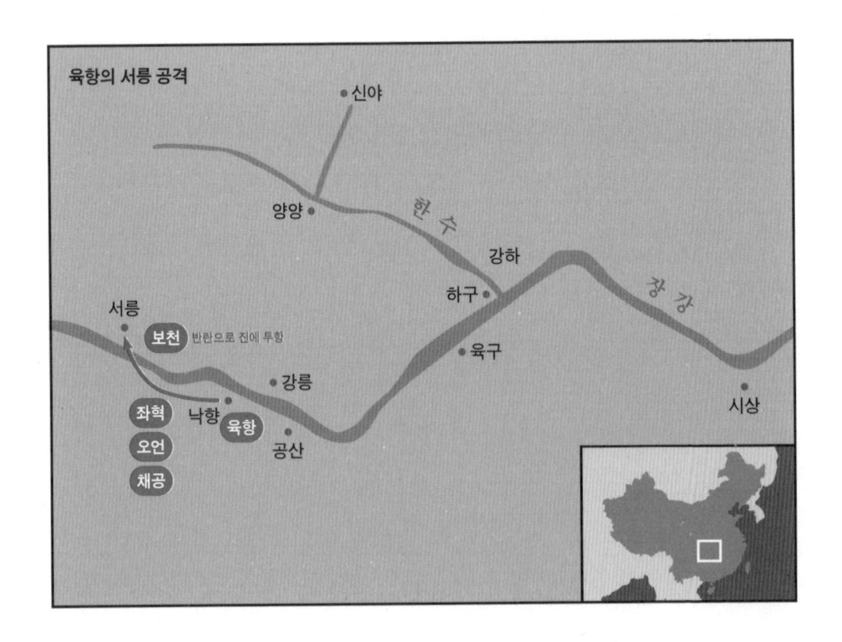

공략하더라도 쉽지 않을 것이고 우리의 손실도 작을 것이다. 하지만 양호의 병력과 서릉이 연결된다면 남쪽 산악지대의 만이(蠻夷)들이 소요를 일으킬 것이니 이는 우리가 견디기 어려울 것이다. 나는 차라리 강릉을 버리고 서릉을 지킬 것인데 하물며 강릉이 견고하거늘 무엇을 고민하겠는가?"라 하였다.[59]

사실 강릉은 평탄한 지역이라 도로가 잘 갖춰져 있었다. 그래서 육항은 강릉도독 장함(張咸)에게 큰 둑을 쌓아 강물을 평지에 흘려보내 적을 막으라고 지시해둔 바 있었다. 이에 양호는 물의 흐름이 막혔으니 배로 군량을 운반하면서 제방을 터트려 보병이 다닐 수 있게 하겠다고 선전했다. 이 정보를 들은 육항은 장함에게 제방을 파괴하라고 지시했는데 여러 장수들이 육항의 조치를 이해하지 못하였다. 양호는 제방이 파괴됐다는 소식을 듣고 배가 아닌 수레로 군량을 운반하며 인력을 많이 소모할 수밖에 없었다. 오의 제장들은 그제야 육항의 계책을 알게 되었다.

이후 진의 장군 서윤(徐胤)은 수군을 거느리고 건평(建平)으로 진격하였고 형주자사 양조(楊肇)는 서릉으로 가 보천과 합세하려 하였다. 이에 육항은 강릉 도독 장함에게 성을 굳게 방어하라 명령하였고 공안(公安)

····

59. 《삼국지》〈오서〉 육손전(陸遜傳) '今及三軍之銳 亟以攻闡 比晉救至 闡必可拔. 何事於圍 而以弊士民之力乎? 抗曰 此城處勢旣固 糧穀又足 且所繕修備禦之具 皆抗所宿規. 今反身攻之 旣非可卒克 且北救必至 至而無備 表裏受難 何以禦之?' (중략) '江陵城固兵足 無所憂患. 假令敵沒江陵 必不能守 所損者小. 如使西陵槃結 則南山群夷皆當擾動 則所憂慮 難可竟言也. 吾寧棄江陵而赴西陵 況江陵牢固乎?'

도독 손준(孫遵)에게는 강기슭을 따라 양호를 방어하게 하였다. 또 수군 도독 유려(留慮)와 진서장군(鎭西將軍) 주완(朱琬)에게는 서윤을 방어하게 하면서 육항 자신은 군사를 거느리고 양조를 포위했다.

그런데 오의 장수 주교(朱喬)와 유찬(兪贊)이 양조에게 투항해버렸다. 육항은 "유찬은 우리 군영에서 오래된 사람이라 우리의 허실을 안다. 나는 만이들이 방어하는 곳이 늘 엉망인 것을 걱정하였는데 적이 우리를 공격한다면 틀림없이 그곳일 것이다."[60]라고 예견한 후, 그날 밤 만이들이 지키던 곳을 숙련된 군사들로 교체하였다. 역시 다음날 양조는 그곳을 공격하는데 강력한 저항에 부딪쳐 진의 사상자가 속출했다. 이후 양조는 한 달에 걸쳐 공격한 이후 퇴각하였다. 육항은 성에 있는 보천을 의식하여 추격하지 않았고 북을 치며 추격하는 척만 했다. 북소리에 놀란 양조의 군사들이 갑옷을 던지며 다급히 도주하자 육항은 경무장한 군사들을 보내 추격하였다. 이렇게 양조가 대패하자 양호도 철군할 수밖에 없었다. 마침내 육항은 서릉성을 함락하고 보천을 참수했다.

한편 패장 양호는 어떻게 되었을까? 철군한 장수들의 후일담이 전해지는 경우는 흔하지 않은데 통계적으로 이들의 운명은 좋은 경우가 적다. 양호가 많은 피해를 입고 퇴각해오자 진의 관리들이 상주문을 올렸

••••

60. 《삼국지》 〈오서〉 육손전(陸遜傳) '贊軍中舊吏 知吾虛實者. 吾常慮夷兵素不簡練 若敵攻圍 必先此處'

61. 《진서(晉書)》 양호두예전(羊祜杜預傳) '祜所統八萬餘人 賊衆不過三萬. 祜頓兵江陵 使賊備得設. 乃遣楊肇偏軍入險 兵少糧懸 軍人挫衄. 背違詔命 無大臣節. 可免官 以侯就第'

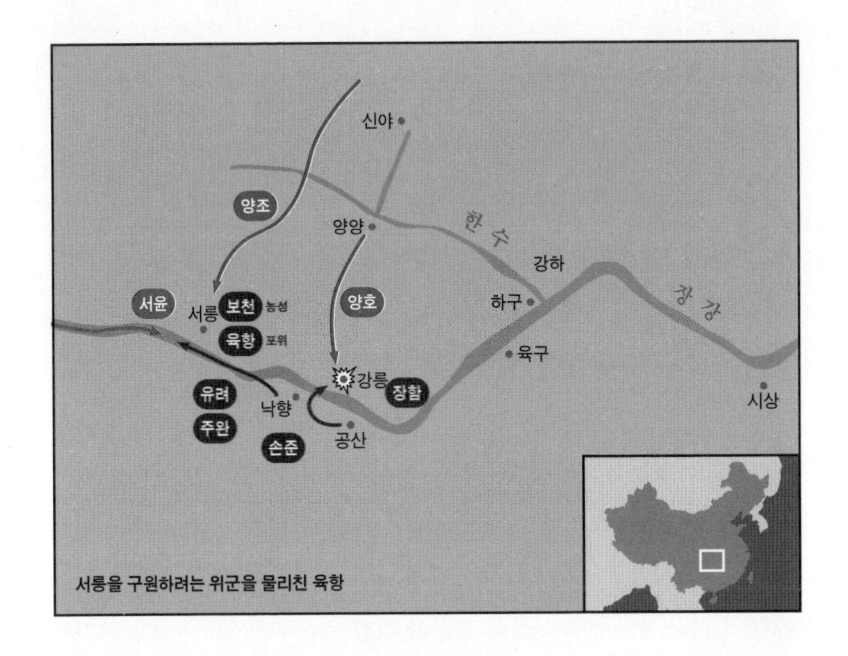

서릉을 구원하려는 위군을 물리친 육항

다. 그 내용은 이러하였다. "양호는 8만여 명의 군사를 통솔하였고 적군은 3만 명이 넘지 않았습니다. 양호가 강릉에 있으면서 군대를 늦게 움직여 적군으로 하여금 방비를 갖추게 했습니다. 또한 양조를 앞서 보내어 적은 숫자의 부대가 험한 적경에 들어가니 병사는 모자라고 식량은 끊겨 결국 패하게 되었습니다. 양호는 명령을 위배하였고 대신으로서 절조가 없었습니다. 마땅히 관직을 파면시키고 후작의 작위로 물러나야 합니다."[61] 결국 양호는 평남장군(平南將軍)으로 강등되었고 양조는 파면되어 평민이 되었다. 역시 끝이 좋지 않다.

앞서 양호와 육항이 대치할 당시 서로 사신이 오가면서 육항이 양호의 덕을 칭찬한 바 있었다. 일찍이 육항이 병에 걸렸을 때 양호가 약을 보낸 적도 있었다. 적군이 보낸 것이기에 당연히 주변에서 말렸지만 육항은 "양호가 약에 독을 탈 사람인가!"[62]라며 아무 의심 없이 그 약을 먹었다. 전장에서 드물게 일어나는 양측 지휘관끼리의 '멋짐' 교환이다. 하지만 이렇게 최전선에서 양군이 서로 화목하게 지낸다는 황당한 얘기를 듣고 손호가 가만히 있을 리 없었다. 황제의 힐책에 육항이 답했다. "일개 고을에도 신의가 없을 수 없거늘 하물며 큰 나라에 신의가 없겠습니까? 신(臣)이 이렇게 하지 않더라도 양호의 미덕을 선양해줄 뿐 그에게는 어떤 해도 입힐 수 없습니다."[63] 포악한 손호였지만 육항에게 어찌하지는 못하였다. 역시 육손의 아들이었다.

이로부터 2년 후인 274년 육항이 병석에 눕게 되었다. 그는 죽음이 얼마 남지 않은 상태에서도 오의 앞날을 걱정하며 서릉의 중요성을 상기시키는 상소를 올렸다.

....

62. 《진서(晉書)》 양호두예전(羊祜杜預傳) '羊祜豈酖人者'

63. 《진서(晉書)》 양호두예전(羊祜杜預傳) '一邑一鄉 不可以無信義 況大國乎! 臣不如此 正是彰其德 於祜無傷也'

6

기울어지는 오(吳) - 손호의 폭정

264~279년

시간을 다시 앞으로 돌려 264년, 경제(景帝) 손휴가 사망한 시점이다. 촉이 망한 지 얼마 되지 않은 때였고 교지군에서도 반란이 일어나는 등 오는 혼란이 가라앉지 않았고 백성들은 두려움에 떨고 있었다. 오의 군신들과 백성들은 한마음으로 현명한 군주가 나타나기를 바라고 있었다. 이런 상황에서 앞서 기술한 바와 같이 좌전군 만욱(萬彧)이 자신이 현령이던 시절 친했던 손호(孫皓)를 받들었던 것이다. 손호는 과거 태자에서 폐출되었던 손화의 아들이다. 당시 손호의 나이 23세. 만욱은 손호의 식견과 결단력을 칭송하면서 호학(好學)하고 법도를 잘 준수하다고 복양흥과 장포에게 소개하였고, 여기에 복양흥, 장포 등의 지지가 더해져 손호를 황제로 옹립할 수 있었다.

그런데 옹립한 지 얼마 지나지 않아 손호는 포악해졌고 교만이 넘쳤으며, 또한 싫어하는 사람이 많고 주색을 좋아하는 본색을 드러냈다. 이에 조정 신료들이 실망하기 시작했다.[64] 복양흥과 장포 역시 자신들의 선택을 후회하였다. 그러자 만욱이 손호에게 복양흥과 장포를 참소하였고 이에 손호는 그해 11월에 복양흥과 장포를 광주(廣州)로 유배 보냈다. 물론 이것으로 그치지 않았는데 유배지로 가는 도중에 그들을 살해해버렸다. 간신이 폭군을 만들고, 폭군이 간신을 살찌운다.

한편 265년, 위에서도 큰 변화가 생겼다. 나라의 주인이 바뀐 것이다. 8월 위의 대장군 사마소가 사망하고 아들 사마염(司馬炎)이 아버지의 지위를 물려받았다. 그리고 12월 조(曹)씨의 위(魏)로부터 선양을 받아 사마(司馬)씨의 진(晉)을 세웠다. 그러자 오에서는 266년 1월, 장엄(張儼)과 정충(丁忠)을 보냈다. 이유는 반년 가까이나 지난 사마소의 상(喪)에 대한 조문 사절이었다. 새로 나라를 세우고 황제에 등극한 사마염에 대한 축하 사절이 더 어울렸을 법한데 명목이 그러했다. 어쨌든 이 무렵의 진과 오 양국은 잠정적인 휴전 상태였음을 알 수 있다. 그런데 장엄이 오로 귀환하는 길에 병사하는 일이 일어났다. 홀로 귀환한 정충이 "지금 북방은 방어시설을 갖추지 않고 있으니 우리가 익양(弋陽)군을 습격하면 점거할 수 있습니다."라고 건의하였다.

이에 진서대장군 육개(陸凱)는 "전쟁은 부득이한 경우에 택할 수 있으

••••

64. 《삼국지》〈오서〉 삼사주전(三嗣主傳) '皓旣得志 麤暴驕盈 多忌諱 好酒色 大小失望'

며 삼국이 정립(鼎立)된 이래 서로가 편할 날이 없었습니다. 지금 강적은 새로 파촉(巴蜀)을 차지하여 영역이 그만큼 넓어졌는데도 우리에게 사신을 보내 화친하고자 하니 이는 전쟁을 쉬려는 의도이지 우리를 도우려는 것은 아닙니다. 그러나 지금 적의 형세가 강한데 우리가 요행수로 승리를 얻으려 한다면 득 될 것이 없을 것입니다."라고 한다. 그러자 거기장군 유찬(劉纂)은 "만약 그들에게 빈틈이 있다면 어찌 그냥 버릴 수 있겠습니까? 응당 첩자를 보내 그 형세를 알아봐야 합니다."라고 건의했다. 이때 손호는 마음속으로 유찬의 말을 받아들이면서 진은 촉이 편입된 지 얼마 되지 않았기에 움직이지 않을 것이며 머잖아 진과 단절될 것이라 생각하였다. 그러나 손호는 군사를 움직이지 않았다.

8월, 손호는 육개를 좌승상에, 만욱을 우승상에 각각 임명하였고 12월에는 무창에서 건업으로 환도하였다. 육개는 이후에도 충직한 상소를 계속해서 올렸다. 그 무렵 하정(何定)이라는 인물이 손호의 총애를 받았는데 그는 간사하고 아첨을 잘하였다. 이에 육개가 면전에서 하정을 꾸짖는 한편 '하정에게 조정의 국사를 맡겨선 안 된다'는 상소를 올렸다. 그러던 269년에 육개가 병사했다. 그런데 이런 육개의 직언에 손호는 평소 원한이 쌓여 있었고 여기에 간신 하정의 모함 또한 계속되었다. 그러나 육개가 중신이고 일가친척인 육항도 인망(人望) 높은 대장이라 손호로서도 어찌 할 수 없었으나 육개가 세상을 떠나자 복수를 했다. 육개의 집안을 회계군 건안현으로 강제 이주시켜버린 것이다. 참고로 이들은 278년에야 건업으로 돌아오게 된다.

272년 무렵 만욱이 병사하였고 하정은 비리가 드러나 처형되었다. 273년 3월에는 육항이 대사마(大司馬)에 임명되었는데 아쉽게도 이듬해인 274년 병으로 세상을 떠나고 말았다. 그의 나이 49세로 오로서는 큰 방패가 사라진 것이었다. 육항의 사망 소식을 들은 진의 양호(羊祜)는 275년 무렵 상소를 올려 오에 대한 공격을 건의했다. "촉이 평정되었을 당시 세상 사람들은 모두 오도 같이 망할 것이라고 하였습니다. 허나 이미 13년이 지나 한 주기가 돌았다고 할 만하니 오를 평정할 날은 바로 오늘입니다."[65] 앞서 오의 공격에 실패해 강등 당했던 그 양호였다. 하지만 양호의 건의에도 진은 대내외 사정 등으로 인해 당장은 실행에 옮기지 못했다.

사실 오래전부터 양호는 오를 토벌하는 일은 반드시 장강 상류의 우세에 힘입어야 한다고 생각하였다. 그런데 당시 오에서는 이런 동요가 유행했다. "아동(阿童)아, 아동(阿童)아! 칼을 물고 강을 건너누나. 언덕 위의 짐승은 두려울 게 없건만 단지 물속의 용만 두렵구나." 양호는 이 동요를 듣고 "이건 수군이 공을 세울 수 있다는 뜻이니 응당 아동이라는 사람이 누구인지 알아봐야 될 것이다."라고 했다. 이후 익주자사 왕준(王濬)이 대사농(大司農)으로 징소(徵召)[66]되었다. 양호는 왕준이 임용할 만한 장수라 여겨 표를 올려 익주의 군사들을 감독하는 직책에 봉하고 용양장군(龍驤將軍)의 직함을 더하게 하였다. 그런데 왕준의 어렸을 적 이름이 바로 아동(阿童)이란 것을 알게 된다. 이에 양호는 왕준을 더욱 신뢰하게 되었고 왕준에게 은밀히 명령을 내려 함선을 건조하고 장강의 순류를 타고

진격하는 계책을 준비하도록 하였다.[67]

이보다 앞선 270년 무렵 손호의 부인 중 한 명이 사망했다. 이에 손호는 수개월 간 아침저녁으로 통곡하며 몇 달간 외출도 하지 않았다.[68] 주색을 즐겼음에도 부인을 아꼈던 모양이다. 이에 백성들 사이에 손호가 죽었다는 소문이 돌기 시작했다. 그런데 이 무렵까지 손권의 일곱 아들 중 아직 살아 있는 자가 있었다. 바로 다섯째 아들 손분(孫奮)으로 경제(景帝) 손휴의 형이다. 손분은 252년, 제왕(齊王)에 책립되어 무창에 머물렀는데 손권이 사망하고 제갈각이 정권을 장악하였을 때 예장군으로 이주하였다. 군사 요충지에 제후왕들이 머무는 것을 제갈각이 꺼려하였기 때문이다. 손분은 처음에 거부했으나 곧 받아들이고 이주했다. 그러다 제갈각이 주살당한 후 건업에 들어가 변화를 노렸으나 실패하고 후(侯)로 강등된 바 있었다. 손호가 두문불출하던 이 무렵에는 회계군에 머물고 있었다.

상우후(上虞侯) 손봉(孫奉)도 사람들의 입에 오르내리는 인물이었다. 손봉은 손권의 형인 손책의 손자이다. 손호와는 육촌간이 된다. 이런 손분과 손봉 둘 중에 한 명이 즉위해야 한다는 요언(謠言)이 민간에 널리 퍼

····

65. 《진서(晉書)》 양호두예전(羊祜杜預傳) '蜀平之時 天下皆謂吳當并亡. 自此來十三年 是謂一周 平定之期復在今日矣'

66. 강제로 소집됨

67. 《진서(晉書)》 양호두예전(羊祜杜預傳) '阿童復阿童 銜刀浮渡江. 不畏岸上獸 但畏水中龍. 祜聞之曰 此必水軍有功 但當思應其名者耳' (중략) '密令修舟楫 為順流之計'

68. 《삼국지》 〈오서〉 삼사주전(三嗣主傳) '皓哀念過甚 朝夕哭臨 數月不出'

졌던 것이다. 그런데 이를 들은 예장태수가 혹시나 그 요언이 현실이 될 수도 있겠다고 생각했다. 그리하여 마침 예장군에 있는 손분의 생모 묘를 소제(掃除)하였다. 그러자 이를 들은 손호가 격노하여 예장태수를 처형하였고 아울러 손분과 손봉도 주살해버렸다. 억울한 죽음이었다. 또한 민간에 퍼져 있던 요언에 대해 제대로 보고하지 않은 회계태수는 배를 만드는 노역형에 처하였다.

손호가 점점 더 난폭해지면서 주변의 횡포도 덩달아 도를 넘어서는 경우가 많았다. 손호의 애첩 중 한 명은 시장에 사람을 보내 백성의 재물을 함부로 빼앗곤 했다. 이에 평소 손호의 총애를 받아 온 사시중랑장(司市中郎將) 진성(陳聲)이 법으로 이를 단속하였다. 애첩은 이를 손호에게 고해 진성을 참소하니 손호가 대노하였고 얼마 후에 다른 일을 구실 삼아 진성을 참수해버렸다.

민심을 잃을 일은 여기서 그치지 않았다. 손호는 군신들을 모아 연회를 열 때마다 모두가 술 일곱 되를 마시도록 강요하곤 했다. 당시와 단위가 일치하지 않을 것이나 현재와 단순 비교를 한다면 12리터가 넘는 양이다. 만일 일곱 되를 마시지 못하면 몸에 부어서라도 없애야 했다. 연회가 아니라 고문이었다. 아울러 손호는 부하들에게 이들을 감시하게 하면서 술자리에서 있었던 실수를 보고하게 했다.

이 때문에 억울한 일도 많이 발생했다. 왕번(王蕃)은 오의 백성들 사이에서 청렴하다는 평가를 받는 인물이었다. 그는 촉에 사신으로 파견되었을 때도 촉 사람들의 칭송을 들었을 정도였으며 손호 즉위 초 만욱과 같은 관직에 있었다. 하지만 왕번은 시류에 민감하지도 않고, 눈치를 보는 부류도 아니었기에 손호에게 여러 차례 견책을 당했다. 그런 왕번이 술잔치에서 손호의 강권으로 마신 술을 못 이겨 취해 엎드려 있었다. 그러자 손호가 왕번을 처형할 것을 명령했다. 이에 육개 등이 상소를 올렸으나 손호는 듣지 않았다. 정신 나간 군주로 인해 나라의 인재가 어이없이 목숨을 잃었다. 문제는 이런 일이 계속 일어났다는 것이다.

위요(韋曜)라는 인물도 평소 주량이 술 두 되를 넘지 못했다. 즉위 초 손호가 위요를 예우할 때는 주량을 줄이거나 차(茶)로 대신하게 하였지만 점차 예외 없이 술을 강요하게 되었다. 위요는 252년, 손량 즉위 직후 태사령(太史令)이 되어 화핵, 설영 등과 함께 오서(吳書) 편찬 작업을 수행해온 신료였다. 그런데 264년에 손호가 즉위한 후 자신의 부친 손화를 본기(本紀)로 편찬하기를 원했다. 하지만 위요는 제위에 오르지 못했으니 응당 열전(列傳)에 실어야 한다고 주장한 바 있었다. 이때부터 손호는 위요에 대한 불만을 품었다고 추정된다. 손호는 별다른 이유도 없이 위요에게 자주 화를 내며 책망했다. 또한 위요가 병이 들어서 다른 업무는 사직하고 사서(史書) 편찬하는 일을 맡게 해달라고 주청하지만 손호는 허락하지 않았다. 그러던 273년에 손호는 이해할 수 없는 구실로 위요를 하옥시켰다. 이때 화핵 등이 위요를 구원하고자 상소를 올리고, 위요도 사서 편찬을 이유로 사면 받기를 기대했지만 끝내 처형되고 말았다.

271년, 손호는 설영(薛瑩)에게 1만 병력을 주어 장강과 회수를 연결하는 공사를 명하였다. 설영은 설종(薛綜)의 아들로 위요와 함께 사서 편찬

작업을 한 바 있는 인물이었다. 그런데 설영은 암반이 많아 공사를 중지하고 회군하였다. 그러자 손호는 설영을 광주(廣州)로 유배 보냈다. 이에 화핵이 "지금 재직하는 관리 중에 역사를 서술할 인재로 설영 같은 사람이 거의 없기에 그의 유배는 정말로 나라를 위해 안타까울 뿐입니다."라고 상소하여 설영을 복직시켰다. 하지만 이후 설영은 복직과 유배를 반복한다.

하소(賀邵)는 손호에게 간언하는 상소를 올리며 간신 하정(何定)을 자주 비난했다. 동료인 누현(樓玄) 또한 평소 솔직한 편이라 간신들의 미움을 받았다. 이후 하소와 누현은 귓속말을 나누며 웃은 일로 트집 잡혀 정사를 비방했다며 참소되었다. 손호는 이 둘을 곧장 교주로 유배하였다. 이후 하소는 복직되었지만 중풍에 걸려 말을 못하게 되었는데 손호는 하소가 꾀병을 부린다 하며 매질을 가했다. 결국 하소는 아무런 말도 하지 못하고 사망하고 말았다.

화핵(華覈)은 중신으로 손호의 폭정이 이어질 때마다 충직하게 상소를 올린 인물이었다. 267년 손호가 매우 큰 규모로 궁궐을 신축하여 농사와 방위가 피폐해진 적이 있었다. 이에 화핵이 또 간곡하게 상소를 올렸지만 손호는 받아들이지 않고 강행하였다. 이후에도 이러한 일들이 반복되었고 그때마다 화핵은 쓴 소리를 하였으니 손호는 당연히 화핵을 좋게 보지 않았다. 275년, 화핵은 사소한 일로 견책을 받고 면직되었다. 그리고 278년 60세의 나이로 병사했다.

손호는 후궁이 이미 수천 명인데도 계속 선발하였다. 아울러 사람들을 잔인하게 처형하는 경우도 빈번했다. 이 당시 잠혼(岑昏)이라는 신하는 흉악한 성격에 아첨을 잘해 총애를 받아 구경(九卿)의 반열에 올랐는데 토목공사 일으키기를 좋아해 많은 백성들이 고통을 받았다.[69] 참고로 잠혼은 촉의 황호와 자주 비교되는 인물이다. 손호의 악행에 대한 기록은 이외에도 많다. 하지만 여기에는 진 왕조에 의해 과장된 것으로 보이는 부분 또한 많은 것도 사실이다. 어느 때나 전(前) 왕조에 대한 기록은 정치적인 필요에 의해 심심찮게 왜곡되곤 하므로 이례적인 것이라고 할 수도 없다. 망국의 군주는 이래저래 손해를 많이 본다. 그러게 좀 잘하지 말이다.

손호의 생모인 하희(何姬)는 손화의 작은 부인이었다. 손화와 본처 장(張)씨가 사망한 이후 남은 자식들을 양육하였다. 그런데 손호가 즉위한 후 외가인 하(何)씨들의 권력이 막강해진다. 이 무렵 나라가 점차 혼란해진 가운데 하씨들은 매우 교만하고 방자했다. 때문에 백성들 사이에서 "손호는 죽은 지 오래고 하씨들만 설치는구나."[70]라는 요언이 돌기도 했다.[71]

••••

69. 《삼국지》〈오서〉 삼사주전(三嗣主傳) '岑昏險諛貴幸 致位九列 好興功役 衆所患苦'

70. 《삼국지》〈오서〉 비빈전(妃嬪傳) '皓久死 立者何氏子'

71. 손호에 관한 기록은 진(晉) 시대에 이루어진 것으로 진위 논란이 있는 부분이 많다.

7

최후의 결전

279~280년

279년 여름, 교주(交州)에서 반란이 일어난다. 먼 거리만큼 반란도 잦다. 주동자는 바로 곽마(郭馬)라는 인물이었다. 곽마는 본래 합포(合浦)태수 수윤(脩允)의 부대 독군(督軍)[72]이었다. 반란이 있기 얼마 전 합포(合浦)태수 수윤은 계림(桂林)태수로 전출 명령을 받았다. 그때 마침 수윤이 병에 걸려 광주(廣州)에서 요양을 하게 되었는데 이때 독군인 곽마에게 5백 군사를 맡기며, 계림군에 먼저 부임하여 이민족들을 진무하게 하였다. 그런데 수윤이 다시 일어나지 못하고 그대로 세상을 떠나버렸는데 때마침

••••

72. 중앙에서 파견되어 지방의 군을 감독하는 직책으로 후한 말기에 행정이 어지러워지면서 과도한 권한을 부여받아 많은 부작용을 낳기도 했다.

조정에서 광주 지역의 호구를 조사하게 하였다. 곽마 입장에서는 호구조사 과정에서 어떤 질책을 듣게 될지 불안했을 것이다. 별별 이유로 신료들이 유배되거나 처형되었다는 소식을 익히 들어왔을 것이기 때문이다. 이에 곽마는 부장인 하전(何典), 왕족(王族), 오술(吳述), 은흥(殷興) 등과 함께 반역을 일으키며 일대를 공격했다. 곽마는 스스로 교주와 광주를 감독하는 도독 겸 안남장군을 칭하였다.

이 해 8월 손호는 등순(滕循)을 광주목(廣州牧)에 임명하고 부절을 하사하며 곽마를 토벌하게 했다. 하지만 등순은 출병 후 시흥(始興)군에서 왕족에 막혀 더 이상 진군하지 못했다. 그 사이 곽마는 점점 세력을 넓혀갔다. 이에 손호는 서릉(徐陵) 도독 도준(陶濬)에게도 서쪽 길을 따라 진격하게 하고 교주목(交州牧) 도황(陶璜)에게도 일대 군현의 병력을 모아서 출병할 것을 명령했다.

한편 진(晉)에서는 이 기회를 놓치지 않고 대규모 출병을 실행했다. 사실 이미 수년 전부터 사마염은 암암리에 오를 멸망시킬 계획을 품고 있었다. 하지만 반대 의견이 중론이었고 양호와 두예 등 소수의 장군들만이 찬성하고 있던 상황이었다. 이후 양호가 병사하며 자신의 후임으로 두예를 천거했다. 이렇게 중임을 맡아 부임한 후 두예는 서릉독(西陵督) 장정(張政)의 군영을 기습하여 나름 큰 전공을 세웠다. 당시 장정은 오의 명장으로 이름 나 있었다. 헌데 요해처에 주둔해 있으면서도 무방비 상태로 패배한 것을 스스로 치욕스럽게 여겼다. 그래서 전사자와 포로가 된 병사의 수를 제대로 보고하지 않았는데 이를 안 두예는 포로들을 송환해버렸다. 의도적으로 이간책(離間策)을 쓴 것이다. 이 소식은 손호의 귀에 들어갔고 손호는 장정을 소환하였다. 그리고 유헌(劉憲)이란 장수를 보내 장정을 대신하게 하였다. 비록 실수를 저질렀지만 오의 우수한 장수 하나가 또 사라지게 된 것이다. 이는 비단 장정에 국한된 얘기가 아니었기에 진의 대군이 진군해 오는 와중에도 오는 점점 더 기울어지는 모양새가 되었다.[73]

279년 겨울, 사마염은 진동대장군 사마주(司馬伷)에게 도중(塗中)으로, 안남장군 왕혼(王渾)과 양주자사 주준(周浚)은 우저(牛渚)로, 건위장군 왕융(王戎)은 무창(武昌)으로, 평남장군 호분(胡奮)은 하구(夏口)로, 진남장군 두예(杜預)는 강릉(江陵)으로 진격하게 하였다. 아울러 용양장군 왕준(王濬)과 광무장군 당빈(唐彬)은 수군을 이용해 장강을 따라 동쪽으로 진격하도록 하였고, 태위 가충(賈充)을 대도독에 임명하여 전군의 움직임을 지휘하도록 하였다. 진의 대대적인 침입으로 교주의 곽마 세력을 진압하려 행군 중이던 서릉(徐陵)도독 도준은 무창에서 진군을 멈추게 되었다.

280년 봄, 장강의 순류를 타고 진군하는 왕준과 당빈의 군사가 가는 곳은 오군이 토붕와해(土崩瓦解)되어 저항하는 자가 거의 없었다. 마찬가지로 두예와 왕혼 등도 가는 곳마다 승전에 승전을 거듭했다. 3월, 오의

••••

73. 《진서(晉書)》 양호두예전(羊祜杜預傳) '政吳之名將也. 據要害之地 恥以無備取敗. 不以所喪之實告于孫皓. 預欲間吳邊將 乃表還其所獲之眾於皓. 皓果召政 遣武昌監劉憲代之. 故大軍臨至 使其將帥移易 以成傾蕩之勢'

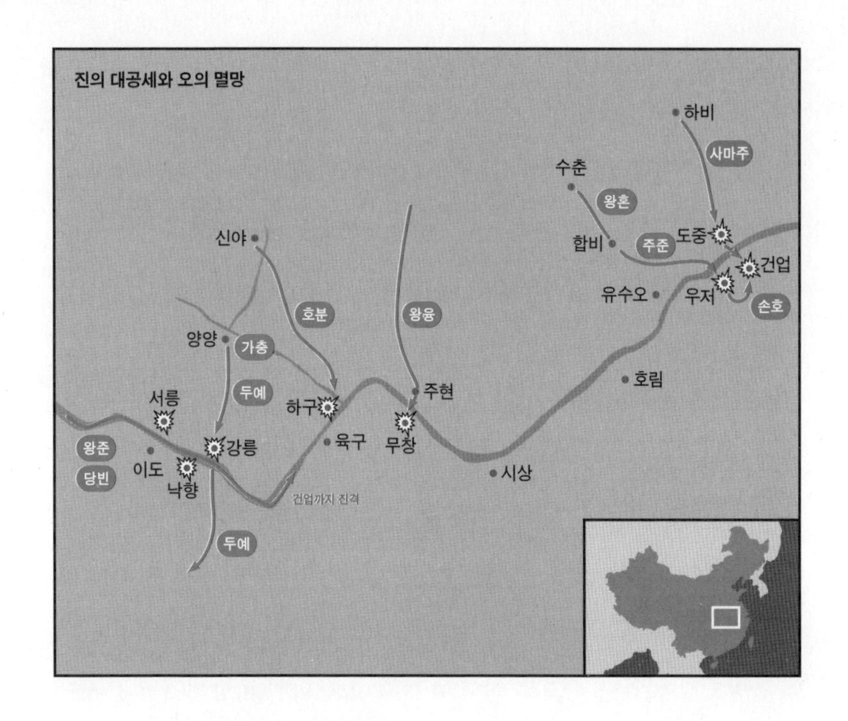

신하들이 손호에게 간신 잠혼(岑昏)을 죽이라고 청원하자 손호는 두려움에 떨며 수락했다.

한편 한창 진격하는 도중에 진의 장수들이 모여 회의를 했다. 이때 누군가 건의하였다. "백년 된 도적은 한꺼번에 물리칠 수 없습니다. 지금 여름이 오고 있어 비가 많이 오고 곧 역병이 번질 것이니, 응당 겨울이 오기를 기다렸다가 다시 거병해야 합니다." 그동안 장강 일대에서의 싸움은 전사자 못지않게 역병으로 사망하는 자들이 많았기에 나온 우려일 것이다. 하지만 두예는 생각이 달랐다. "옛날 악의(樂毅) 장군은 제수(濟水)의 서쪽에서 한 번의 싸움으로 강대한 제나라를 병합했소. 지금 우리

군의 위세가 이미 크게 떨쳐져 있소. 이는 비유하자면 마치 대나무를 쪼개는 것과 같아 처음 몇 마디 이후에는 칼이 닿자마자 벌어져 다시 손을 댈 것도 없소."[74]라며 생각을 바꾸지 않았다. 두예는 여러 장수에게 명령을 내려 곧장 건업으로 향하도록 하였는데, 과연 진군이 지나는 성읍마다 별다른 저항 없이 항복하였다.

서릉도독 도준이 무창에서 귀환하자 손호가 수군의 소식을 물었다. 도준이 대답하기를 "진군이 타고 오는 촉의 배는 대부분 작은 배라서 우리가 2만 수군을 모아 큰 배를 타고 싸우면 격퇴할 수 있습니다." 이에 손호가 도준에게 부절과 황월을 하사했다. 그러나 그날 밤 오의 군사 대부분이 도주해버려 위군에 대항할 수 없었다. 결국 왕준이 강을 따라 건업에 다다르고 아울러 사마주와 왕혼도 거의 접근해오자 손호로서는 더 이상 방도가 없었다. 손호는 설영(薛瑩)과 호충(胡沖)의 방책에 의거하여 왕준, 사마주, 왕혼 등에게 항복의 국서를 보냈다.

280년 3월, 오의 수도 건업에 가장 먼저 입성한 장수는 왕준이었다. 손호는 촉의 유선의 예를 좇아 자신을 묶고 관(棺)을 들고 나가 항복했다. 오가 멸망한 것이다. 이에 왕준 역시 등애가 했던 그대로 손호의 포박을 손수 풀어주고 관을 불태우며 함께 앉을 것을 권유하였다. 손견과 손책이 대업의 터를 닦고 229년 손권이 칭제를 한 이래 50년을 이어온 오는 이렇게 허무하게 막을 내렸다. 허무하지 않은 망국이 어디 있겠냐마는 오의 경우는 특히 안타까운 면이 있었다. 지리적 이점과 탄탄한 조직을 고려했을 때 오는 군주의 자질이 조금만 따라주었다면 쉬이 사라질 나라가 아니었기 때문이다. 물론 만시지탄(晩時之歎)이요, 망자계치(亡子計齒)였다. 손호는 오의 4대이자 망국의 황제였기에 정식 시호 없이 말제(末帝)로 불리었다. 손호는 낙양으로 압송되어 5월에 당도하였고 4년 후인 284년 낙양에서 사망해 북망산(北邙山)에 묻혔다.

오가 망하기 6년 전인 274년 여름 육항이 병석에서 상소하기를 "서릉(西陵)과 건평(建平)은 나라의 울타리로 장강의 하류에 속하는데, 서와 북 양쪽에서 적을 맞고 있습니다. 만약 적군이 배를 띄워 내려오면 번개처럼 빨리 도착하기에 원군을 기대할 시간도 없이 위기에 처하게 됩니다. 이는 사직(社稷)의 안위가 달린 중요한 관건으로 단순히 나라의 땅을 조금 빼앗기는 것이 아닙니다. 신의 선친이 이곳 서쪽 변방에 대해 말하기를, 서릉은 나라의 서쪽 문이며 지키기 쉬운 곳이지만 잃기도 쉽다고 하였습니다. 아울러 만약 이곳을 지키지 못한다면 단순히 군(郡) 하나를 잃는 것이 아니라 형주 전체가 오의 땅이 아니라고 하였습니다. 만약 여기서 예측하지 못한 일이 일어난다면 응당 온 국력을 기울여 싸워야 합니다."[75]라며 정확한 지적을 하였다. 이 상소를 올리고 그해 가을 육항은 48

••••

74. 《진서(晉書)》 양호두예전(羊祜杜預傳) '百年之寇 未可盡克. 今向暑 水潦方降 疾疫將起 宜俟來冬更為大舉. 預日 昔樂毅藉濟西一戰以並強齊. 今兵威已振 譬如破竹 數節之後 皆迎刃而解 無復著手處也'

75. 《삼국지》 〈오서〉 육손전(陸遜傳) '西陵建平 國之蕃表 既處下流 受敵二境. 若敵泛舟順流 舳艫千里星奔電邁 俄然行至 非可恃援他部以救倒縣也. 此乃社稷安危之機 非徒封疆侵陵小害也. 臣父遜昔在西垂陳言 以爲西陵國之西門 雖云易守 亦復易失. 若有不守 非但失一郡 則荊州非吳有也. 如其有虞 當傾國爭之'

세의 나이로 숨을 거두었다. 그리고 280년 봄, 어릴 적 아동(阿童)이라 불린 왕준이 장강을 따라 동쪽으로 진군하면서 가는 곳마다 승전하였다. 수년 전 불리었던 동요 그리고 육항이 상소에서 그토록 우려했던 바가 그대로 현실이 되었다.

마치며

마치며

삼국지가 끝이 났다

정사와 연의를 막론하고 일반적으로 삼국지라 일컫는 이야기의 끝은 위·촉·오 삼국의 마지막 나라 오의 멸망이다. 황건적이 난을 일으켰던 184년부터 동오의 손씨가 망하는 280년까지 정확히 96년 동안의 장대한 드라마이다.

삼국지는 중국은 물론 아시아 전체에 큰 영향을 미쳤다. 한·중·일 삼국에 끼친 영향은 더욱 컸다. 문화사적으로는 전근대 시대부터 지금까지 그 어떤 작품과도 비교할 수 없는 영향을 미쳤고, 정치·사회적으로도 그 파장이 이어졌다.

남송(南宋)대에는 유목민족에 의해 화북을 잃은 시대상황과 맞물려 자의식을 고취하는 수단으로 사용되기도 하였고 청(淸)대에는 통치자들이 정치적 도구로도 삼국지를 이용하였다. 대표적인 것이 관우숭배(關羽崇拜)사상이다.[1] 여기에 청왕조 귀족들의 한어(漢語) 교재로 《삼국지연의》가 이용되었으며, 군부에서는 병서(兵書), 즉 군사 교재로 사용하기도 하였다. 여기에는 한족왕조, 정복왕조가 따로 없었다. 이는 조선(朝鮮)도 크게 다르지 않았다. 명(明)대에 조선에 세워진 관묘(關廟)는 명이 멸망한 이후에도 유지되었고 현재까지 민간신앙으로 존재하고 있다. 오랜 세월 삼국지가 일으킨 물결의 동심원은 아시아 여러 나라 구석구석으로 퍼져나갔고 지금도 그 여운(餘韻)이 그치지 않고 있다.

여기서 삼국지란 정확하게 말하면 정사가 아닌 《삼국지연의》를 말한다. 진수가 저술한 《정사삼국지》는 사실 《삼국지연의》가 아니었다면 일반인들의 관심을 받지 못했을 것이다. 정사사료라면 《정사삼국지》보다 사마천의 《사기》나 반고의 《한서》가 훨씬 더 인기가 많고 지명도가 높다. 사실 일반인들이 진수의 《정사삼국지》를 찾게 된 것은 《삼국지연의》의 독자들이 《삼국지연의》에 대한 사랑이 넘치고 넘친 결과라고 할 수 있다. 오랜 세월에 걸친 《삼국지연의》 마니아들이 소설에 대해 더 잘 알고 싶어 한 결과이며, 더 깊은 연구욕이 소설을 넘어 정사에까지 손이 닿은 것이다. 〈배송지주〉 또한 그런 현상에 얹어진 것이고, 《후한서》나 《진서》는 그것마저도 흘러넘쳐 다다르게 된 사서이다. 한마디로 애정이 홍수가 된 결과이다.

••••

1. 제갈량 숭배 또한 무시할 수 없는 수준이었다.

《삼국지연의》에 대한 일반적이고 개괄적인 내용은 이미 서론에서 논하였기에 첨언할 것은 없으나, 개인적인 의견을 조금 더하자면 제대로 된 소설의 형식을 갖추기 전부터 사람들 사이에는 '이야기 삼국지', '드라마 삼국지'가 존재했었다는 것이다. 그것도 무척이나 인기가 있었기에 입에서 입으로 확산되었고, 또 조각조각 파편적인 기록으로 전해지기도 했다. 여기에는 시대가 따로 없었고, 왕족과 민초도 따로 없었다.[2] 그런 결과로 삼국지는 앞서 언급한 대로 구전동화, 극화, 평설, 평화, 시가 등의 모습으로 실재(實在)했다. 한마디로 '이야기 삼국지', '드라마 삼국지'는 후한 말 삼국시대 이래로 1700여 년 동안 있어 왔던 것이다. 이런 삼국지의 존재를 《삼국지연의》의 성립 시기인 원말명초에 묶어 그 나이를 잰다는 것은 의미의 평가절하(平價切下)이다. 물론 《삼국지연의》라는 세련된 모습으로 거듭나게 한 불세출(不世出)의 작가의 공을 폄하(貶下)하는 것은 아니다. 그저 이야기로서의 삼국지가 어떠한 모양을 띠든 그 존재만으로도 가늠하지 못할 가치가 있다는 것을 말하고자 하는 것이다.

기나긴 세월, 동양의 많고 많은 사람들의 머리와 손, 입으로 다듬어지고 만들어진 삼국지가 지금 이 순간에도 나의 머릿속을 돌아다니며 재미와 흥분의 세포를 건드리고 있다. 그저 행복하고 고마울 따름이다.

····

2. 실제 배송지가 주석을 쓰게 된 것도 유송(劉宋) 문제(文帝) 유의륭의 삼국시대 이야기에 대한 관심에서 시작되었다.

부록

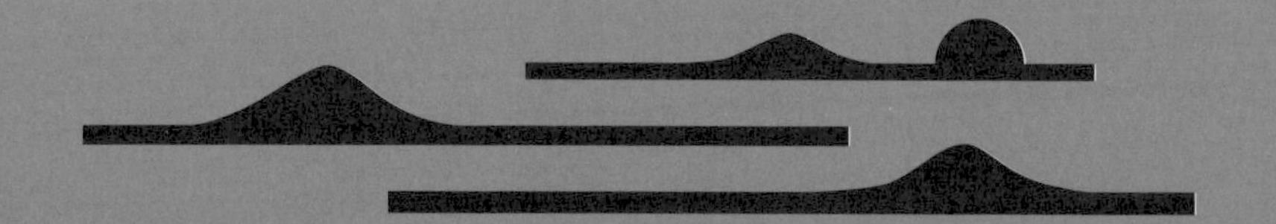

부록1.

출사표

1

先帝創業未半而中道崩殂. 今天下三分 益州疲弊 此誠危急存亡之秋也. 然侍衛之臣不懈於內 忠志之士忘身於外者 蓋追先帝之殊遇 欲報之於陛下也. 誠宜開張聖聽 以光先帝遺德 恢弘志士之氣. 不宜妄自菲薄 引喩失義 以塞忠諫之路也.

2

宮中府中俱爲一體 陟罰臧否 不宜異同. 若有作姦犯科及爲忠善者 宜付有司論其刑賞. 以昭陛下平明之理 不宜偏私 使內外異法也.

3

侍中侍郎 郭攸之費禕董允等 此皆良實 志慮忠純 是以先帝簡拔以遺陛下. 愚以爲宮中之事 事無大小 悉以咨之 然後施行 必能裨補闕漏 有所廣益. 將軍向寵 性行淑均 曉暢軍事 試用於昔日 先帝稱之曰能 是以衆議擧寵爲督. 愚以爲營中之事 悉以咨之 必能使行陣和睦 優劣得所.

4

親賢臣 遠小人 此先漢所以興隆也. 親小人 遠賢臣 此後漢所以傾頹也. 先帝在時 每與臣論此事 未嘗不歎息痛恨於桓靈也. 侍中尙書長史參軍 此悉貞良死節之臣 願陛下親之信之 則漢室之隆 可計日而待也.

5

臣本布衣 躬耕於南陽 苟全性命於亂世 不求聞達於諸侯. 先帝不以臣卑鄙 猥自枉屈 三顧臣於草廬之中 諮臣以當世之事. 由是感激 遂許先帝以驅馳. 後値傾覆 受任於敗軍之際 奉命於危難之閒 爾來二十有一年矣. 先帝知臣謹愼 故臨崩寄臣以大事也. 受命以來 夙夜憂歎 恐託付不效 以傷先帝之明. 故五月渡瀘 深入不毛. 今南方已定 兵甲已足 當奬率三軍 北定中原. 庶竭駑鈍 攘除姦凶 興復漢室 還於舊都. 此臣所以報先帝 而忠陛下之職分也.

6

至於斟酌損益 進盡忠言 則攸之禕允之任也. 願陛下託臣以討賊興復之效 不效 則治臣之罪 以告先帝之靈. 若無興德之言 則責攸之禕允等之慢 以彰其咎. 陛下亦宜自謀 以諮諏善道 察納雅言 深追先帝遺詔. 臣不勝受恩感激 今當遠離 臨表涕零 不知所言.

1

선제(先帝)께서 창업하시고 대업을 절반도 이루지 못한 채 중도에 붕어하셨습니다. 지금 천하는 셋으로 나뉘었고 익주 또한 피폐하니 이야말로 존망이 달린 중요한 시기라 할 것입니다. 그렇지만 중앙에서 시위(侍衛)하는 신하들이 나태해지지 않고 변방을 지키는 충성스런 장수들이 자기 몸을 돌보지 않는 것은, 선제께 받았던 우대를 폐하께 보답하려 하기 때문일 것입니다. 그러니 진심으로 귀를 열어 이들의 말을 들으시어 선제의 유덕(遺德)을 빛나게 하시고 뜻있는 선비의 기개를 더욱 키워주셔야 합니다. 스스로 덕이 없다고 생각하여 함부로 처신하거나 의(義)에 맞지 않는 비유로 신하들의 충간(忠諫)을 막아서는 아니 될 것입니다.

2

궁중(宮中)과 부중(府中)이 하나가 되어야 하고, 잘못에 대한 처벌과 선행에 대한 포상이 일정해야 합니다. 만약 간악한 행위를 하고 법을 어긴 자가 있고 충성스러우며 선행을 한 자가 있다면 의당 담당관에게 맡겨 형벌과 포상을 논하게 해야 합니다. 폐하의 공평하고 밝은 판단에 따르더라도 사적인 감정이나 멀고 가까운 정도에 따라 기준이 달라서는 아니 될 것입니다.

3

시중(侍中)과 시랑(侍郎)인 곽유지(郭攸之), 비의(費禕), 동윤(董允) 등은 모두 선량하고 신실하며 사려와 충심이 순수하기에 선제께서 선발하여 폐하께 남기신 신하들입니다. 신의 생각으로 궁중의 일은 크고 작음을 막론하고 모두 이들에게 자문하여 시행하면 빠지거나 누락된 부분을 능히 보완할 수 있고 두루 이로울 것입니다. 장군 상총(向寵)은 성품이 맑고 고르며 군무에도 밝아 과거에 그 능력을 시험한 후 선제께서 유능하다 칭찬하신 바, 이에 다수의 천거를 받아 도독에 임명하셨습니다. 신의 생각으로도 군영의 일은 모두 상총에게 자문하여 행하면 군영이 화목하고 각자 능력에 따라 소임을 다할 것입니다.

4

현명한 신하를 친애하고 소인을 멀리했기에 전한이 흥하고 융성하였습니다. 반면 소인을 친애하고 현명한 신하를 멀리하였기에 후한이 기울어지고 무너졌던 것입니다. 선제께서 살아 계시던 시절 신과 함께 이런 일을 논할 때, 환제(桓帝)와 영제(靈帝)의 사례를 들 때마다 탄식하고 통탄하지 않은 적이 없었습니다. 시중(侍中), 상서(尙書), 장사(長史), 참군(參軍) 등 각자 직위를 맡은 모든 신하들은 곧고 선량하며 죽음으로 절개를 지킬 신하들이오니, 원컨대 폐하께서 이들을 친애하고 믿으신다면 한실의 융성은 날짜를 꼽으며 기다릴 수 있을 것입니다.

5

신은 본래 한낱 가난한 선비로 남양군에서 농사를 지으며 살았고 난세에 구차하게 명을 지켜갈 뿐 제후들에게 관직을 얻으려 하지는 않았습니다. 헌데 선제께서 신을 비루하다 여기지 않으시고 몸소 몸을 낮추어 초가집에 세 번이나 찾아오셔서는 신에게 당세의 일을 물으셨습니다. 이에 신이 감격하여 선제를 위해 헌신하겠노라 결심하였습니다. 그 뒤로 선제께서 크게 패한 상황에서 저에게 임무를 주셨고 위난(危難)한 중에 명을 받아 행한 지 어느새 21년이 되었습니다. 선제께서 신이 근신(勤愼)하다 여기시어 붕어하기 전에 나라의 대사를 신에게 맡기셨습니다. 유명을 받은 이래 신은 밤낮으로 걱정하고 탄식하였고, 소임을 다하지 못하여 선제의 뜻을 손상시킬까 두려워하였습니다. 그리하여 5월에는 노수(瀘水)를 건너 남방의 불모지까지 갔던 것입니다. 이제 남방은 안정되었고 병기와 장비도 충분하기에 삼군을 이끌고 북으로 진군하여 중원을 평정하고

자 합니다. 신은 노둔한 능력을 다하여 간사하고 흉악한 무리들을 물리쳐 한실을 부흥하고 옛 도읍을 되찾으려 합니다. 이것이 바로 신이 선제께 보답하고 폐하께서 맡기신 직분을 다하는 길입니다.

6

국정의 손익을 따져 충언을 올리는 것은 곽유지, 비의, 동윤의 소임입니다. 원컨대 폐하께서는 신에게 도적 무리를 토벌하고 한실을 부흥하라는 임무를 맡기시되, 신이 이를 다하지 못한다면 선제의 신령께 고하여 그 죄를 다스려 주십시오. 그리고 곽유지, 비의, 동윤 등이 폐하의 덕행을 흥하게 하는 간언을 제대로 하지 않는다면 그 태만함을 꾸짖고 그 허물을 널리 알리셔야 합니다. 아울러 폐하께서도 의당 올바른 길을 물어 스스로 헤아리며, 좋은 말을 받아들이고 선제의 유조를 깊이 따르셔야 합니다. 신은 그간 받은 은혜에 감격하여 이제 먼 길을 떠나며 표문을 올리려 하니 눈물이 흘러 어떻게 말씀드려야 할지 알지 못하겠나이다.

220년 맹달이 유봉에게 보낸 서신

1

古人有言 '疏不間親 新不加舊.' 此謂上明下直 讒慝不行也. 若乃權君譎主 賢父慈親 猶有忠臣蹈功以罹禍 孝子抱仁以陷難, 種商白起孝己伯奇皆其類也. 其所以然 非骨肉好離 親親樂患也. 或有恩移愛易 亦有讒間其間 雖忠臣不能移之於君 孝子不能變之於父者也. 勢利所加 改親爲讎 況非親親乎!

2

故申生衛伋禦寇楚建稟受形之氣 當嗣立之正 而猶如此. 今足下與漢中王 道路之人耳. 親非骨血而據勢權 義非君臣而處上位 征則有偏任之威 居則有副軍之號 遠近所聞也. 自立阿斗爲太子已來 有識之人相爲寒心. 如使申生從子輿之言 必爲太伯. 衛伋聽其弟之謀 無彰父之譏也. 且小白出奔 入而爲霸 重耳踰垣 卒以克復. 自古有之 非獨今也.

3

夫智貴免禍 明尚夙達 僕揆漢中王慮定於內 疑生於外矣. 慮定則心固 疑生則心懼 亂禍之興作 未曾不由廢立之間也. 私怨人情 不能不見 恐左右必有以間於漢中王矣. 然則疑成怨聞 其發若踐機耳. 今足下在遠 尙可假息一時 若大軍遂進 足下失據而還 竊相爲危之. 昔微子去殷 智果

別族 違難背禍 猶皆如斯.

4

今足下棄父母而爲人後 非禮也. 知禍將至而留之 非智也. 見正不從而疑之 非義也. 自號爲丈夫 爲此三者 何所貴乎? 以足下之才 棄身來東 繼嗣羅侯 不爲背親也. 北面事君 以正綱紀 不爲棄舊也. 怒不致亂 以免危亡 不爲徒行也. 加陛下新受禪命 虛心側席 以德懷遠 若足下翻然內向 非但與僕爲倫 受三百戶封 繼統羅國而已 當更剖符大邦 爲始封之君.

5

陛下大軍 金鼓以震 當轉都宛鄧 若二敵不平 軍無還期. 足下宜因此時 早定良計. 易有 '利見大人' 詩有 '自求多福' 行矣. 今足下勉之 無使狐突閉門不出.

1

옛사람들이 말하길 '소원한 사람이 친밀한 사이를 멀어지게 할 수 없고, 새사람이 옛사람보다 낫지 않다'고 하였습니다. 이는 현명한 주군과 충직한 신하 사이에서는 참소가 먹히지 않는다는 뜻입니다. 그렇지만 권변(權變)과 휼계(譎計)에 능한 주군 아래에서는 충성을 다하고도 오히려 화를 당하는 신하가 있었고, 현명하고 자애로운 부모에게 어진 행실을 하고도 어려움에 빠진 효자들이 있었으니 문종(文種), 상앙(商鞅), 백기(白起), 효기(孝己), 백기(伯奇)가 모든 그런 자들이었습니다. 어찌하여 그랬는가 하면, 골육이 아니면 떨어지기 쉽지만 친족이면 환란이라도 기꺼이 받아들이기 때문입니다. 그래서 은애(恩愛)의 정이 달라지면 충신이 주군에게 충성을 다하고, 효자가 부모에게 여전하더라도 그 틈으로 참소가 먹혀들게 되는 것입니다. 거기에 권세나 이권이 관련되면 친족 간에도 원수가 될 수 있는데 하물며 친족이 아닌 자라면 어떻겠습니까!

2

그래서 신생(申生), 위급(衛伋), 열어구(列禦寇), 초(楚)의 태자 건(建)은 마땅히 후사가 되어야 했음에도 쫓겨나는 신세가 되어버렸습니다. 지금 족하(足下)와 한중왕(漢中王)은 그저 남남일 뿐입니다. 혈육도 아니면서 권세를 누리고, 의리상 군신관계도 아니면서 높은 자리에 있으며, 출병하면 장군의 위엄을 누리고 머물면 부군장군(副軍將軍)으로 불렸습니다. 그렇지만 아두(阿斗)가 태자로 책봉된 이후 알만한 이들은 모두들 이를 한심하게 여기고 있습니다. 만약 신생이 자여(子輿)의 의견을 따랐다면 분명 태백(太伯)이 되었을 것입니다. 위급이 동생의 계책을 따랐다면 부친의 추함을 알렸다는 비난을 받지 않았을 것입니다. 반면 소백(小白)은 다른 나라로 도망쳤기에 패자(覇者)가 될 수 있었고, 중이(重耳)도 담장을 넘었기에 다시 돌아와 즉위할 수 있었습니다. 이런 일은 옛날부터 있었으며 비단 지금만 그러한 것이 아닙니다.

3

장차 닥칠 화를 면하는 것이 지모이고 사리를 미리 깨닫는 것이 명철한 것이니, 제가 헤아려 보건데 한중왕의 속내는 이미 정해진 것이고 겉으로도 족하를 의심하고 있습니다. 생각이 정해지면 마음이 굳을 것이고 의심하기 시작하면 두려워하면서 화란(禍亂)이 생길 것이니, 이로 인해 곧 폐립(廢立)되는 일이 벌어지고 말 것입니다. 사적인 원망이나 인정은 겉으로 드러날 수밖에 없으니 한중왕 주변에서 여러 가지 험담을 하였을 터입니다. 그러니 의심과 원망을 품고 있다가 때가 되었을 때 한꺼번에 터뜨릴 것입니다. 지금 족하는 멀리 나와 있어 당분간은 안전할 수 있겠지만, 만약 대군이 진군하여 공격하면 족하는 근거지를 잃고 성도로 돌아가야 하고 분명 위험한 지경에 빠지게 될 것입니다. 옛날 송미자(宋微子)가 은(殷)을 떠나고, 지과(智果)가 일족들과 헤어져 화를 피한 것이 모두 이와 같은 경우였습니다.

4

지금 족하는 친부모를 버리고 다른 사람의 후손이 되었으니 이는 예(禮)가 아닙니다. 장차 화가 닥칠 것을 알면서도 머뭇거리니 이는 지(智)가 아닙니다. 그리고 옳은 길을 좇지 않고 의심하니 의(義)가 아닙니다. 스스로 장부라 하면서 이렇게 세 가지를 행한다면 무엇을 귀하게 여기겠습니까? 족하의 재능으로 서쪽의 촉(蜀)을 떠나 동쪽의 위(魏)로 옮겨 본래의 나후(羅侯) 가문을 계승하는 것은 친족을 배신하는 것이 아닙니다. 북면하여 임금을 섬기고 기강을 바로 하는 것이니 옛 은정을 저버리는 것도 아닙니다. 성내며 환란을 일으키는 것이 아니라 죽음의 위기에서 벗어나는 것이니 헛된 행동도 아닙니다. 게다가 폐하(조비)께서는 새로이 천명을 받으셨고 겸허하게 건의를 받아들이며 덕으로서 멀리서 온 자들까지 품으십니다. 만약 족하가 마음을 바꿔 우리에게 온다면 그저 저의 동료가 되는 게 아니라 3백호의 식읍을 받으며 나국(羅國)을 계승하고, 응당 부절을 받아 큰 땅을 다스리는 제후에 봉해질 것입니다.

5

곧 폐하의 대군이 징과 북을 울리며 완현과 등현으로 진군하게 되면, 촉과 오 두 나라를 정벌하지 않고는 물러날 기약을 정하지 않을 것입니다. 그러니 족하는 이런 시기에 어서 빨리 올바른 계책을 정해야 합니다. 역경(易經)에 '대인을 보니 이롭다'고 하였고, 시경(詩經)에도 '스스로 많은 복을 구한다'고 하였으니 실행에 옮겨야 합니다. 지금 족하에게 권유드리오니 옛날 호돌(狐突)처럼 두문불출하는 일이 있어선 아니 될 것입니다.

부록3.

각국 연호 대조표

서기	한(漢)
184년	광화(光和) 7년 / 중평(中平) 원년
185년	2년
186년	3년
187년	4년
188년	5년
189년	6년(광희(光熹)/소녕(昭寧)/영한(永漢) 원년)
190년	초평(初平) 원년
191년	2년
192년	3년
193년	4년
194년	흥평(興平) 원년
195년	2년
196년	건안(建安) 원년
197년	2년
198년	3년
199년	4년
200년	5년
201년	6년
202년	7년
203년	8년
204년	9년
205년	10년
206년	11년
207년	12년
208년	13년
209년	14년
210년	15년
211년	16년
212년	17년
213년	18년
214년	19년
215년	20년
216년	21년

서기	한(漢)	위(魏)	촉(蜀)	오(吳)	진(晉)
217년	22년				
218년	23년				
219년	24년				
220년	25년	황초(黃初) 원년			
221년		2년	장무(章武) 원년		
222년		3년	2년	황무(黃武) 원년	
223년		4년	건흥(建興) 원년	2년	
224년		5년	2년	3년	
225년		6년	3년	4년	
226년		7년	4년	5년	
227년		태화(太和) 원년	5년	6년	
228년		2년	6년	7년	
229년		3년	7년	황룡(黃龍) 원년	
230년		4년	8년	2년	
231년		5년	9년	3년	
232년		6년	10년	가화(嘉禾) 원년	
233년		청룡(青龍) 원년	11년	2년	
234년		2년	12년	3년	
235년		3년	13년	4년	
236년		4년	14년	5년	
237년		경초(景初) 원년	15년	6년	
238년		2년	연희(延熙) 원년	적오(赤烏) 원년	
239년		3년	2년	2년	
240년		정시(正始) 원년	3년	3년	
241년		2년	4년	4년	
242년		3년	5년	5년	
243년		4년	6년	6년	
244년		5년	7년	7년	
245년		6년	8년	8년	
246년		7년	9년	9년	
247년		8년	10년	10년	
248년		9년	11년	11년	
249년		가평(嘉平) 원년	12년	12년	

서기	한(漢)	위(魏)	촉(蜀)	오(吳)	진(晉)
250년		2년	13년	13년	
251년		3년	14년	태원(太元) 원년	
252년		4년	15년	신봉(神鳳)/ 건흥(建興)원년	
253년		5년	16년	2년	
254년		정원(正元) 원년	17년	오봉(五鳳) 원년	
255년		2년	18년	2년	
256년		감로(甘露) 원년	19년	태평(太平) 원년	
257년		2년	20년	2년	
258년		3년	경요(景耀) 원년	영안(永安) 원년	
259년		4년	2년	2년	
260년		경원(景元) 원년	3년	3년	
261년		2년	4년	4년	
262년		3년	5년	5년	
263년		4년	염흥(炎興) 원년	6년	
264년		함희(咸熙) 원년		원흥(元興) 원년	
265년		2년		감로(甘露) 원년	태시(泰始) 원년
266년				보정(寶鼎) 원년	2년
267년				2년	3년
268년				3년	4년
269년				건형(建衡) 원년	5년
270년				2년	6년
271년				3년	7년
272년				봉황(鳳凰) 원년	8년
273년				2년	9년
274년				3년	10년
275년				천책(天冊) 원년	함녕(咸寧) 원년
276년				천새(天璽) 원년	2년
277년				천기(天紀) 원년	3년
278년				2년	4년
279년				3년	5년
280년				4년	태강(太康) 원년

부록4.

삼국시대 연표

기록에 따라 상이한 시기는 본기(本紀)와 당사자 관련 기록을 우선하였음
'—'표시 된 부분은 시기가 불명확한 사건임

연도	주요 사건
184	**2월** 장각(張角)을 우두머리로 한 황건적(黃巾賊)의 난이 일어나다. **3월** 황보숭(皇甫嵩),주준(朱儁),노식(盧植)을 토벌군으로 파견하다. **10월** 장각의 수급이 낙양(洛陽)으로 전해지고, 황보숭이 거기장군(車騎將軍)으로 승진하다. **11월** 황보숭이 장각의 동생 장보(張寶)를 참수하며 황건적의 난이 일단락되다. **12월** 광화(光和)에서 중평(中平)으로 개원하다.
185	**1월** 역병이 창궐하다. - 황건적의 잔당인 흑산적 등이 계속 활동하다.
186	**12월** 유주(幽州)와 병주(并州)에 선비족이 침범하다.
187	**3월** 대장군 하진(何進)의 동생 하묘(何苗)가 형양(滎陽)의 도적 무리를 격파하다. - 장사(長沙)태수 손견(孫堅)이 일대의 소요를 평정하다.
188	**10월** 청주(青州), 서주(徐州) 등지에서 황건적이 재봉기하다.
189	**4월** 영제(靈帝)가 34세의 나이로 병사하다. **8월** 대장군 하진이 피살되자 원소(袁紹),원술(袁術) 등이 환관들을 살육하다. 혼란을 틈 타 동탁(董卓)이 낙양에 진입하다. **9월** 동탁이 소제(少帝)를 폐위하고 헌제(獻帝) 유협(劉協)을 옹립하다. **12월** 조조(曹操)가 진류(陳留)군에서 거병하다. - 여포(呂布)가 집금오(執金吾) 정원(丁原)을 살해하고 동탁에 투항하다.
190	**1월** 발해(渤海)태수 원소를 맹주로 전국의 자사와 태수들이 동탁에 맞서 거병하다. **2월** 동탁이 장안(長安)으로 천도를 결정하다.
191	**봄** 원소와 한복(韓馥)이 유주목 유우(劉虞)를 황제로 옹립하려 하였으나 유우가 거부하다. 손견이 낙양에서 황릉을 정비하던 중 견궁(甄宮)의 우물에서 전국옥새를 얻다. **4월** 동탁이 장안에 입성하다. **7월** 원소가 한복에게서 기주(冀州)를 빼앗다. - 유비(劉備)가 평원국(平原國) 상(相)이 되다.

192	**1월** 손견이 양양 인근에서 황조(黃祖)와 교전 중 전사하다. **4월** 왕윤과 여포가 동탁을 주살하다. 동탁의 부하 이각(李傕)과 곽사(郭汜) 등이 장안을 도륙하다. - 연주(兗州)자사 유대(劉岱)가 황건적과 전투 중 전사하다.
193	**봄** 원술이 조조에 쫓겨 구강(九江)군으로 도주하다. **가을** 조조가 부친의 원수를 갚는다는 명목으로 서주의 도겸(陶謙)을 공격하다.
194	**여름** 조조가 서주의 도겸을 다시 공격하며 일대를 살육하다. 이때 여포와 진궁(陳宮)이 견성(鄄城),복양(濮陽) 등을 급습하다. **9월** 조조가 견성으로 회군하다. -도겸이 사망하고 유비가 서주목으로 추대되다.
195	**여름** 여포가 조조에 패퇴하여 유비에게로 달아나다. **7월** 헌제가 장안을 탈출하여 동쪽으로 출발하다. - 손책(孫策)이 원술에게서 자립하여 장강 일대에서 활약하다.
196	**7월** 양봉(楊奉)과 한섬(韓暹) 등이 헌제를 모시고 낙양으로 환도하다. **9월** 조조가 대장군에 임명되며 허현(許縣)으로 천도하다. - 유비가 원술과 다투는 사이 여포가 하비(下邳)를 기습하다. 얼마 후 유비와 여포가 화해하다. - 여포가 다시 유비를 공격하다. 유비는 조조에 의탁하고 예주목(豫州牧)에 임명되다.
197	**1월** 조조가 남양(南陽)군 완현(宛縣)으로 진군하자 장수(張繡)가 투항하다. 며칠 후 장수가 배신하며 조조를 공격해 전위(典韋)가 전사하다. **봄** 원술이 황제를 참칭하다. **9월** 원술이 조조에 패하여 회수(淮水)를 건너 도주하다.
198	**여름** 조조가 남양군에서 유표(劉表)와 장수(張繡)를 상대로 승리를 거두다. **가을-겨울** 조조가 여포를 공격하여 강물을 이용해 하비성을 함락하다. 여포와 진궁을 처형하다. - 유비는 조조를 따라 허도로 회군하여 좌장군(左將軍)에 임명되다.
199	**여름** 유비가 원술 공격을 명목으로 출병하다. 그 즈음 원술이 병사하다 **11월** 장수(張繡)가 가후(賈詡)의 의견에 따라 조조에게 투항하다. **12월** 조조가 관도(官渡)에 주둔하다. - 원소가 공손찬(公孫瓚)을 격파하고 유주(幽州)를 차지하다. - 손책과 주유(周瑜)가 환현(皖縣)에서 대교(大橋),소교(小橋)와 혼인하다.

200	**1월** 동승(董承) 등이 조조를 암살하려던 계획이 누설되다. **2~3월** 유비가 조조에 패하여 원소에 의탁하다. 관우(關羽)는 조조에 투항하다. **4월** 백마(白馬)현에서 원소의 맹장 안량(顔良)이 전사하다. **8월** 원소와 조조가 전투를 이어가다. 조조군의 군량이 부족하여 회군을 고민하다. **10월** 조조가 오소(烏巢)에서 원소의 군량수송 부대를 격파하다. - 손책이 자객에서 입은 상처가 악화되어 26세의 나이로 사망하다. - 19세의 손권(孫權)이 손책의 뒤를 이어 강동(江東)을 다스리다.
201	**4월** 조조가 황하 부근에 군사를 집결하여 창정(倉亭)에 주둔한 원소군을 격파하다. **9월** 조조가 허도로 귀환하다. - 유비가 형주(荊州)의 유표에게 의탁하다.
202	**5월** 원소가 병사하다. **9월** 조조가 원소의 맏아들 원담(袁譚)을 공격하다. - 손권의 모친 오(吳)부인이 사망하다.
203	**8월** 조조가 잠시 물러나자 원담,원상(袁尙) 형제가 서로 다투다. 얼마 후 원담이 조조에 투항하다. **10월** 조조와 원담이 사돈을 맺다. - 손권이 강하의 황조를 공격하여 수군을 격파하다.
204	**5월** 조조가 강물을 이용해 업성(鄴城)을 공격하다. **7월** 조조가 원상의 구원군을 물리치다. **8월** 업성이 함락되다. 조비가 원희(袁熙)의 부인 견(甄)씨를 취하다. **12월** 조조가 원담과의 혼사를 파기하다. - 손권의 동생 손익(孫翊)이 부하들에게 피살되다.
205	**1월** 조조가 원담을 공격하여 주살하다. **4월** 흑산적 장연(張燕)이 무리를 거느리고 조조에 투항하다. **10월** 조조가 업현으로 귀환하다. 원소의 생질 고간(高幹)이 조조에 투항하고 병주(幷州)자사에 유임되다.
206	**1월** 고간이 배신하자 조조가 공격하다. 고간은 도주 중 피살되다.
207	**2월** 조조가 업현으로 귀환하다. 북방 3군으로 출병을 결정하다.

207	**5월** 조조가 우북평(右北平)군에 도착하다. **9월** 조조가 요서군 유성(柳城)에 주둔하자 공손강(公孫康)이 원희와 원상의 수급을 보내오다. **11월** 조조가 역수(易水)에 도착하자 오환족(烏丸族) 선우들이 찾아와 하례하다. - 유비가 유표에게 허도를 습격할 것을 건의하지만 유표가 불허하다. - 유비가 삼고초려 끝에 제갈량(諸葛亮)을 등용하다.
208	**봄** 손권이 황조를 공격하여 참살하다. **1월** 조조가 업현으로 귀환한 후 현무지(玄武池)를 만들어 수군 훈련을 하다. **7월** 조조가 형주로 출병하다. **8월**에 유표가 사망하다. 채(蔡)씨 소생 유종(劉琮)이 뒤를 잇다. **9월** 조조가 신야(新野)에 이르자 유종이 투항하다. 유비는 하구(夏口)로 도주하다. **12월** 조조가 적벽(赤壁)에서 손권-유비 연합군에 패퇴하다. - 유표의 장자 유기(劉琦)가 강하(江夏)태수로 부임하다. - 손권이 유비에게 노숙(魯肅)을 파견하다.
209	**3월** 조조가 초현(譙縣)에 주둔하면서 수군 훈련을 하다. 주유와 조인(曹仁)이 1년간 남군(南郡)에서 대치하다. 결국 조인이 패주하고 주유가 남군태수가 되다.
210	**겨울** 조조가 동작대(銅爵臺)를 세우다. 이에 조조의 셋째아들 조식(曹植)이 시를 짓다. - 주유가 36세의 나이로 병사하다. - 손권이 유비에게 형주를 임차하다.
211	**1월** 조비가 오관중랑장(五官中郎將) 겸 부승상에 임명되다 **3월** 조조가 종요(鍾繇)를 파견해 한중군의 장로(張魯)를 토벌하게 하다. **7월** 조조가 서쪽으로 출병해 마초(馬超) 등과 대치하다. **9월** 조조가 이간계를 활용해 마초와 한수(韓遂)를 물리치다. - 익주목(益州牧) 유장(劉璋)이 유비와 부현(涪縣)에서 회동을 가지며 장로 토벌을 부탁하다. - 손권이 말릉(秣陵)으로 천도하다.
212	**1월** 조조가 칼을 차고 신을 신은 채 전각에 오를 수 있는 등의 특권을 허락받다. **10월** 조조가 손권을 공격하기 위해 출병하다. 이에 손권이 유비에 구원을 요청하자 유비가 유장에게 각종 군수물자를 요구하다. - 말릉을 건업(建業)으로 개명하다.

213	**1월** 유수구(濡須口)에서 조조와 손권이 교전하다. **5월** 헌제가 조조를 위공(魏公)에 책봉하고 구석(九錫)을 하사하다. **겨울** 마초가 주변 이민족들을 규합하여 천수(天水)군 일대를 공격하다. - 유장의 아들 유순(劉循)이 유비에 맞서 1년 가까이 낙성(雒城)에서 농성하다.
214	**1월** 조구(趙衢),윤봉(尹奉) 등이 마초의 가족을 살해하다. **5월** 오(吳)의 여몽(呂蒙)과 감녕(甘寧)이 여강(廬江)군 환성(皖城)을 공격하여 함락하다. **여름** 유비가 낙성(雒城)을 함락하고 성도(成都)로 진격하다. **7월** 조조가 손권을 공격하다. **10월** 하후연(夏候淵)이 농서(隴西) 일대를 차지하고 있던 송건(宋建)을 참수하다. **11월** 헌제의 황후 복(伏)씨가 처형되다. - 방통(龐統)이 낙성 공격 중 화살에 맞아 전사하다. - 장비(張飛),조운(趙雲) 등의 증원병이 강주(江州)를 점령하여 엄안(嚴顏)을 생포하다. - 이회(李恢)가 마초를 설득하여 유비에게 투항하게 하다.
215	**3월** 조조가 장로(張魯)를 정벌하기 위해 출병하다. **7월** 조조가 양평관(陽平關)에 도착하다. **8월** 손권이 합비(合肥)를 포위하여 공격하였으나 장료(張遼) 등이 물리치다. **11월** 장로가 조조에 투항하다. 하후연을 남기고 조조는 귀환하다. - 손권과 유비가 상수(湘水)를 경계로 형주 남부를 분할하기로 합의하다.
216	**5월** 헌제가 조조의 작위를 위왕(魏王)으로 승격시키다. - 조조가 유수(濡須)를 공격하다.
217	**1월** 조조가 여강군 거소(居巢)현에 주둔하다. **4월** 헌제가 조조에게 천자의 정기(旌旗) 사용 등 여러 의전을 허락하다. **10월** 조비가 위(魏)의 태자로 책봉되다. - 오(吳)의 노숙이 사망하다.
218	**1월** 태의령(太醫令) 길본(吉本) 등이 허도에서 조조에 반역하다. **7월** 조조가 유비를 공격하기 위해 출병하다.
219	**1월** 황충(黃忠)이 정군산(定軍山)에서 하후연을 상대로 대승을 거두다. 하후연이 전사하다. **3월** 조조가 사곡(斜谷)을 통과해 양평관에 도착하다. **5월** 조조가 장안으로 회군하다.

	7월 조인이 번성(樊城)에서 관우에 포위되자 우금(于禁)을 원군으로 파병하다. **8월** 한수(漢水)가 범람하며 우금의 군영이 물에 잠기자 서황(徐晃)을 원군으로 파병하다. **12월** 반장(潘璋)의 부하 마충(馬忠)이 관우와 관평(關平)을 생포하다. - 조조가 양수(楊修)를 처형하다.
220	**1월** 관우의 수급이 낙양에 도착하다. 얼마 후 조조가 66세의 나이로 사망하다. **5월** 양주(涼州) 여러 군에서 위(魏)에 반기를 들다. **7월** 촉(蜀)의 장수 맹달(孟達)이 위(魏)에 투항하다. **10월** 헌제가 조비에게 제위를 선양하다. 황초(黃初)로 개원하다. **12월** 조비가 낙양에 궁궐을 짓고 행차하다. - 노장 황충이 병사하다.
221	**4월** 유비가 제위에 등극하며, 연호를 장무(章武)로 정하다. **5월** 오의(吳懿)의 여동생 오(吳)씨를 황후에, 유선(劉禪)을 황태자에 책봉하다. **7월** 오(吳)에 대한 출병 준비 중 장비가 부하들에게 피살되다. **8월** 조비가 손권에게 구석(九錫)을 하사하다. 손권이 우금을 송환하다. - 손권이 악현(鄂縣)으로 도읍하며 무창(武昌)으로 개명하다.
222	**6월** 이릉(夷陵)에서 육손(陸遜)이 유비가 이끄는 촉군을 대파하다. **9월** 위(魏)가 오(吳)를 향한 공격을 시작하다. **12월** 한가(漢嘉)태수 황원(黃元)이 유비의 위중함을 듣고 반란을 일으키다. - 손권이 독자 연호 황무(黃武)를 사용하다.
223	**3월** 조인이 사망하다. **4월** 유비가 제갈량에게 태자 유선을 부탁하고 63세의 나이로 사망하다. **5월** 성도에서 유선이 17세의 나이로 즉위하다. 건흥(建興)으로 개원하다.
224	**봄** 촉(蜀)의 관문을 폐쇄하고 백성들을 쉬게 하다. - 손권이 장예(張裔)를 촉(蜀)으로 송환하다.
225	**3월** 제갈량이 익주 남쪽으로 출병하다. **12월** 제갈량이 성도로 귀환하다. - 익주 남부 행정구역을 개편하다.
226	**5월** 조비가 위독해지자 조예(曹叡)를 황태자에 책봉하다.

227	**12월** 신성군 태수 맹달이 반역하자 사마의(司馬懿)가 급히 출병해 진압하다.
228	**봄** 제갈량이 위(魏)를 공격하자 일대 여러 군들이 호응하다. 조예가 장안에 옮겨 머물다. **4월** 조예가 낙양으로 환궁하다. **5월** 오(吳)의 파양태수 주방(周魴)이 조휴(曹休)를 유인하다. **9월** 환현(皖縣),석정(石亭) 인근에서 조휴가 육손에 대패하다. **12월** 제갈량이 진창(陳倉)을 포위하였으나 군량 부족으로 철군하다. - 천수군 출신 강유(姜維)가 제갈량에게 투항하다. - 요동태수 공손공(公孫恭)이 조카인 공손연(公孫淵)에게 지위를 빼앗기다.
229	**6월** 촉(蜀)에서 축하사절을 보내자 천하 양분을 약속하다. **겨울** 제갈량이 한성(漢城)과 낙성(樂城)을 축조하다. - 손권이 칭제하며 연호를 황룡(黃龍)으로 개정하다. 아울러 손등(孫登)을 황태자에 책봉하다.
230	**7월** 조진(曹眞)과 사마의가 촉(蜀)을 공격하다. **9월** 조진과 사마의가 회군하다.
231	**3월** 조진이 사망하다. 제갈량이 천수군으로 출병하자 사마의가 방어하다 **7월** 제갈량이 철군하다. **8월** 제갈량이 이엄(李嚴)을 파직하여 유배 보내다.
232	**10월** 요동태수 공손연이 손권에게 사자를 보내 번신을 자청하다. - 제갈량이 목우(木牛)와 유마(流馬)를 완성하다.
233	**3월** 손권이 바닷길로 공손연에게 예물과 사자를 보냈으나 공손연이 이들을 참수하다. **12월** 공손연이 손권의 사자를 참수한 후 그 수급을 낙양으로 보내다. **겨울** 제갈량이 사곡구로 군량을 운반하며 군량 창고를 짓다. - 위(魏)의 연호를 태화(太和)에서 청룡(靑龍)으로 개정하다.
234	**3월** 헌제가 사망하다. **4월** 제갈량이 사곡을 따라 출병하다. **5월** 손권이 신성(新城)으로 출병하다. **8월** 제갈량이 오장원에서 병사하며 촉군이 철군하다.
235	**봄** 대장군 사마의가 태위(太尉)가 되다. **4월** 촉(蜀)의 장완(蔣琬)이 대장군에 임명되다.

236	오(吳)의 중신 장소(張昭)가 사망하다.
237	**가을** 공손연이 연왕(燕王)으로 자립하며 독자 연호를 사용하다.
238	**1월** 사마의가 요동으로 출병하다. **8월** 사마의가 공손연을 양평현에서 포위하여 대파, 공손연을 참수하다. - 오(吳)의 교사(校事) 여일(呂壹)이 처형되다.
239	**1월** 조예가 36세의 나이로 사망하다. 조방(曹芳)이 황태자에 책립되고 당일 즉위하다.
240	**4월** 위(魏)의 거기장군 황권(黃權)이 사망하다.
241	**5월** 오(吳)의 주연(朱然)이 번성을 포위하자 사마의가 방어하다. - 오의 태자 손등(孫登)과 중신 제갈근(諸葛瑾)이 사망하다.
242	**1월** 손화(孫和)가 태자에 책립되다.
243	**11월** 비의(費禕)가 대장군에 임명되다.
244	**2월** 조상(曹爽)이 촉(蜀)의 한중군을 공격하자 왕평(王平)이 흥세(興勢)에서 방어하다. **4월** 조상이 회군하다.
245	- 촉의 황태후 오(吳)씨가 사망하다.
246	**2월** 유주자사 관구검(毌丘儉)이 고구려를 공격하다. **11월** 장완이 사망하다. - 촉의 시중(侍中) 동윤(董允)이 사망하자 환관 황호(黃皓)가 정사에 간여하기 시작하다.
247	강유가 문산(汶山)군 일대 이민족들의 봉기를 진압하다.
248	사마의가 흡사 풍병에 걸린 것처럼 연기를 하며 조상(曹爽)을 방심하게 만들다.
249	**1월** 고평릉(高平陵)의 변이 일어나다. 조상 등이 숙청되고 사마의가 정권을 잡다. 위(魏)의 우장군 하후패(夏候霸)가 촉(蜀)에 투항하다.
250	**8월** 손권이 태자 손화를 폐하다. **11월** 손권의 막내아들 손량(孫亮)이 태자에 책립되다. **12월** 위(魏)의 장군 왕창(王昶)이 장강을 건너 오(吳)를 급습하다.

251	**4월** 위(魏)의 태위(太尉) 왕릉(王淩)이 반역하자 사마의가 진압하다. **8월** 사마의가 73세의 나이로 사망하다.
252	**1월** 사마사(司馬師)가 대장군에 임명되다. **4월** 손권이 71세의 나이로 사망하다. **12월** 오(吳)의 대장군 제갈각(諸葛恪)이 동흥(東興)에서 위군을 격파하다.
253	**1월** 촉(蜀)의 대장군 비의가 피살되다. **4월** 오(吳)의 제갈각이 신성(新城)을 포위하다. 전염병으로 사상자가 속출하다. **7월** 제갈각이 철군을 결정하다. **10월** 손준(孫峻)이 제갈각을 주살하다.
254	**2월** 위(魏)의 장집(張緝),이풍(李豐) 등이 하후현(夏侯玄)을 대장군에 임명하려 모의하다 주살되다. **3월** 장집의 딸 황후 장(張)씨가 폐출되다. **9월** 조방이 폐위되고 조모(曹髦)를 옹립하다.
255	**1월** 관구검과 문흠(文欽)이 반역을 일으키자 대장군 사마사(司馬師)가 토벌하다. 얼마 후 사마사가 허창에서 병사하다. **2월** 사마사의 동생 사마소(司馬昭)가 대장군이 되다. **8월** 강유가 조서(洮西)에서 옹주자사 왕경(王經)을 대파하다. **11월** 위(魏)의 조정에서 농산 일대 여러 군에 대해 사면령을 내리다. - 오(吳)의 손준이 수춘성을 공격하자 제갈탄이 방어하다.
256	**7월** 위(魏)의 등애(鄧艾)가 상규(上邽)현에서 강유를 대파하다. **9월** 오(吳)의 손준이 갑작스레 병사하다. **11월** 손준의 사촌동생 손침(孫綝)이 대장군에 임명되다.
257	**4월** 위(魏)의 제갈탄(諸葛誕)이 수춘에서 반역을 일으키다. **6월** 오(吳)에서 제갈탄에게 원군을 보내다. **9월** 오의 손침이 장군 주이(朱異)를 처형하다.
258	**2월** 사마소가 수춘성을 함락하며 제갈탄이 전사하다. **10월** 손휴(孫休)가 즉위하다. **12월** 손휴가 손침을 주살하다.

259	**6월** 위(魏)의 왕창(王昶)이 사망하다.
260	**5월** 조모가 피살되다. **6월** 조환(曹奐)이 즉위하다.
261	조환이 사마소에게 구석(九錫)을 여러 차례 하사하지만 매번 사양하다.
262	**10월** 강유가 조양(洮陽)을 공격하자 등애가 방어하여 후화(候和)에서 강유를 격파하다.
263	**5월** 위(魏)의 등애,종회(鍾會) 등이 촉(蜀)으로 출병하다. **11월** 유선이 등애에게 투항하다.
264	**1월** 등애가 낙양으로 압송 중 피살되다. **2월** 유선이 안락공(安樂公)에 봉해지다. **5월** 사마의를 선왕(宣王), 사마사를 경왕(景王)에 추존하다. **7월** 오(吳)의 손휴가 30세의 나이로 사망하다. **8월** 손화의 아들 손호(孫皓)가 즉위하다. **10월** 사마염(司馬炎)이 진(晉)의 세자로 책립되다.
265	**8월** 사마소가 사망하자 사마염이 작위와 관직을 계승하다. **12월** 조환이 사마염에게 제위를 선양하다.
266	**1월** 오(吳)에서 사마소에 대한 조문 사절을 파견하다. **12월** 손호가 무창에서 건업으로 환도하다.
267	**1월** 사마충(司馬衷)이 태자로 책봉되다.
268	**11월** 오의 정봉(丁奉)과 제갈정(諸葛靚)이 합비를 공격했지만 패퇴하다.
269	**2월** 옹주(雍州)와 양주(涼州) 일대를 재편하여 진주(秦州)를 설치하고 호열(胡烈)을 자사로 임명하다.
270	**6월** 진주자사 호열이 선비족과의 전투에서 패하여 전사하다.
271	**8월** 익주 남부 4군을 분리하여 영주(寧州)를 설치하다. - 안락공 유선이 사망하다.

272	**8월** 서릉(西陵)도독 보천(步闡)이 진(晉)에 투항하다. 진의 양호(羊祜)가 구원 출병하지만 오의 육항(陸抗)이 보천을 생포하다.
273	**3월** 육항이 대사마에 임명되다.
274	**여름** 육항이 서릉의 중요성을 아뢰는 상소를 올리다. **가을** 육항이 사망하다.
275	**12월** 낙양에 역병이 창궐하다.
276	**10월** 양호가 상소를 올려 오(吳)를 정벌할 것을 청하다. - 손호가 회계태수 차준(車浚) 등을 처형하다.
277	**5월** 오의 장수 소의(邵顗)와 하상(夏祥)이 무리 7천여명을 이끌고 진에 투항하다.
278	**11월** 양호가 병사하기 전 두예(杜預)를 천거하다. - 오의 중신 화핵(華覈)이 사망하다.
279	**여름** 교주에서 곽마(郭馬)가 반란을 일으키다. **8월** 손호가 곽마를 토벌하기 위해 병력을 보내다. **11월** 진의 사마주(司馬伷),두예(杜預),왕준(王濬) 등이 오에 대한 공격을 시작하다.
280	**3월** 오의 신하들이 간신 잠혼(岑昏)을 처형할 것을 청원하다. 왕준이 가장 먼저 건업에 입성하자 손호가 왕준에게 투항하다. **5월** 손호가 낙양에 도착하다.

부록5.

참고 문헌

〈단행본〉

학민출판 영인본, 《원본주역(原本周易)》, 학민문화사, 대전, 1996.

심영환 역, 《시경(詩經)》, 홍익출판사, 서울, 2011.

권영호 역주, 《서경(書經)》, 학고방, 고양, 2019.

이기석,한백우 역석, 《논어(論語)》, 홍신문화사, 서울, 1993.

손무, 《손자병법(孫子兵法)》, 유동환 역, 홍익출판사, 서울, 2011.

좌구명, 《춘추좌전(春秋左傳)》, 신동준 역, 인간사랑, 서울, 2017.

좌구명, 《춘추좌전(春秋左傳)》, 신동준 역, 한길사, 파주, 2006.

좌구명, 《춘추좌씨전(春秋左氏傳)》, 권오돈 역해, 홍신문화사, 서울, 2014.

좌구명, 《국어(國語)》, 신동준 역, 인간사랑, 일산, 2017.

한비자, 《한비자(韓非子)》, 성동호 역해, 홍신문화사, 서울, 1998.

한비자, 《한비자(韓非子)》, 허문순 역, 일신서적, 서울, 1994.

사마천, 《완역사기》, 김병총 역, 집문당, 서울, 1994.

사마천, 《사기(史記)》, 신동준 역, 위즈덤하우스, 고양, 2015.

사마천, 《사기(史記)》, 김원중 역, 민음사, 서울, 2015.

허신, 《설문해자주(說文解字注)》, 단옥재 주, 대성문화사, 서울, 1992.

유향, 《설원(說苑)》, 임동석 역, 동문선, 서울, 1997.

유향, 《전국책(戰國策)》, 이상옥 역, 명문당, 서울, 2000.

유향, 《전국책(戰國策)》, 신동준 역, 인간사랑, 고양, 2004.

반고, 《한서(漢書)》, 이한우 역, 21세기북스, 파부, 2020.

班固, 《漢書》, 中華書局, 北京, 2009.

진수, 《정사삼국지(正史三國志)》, 진기환 역, 명문당, 서울, 2019.

진수, 《정사삼국지(正史三國志)》, 김원중 역, 휴머니스트, 서울, 2018.

범엽, 《후한서(後漢書)》, 진기환 역, 명문당, 서울, 2018.

유의경, 《세설신어(世說新語)》, 임동석 역, 동서문화사, 서울, 2011.

유의경, 《세설신어(世說新語)》, 안길환 역, 명문당, 서울, 2012.

증선지, 《십팔사략(신완역)》, 진기환 역, 명문당, 서울, 2013.

나엽, 《취옹담록》, 이시찬역, 지식을 만드는 지식, 서울, 2011.

종사성, 《녹귀부(錄鬼簿)》, 박성혜 역, 학고방, 고양, 2008.

房玄齡 外, 《晉書》, 中華書局, 北京, 1974.

사마광, 《자치통감(資治通鑑)》. 권중달 역, 삼화, 서울, 2018.

김부식, 《삼국사기》, 김종권 역, 명문당, 서울, 1984.

일연, 《삼국유사》, 김원중 역, 민음사, 서울, 2021.

나관중, 《삼국지(三國志)》. 박종화 역, 어문각, 서울, 1997.

나관중, 《삼국연의(三國演義)》, 삼민서국, 타이베이, 2017.

나관중, 《삼국연의(三國演義)》. 모종강 평론, 박기봉 역주, 비봉출판사, 서울, 2014.

나관중, 《삼국연의(三國演義)》, 박을수 역주, 보고사, 파주, 2016.

나관중, 《삼국지(三國志)》, 송도진 역, 글항아리, 파주, 2019.

나관중, 《삼국지》, 박종화 역, 어문각, 서울, 1997.

나관중, 《삼국지연의》, 김구용 역, 솔출판사, 서울, 2001.

나관중, 《삼국지》, 이문열 평역, 민음사, 서울, 2002.

나관중, 《삼국지》, 황석영 역, 창작과 비평사, 파주, 2003.

나관중, 《삼국연의》, 모종강 평론, 박기봉 역주, 비봉출판사, 서울, 2014.

나관중, 《삼국연의》, 박을수 역주, 보고사, 파주, 2016.

나관중, 《삼국지》, 송도진 역, 글항아리, 파주, 2019.

羅貫中 撰, 《三國演義》, 毛宗崗 批·饒彬 校注, 三民書局, 台北, 2007.

저우수런(周树人), 《루쉰(鲁迅)의 중국소설사략》, 조관희 역, 그린비, 서울, 2015.

범립본, 《명심보감》, 김원중 역, 휴머니스트, 서울, 2019.

김만중, 《서포만필(西浦漫筆)》, 홍인표 역, 일지사, 서울, 2004.

신승하, 《중국사(中國史)》, 대한교과서(주), 서울, 2008.

미야자키 이치사다, 《중국통사(中國通史)》, 서커스출판상회, 서울, 2016.

신승하, 《중국사학사》, 고려대학교출판부, 서울, 1996.

모리 미키사부로, 《중국사상사(中國思想史)》, 서커스출판상회, 서울, 2018.

맹원로, 《동경몽화록(東京夢華錄)》, 김민호역, 소명출판, 서울, 2012

孟元老, 《東京夢華錄箋注》, 伊永文箋注, 中華書局出版, 北京. 2006.

두유운, 《중국사학사》, 상무인서관, 상해, 2012.

디터 쿤, 《하버드중국사 송_유교원칙의 시대》, 육정임역, 너머북스, 서울, 2015.

김학주, 《중국의 북송시대》, 신아사, 서울, 2018.

허진모, 《전쟁사문명사세계사2-기원부터 천년까지》, 미래문화사, 경기, 2020.

김영문, 《삼국지평화(三國志平話): 삼국지 이전의 삼국지, 민간전래본》, 교유서가, 파주, 2020.

바운드, 《삼국지 100년 도감》, 전경아 역, 이다미디어, 서울, 2018.

짜오지엔민, 《속물들이 빚어낸 어둠의 역사-중국 오대십국의 역사》, 곽복선 역, 신아사, 서울, 2019.

조희웅, 《한국 고전소설사 큰사전20 사우열전-삼도전》, 커뮤니케이션북스, 서울, 2018.

김문경, 《삼국지의 영광》, 사계절출판사, 서울, 2002.

김옥란, 《삼국지연의 깊이 읽기》, 민속원 ,서울, 2015.

정원기, 《최근 삼국지연의 연구동향》, 중문출판사, 대구, 1988.

강재인, 《삼국연의의 심미》, 좋은땅, 서울, 2019.

선뿨쥔·탄리앙샤오, 《삼국지사전》, 정원기·박명진·이현서 역, 현암사, 서울, 2010.

최용철, 《사대기서와 중국문화》, 고려대학교출판문화원, 서울, 2018.

민중서림편집국, 《한한대자전》, 민중서림, 서울, 2003.

장삼식 편, 《한한대사전》, 교육도서, 서울, 1993.

정원제, 《구슬을 꿰는 한자(上)》, 이상, 서울, 2018.

정원제, 《구슬을 꿰는 한자(下)》, 이상, 서울, 2019.

〈연구논문〉
이영태, 2005 〈'삼국지(三國志)' 판본연구-역자의 동요관과 문맥의 변화를 중심으로〉, 인하대학교한국학연구소, 한국학연구 vol.14.
이영태, 2006, 〈'삼국지(三國志)' 한국어역본 서문 고찰〉, 한국어교육연구회, 어문연구 vol.34
이시찬, 2004, 〈'취옹담록(醉翁談錄)'의 중국소설사적 의미〉, 한국한문교육학회 한문교육연구 vol.23,0호.
김명구, 2016, 〈宋元話本小說 '篇尾'에 나타난 수사학적 표현예술의 의미 연구〉, 대한중국학회, 중국학 vol.54.
문수현, 2018, 〈독일 역사주의의 긴 그림자 경성제국대학 도서관의 독일어 장서 구성 분석〉, 서울대학교 아시아연구소, 아시아리뷰 vol.7. 제2호.
송강호, 2010, 〈'박태원 삼국지'의 판본과 번역 연구〉, 구보학회, 구보학보 vol.5.
홍상훈, 2007, 〈양건식의 '삼국연의' 번역에 대하여〉, 인하대학교 한국학연구소 기초학문연구단, 인하대학교출판부.
민관동, 2020, 〈소설 '삼국지'의 서명 연구〉, 중국학연구소, 중국학논총 vol.68.
김옥란, 2019, 〈21세기 중국에서의 '삼국연의' 연구동향과 전망〉, 인하대학교 한국학연구소, 한국학연구 vol.55.
티엔티다 탐즈른깃. 2005, 〈한국과 태국의 '三國志' 受容 比較試論〉, 한국어교육학회, 국어교육 vol.116.
민혜란, 1988, 〈모종강의 평점 '삼국지연의' 고〉, 중국인문학회, 중국인문과학 vol.7.
오항녕, 2012, 〈'史通'의 구조와 역사비평〉, 한림대학교 태동고전연구소, 태동고전연구 vol.29.
김명구, 2016, 〈宋元話本小說 篇尾에 나타난 수사학적 표현예술의 의미연구〉, 중국학 vol.54.
민경욱, 2015, 〈'亂中日記'와 '欽英'에 인용된 '三國志演義' 초기 판본 텍스트에 대하여〉, 한국중국소설학회, 중국소설논총 vol.56.
이은봉, 2010, 〈한국과 일본에서의 '삼국지연의' 전래와 수용〉, 동아시아고대학회, 동아시아고대학 vol.23.
이은봉, 2014, 〈일제 강점기 한국과 일본에서의 '삼국지연의'연재의 의미〉, 인천대학교인문학연구소, 인문학연구(2014-12 21).
이은봉, 2015, 〈한국에서 요시카와 에이지 '삼국지' 유행의 의미〉, 동아시아고대학회, 동아시아고대학 vol.40.
김수영, 〈효종(孝宗)의 '삼국지연의(三國志演義)' 독서와 번역〉, 국문학회, 국문학연구 vol.32.
김수영, 2016, 〈영조(英祖)의 소설 애호와 그 의의〉, 서울대학교 인문학연구원, 인문논총 vol.73, no.1.
이인경, 2018, 〈남조시기(南朝時期) 불교문화와 불교류 지괴소설(志怪小說)-'유명록(幽明錄)','선험기(宣驗記)'를 중심으로〉, 단국대학교 동양학연구원, 동양학 vol.72, 0호.
민경욱, 2015, 〈'亂中日記'와 '欽英'에 인용된 '三國志演義' 초기 판본 텍스트에 대하여〉, 한국중국소설학회, 중국소설논총 vol.56.
민경욱, 2019 〈'三國志演義' 初期 텍스트연구-3種 朝鮮唯一本 포함 諸版本 對校例에 대한 분석을 중심으로〉, 한국중국소설학회, 중국소설논총 vol.57.
이병민, 2020, 〈근대 매체를 통한 역사지식의 생산과 전파:한용운 '삼국지'의 조조를 중심으로〉, 지식인문학연구회, 지식인문학 vol.2.1호.
민경욱, 2021, 〈'란중일기(亂中日記)' 속의 '삼국지연의(三國志演義)' 원문(原文)과 관련 한시(漢詩)에 대하여—'금전(今典)' 규명을 통한 이순신(李舜臣)의 내면 탐색을 중심으로〉, 중국어문연구회, 중국어문논총 vol.104, 0호.
옥주, 2021, 〈'삼국지연의'와 관색고사의 영향 관계 고찰〉, 대한중국학회, 중국학 vol.75.
옥주·민관동, 2020, 〈소설 삼국지의 회목변화에 대한 고찰〉, 중국학보 vol.92.
서성, 2018, 〈'삼국지평화' 삽화의 편집 기획과 공간 운용 방식〉, 중국문화연구학회, 중국문화연구 0(41).

국사편찬위원회 《조선왕조실록》 (http://sillok.history.go.kr)